Blumen am Wegrand

In Feld, Wald und Wiese

Blumen am Wegrand

In Feld, Wald und Wiese

NEUER
KAISER
VERLAG

Inhalt

Einführung **6**

- ◼ Morphologische und physiologische
  Grundlagen 6
- ◼ Lebensräume der Wiesenblumen 12
- ◼ Über die botanische Systematik 19
- ◼ Pflanzenfamilien 20

Wie man den Nachschlageteil benutzt **33**

Blumen am Wegrand **35**

Blüten, die man kaum sieht **200**

- ◼ Süßgräser 200
- ◼ Binsengewächse 202
- ◼ Riedgrasgewächse 202
- ◼ Farne und Schachtelhalme 204
- ◼ Kletterpflanzen 206
- ◼ Wasserpflanzen 208
- ◼ Sträucher 210

Glossar **214**

Register **217**

Einführung

Als „Wiesenblumen" bezeichnet man häufig wild wachsende Pflanzen, die nicht an ganz bestimmten Standorten zu finden sind, wie dies etwa bei speziellen Alpenblumen oder Wasserpflanzen der Fall ist. Sogar entlang der Landstraßen oder auf Wiesen am Stadtrand kann man eine Vielzahl von Blumenarten entdecken. Noch größer ist die Artenvielfalt auf Brachland, am Rand von Äckern und Feldern sowie in Wäldern und an Wegrändern. Selbst dem flüchtigen Beobachter werden die vielen verschiedenen Formen und Farben auffallen, die die Natur hier zu bieten hat. Diese Vielfalt macht es dem Laien jedoch oft schwer, einzelne Arten sicher voneinander zu unterscheiden und festzustellen, um welche Pflanze es sich dabei jeweils handelt.

Der hier vorliegende Wiesenblumen-Führer bietet dem Blumenfreund eine Vielzahl von Hinweisen und Abbildungen, die für einen Streifzug durch die Natur sehr hilfreich sind. Im ersten Teil des Buches findet man neben nützlichen Angaben über die bevorzugten Standorte der jeweiligen Pflanzenarten auch all jene Grundbegriffe der Botanik, die man kennen muss, um über die wichtigsten Teile einer Pflanze, wie Stängel, Blätter und Blüten, Bescheid zu wissen. Der Hauptteil des Buches ist den einzelnen Blumenarten gewidmet, die in einer ausführlichen Beschreibung sowie einem kurzen „Steckbrief" vorgestellt werden. Beschrieben werden vor allem die Morphologie, also der Bau der Pflanze, ihr Lebensraum (Habitat), ihre geografische Verbreitung, eventuell vorhandene Synonyme sowie ähnliche Arten, um Verwechslungen zu vermeiden. Am Ende des Buches findet sich ein ausführliches Glossar mit Erläuterungen der wichtigsten Fachbegriffe.

Morphologische und physiologische Grundlagen

Der kleinste Baustein aller Lebewesen, auch der Pflanzen, ist die **Zelle**. Mehrere Zellen derselben Form und Funktion bilden ein **Gewebe**, mehrere unterschiedliche Gewebe formen ein **Organ**. Die Hauptorgane der Sprosspflanze sind **Wurzel**, **Sprossachse** und **Blatt**, wobei jeder dieser Teile eine ganz bestimmte physiologische Funktion erfüllt. Andere funktionelle Einheiten, die insbesondere mit der Vermehrung in Zusammenhang stehen, sind **Blüte**, **Frucht** und **Samen**.

■ Der Wurzelapparat

Die Wurzeln einer Pflanze erfüllen zwei lebenswichtige Funktionen: Verankerung im Boden und Ernährung. Sie nehmen das Bodenwasser mit den darin gelösten Mineralsalzen auf und gewährleisten so eine konstante Versorgung mit der für Wachstum und Überleben der Pflanze unentbehrlichen Feuchtigkeit. Wenden wir uns zuerst dem äußeren Bau der Wurzel zu. Die Spitze der Wurzel ist glatt und weist keine Wurzelhärchen auf, in ihr befindet sich die eigentliche Wachstumszone. Sie ist außen von einer schützenden, schleimigen Membran umhüllt, die Wurzelhaube genannt wird und das unbeschadete Eindringen der Wurzel ins raue Erdreich oder sogar in Gestein erleichtern soll. Der dahinter liegende Abschnitt ist dicht mit dünnen Haaren besetzt, die man mit einem Vergrößerungsglas deutlich sehen kann. Diese haben die Aufgabe, Wasser und Nährsalze aus dem Boden aufzunehmen, um die Pflanze am Leben zu erhalten. Man nennt diese einzelligen, kurzlebigen Gebilde Wurzelhaare.

Neben der Stoffaufnahme aus dem Boden haben die Wurzeln auch dafür zu sorgen, dass die Pflanze fest im Erdreich verankert wird. Die Form, die Größe und der Bau des Wurzelapparates stehen mit dieser Funktion eng in Zusammenhang

Der Zickzack-klee (Trifolium medium), ein Schmetterlingsblütler, ist häufig auf Wiesen und Weiden anzutreffen.

und hängen weitgehend von den Bedingungen des Standortes ab, an dem die Pflanze wächst. Die Wurzeln sind auch bei Pflanzen derselben Spezies je nach Standort unterschiedlich lang und in verschiedenem Ausmaß verzweigt, je nachdem, wie tief der Boden ist, wo die wasserführende Schicht liegt und wie groß das Wasserangebot ist. Im Allgemeinen sind die Wurzeln meist länger, als man sich vorstellen kann. Der unterirdische Apparat einer Pflanze ist häufig wesentlich ausladender und größer als der oberirdische.

◼ Die Sprossachse

Die Sprossachse verbindet die Blätter der Pflanze über Leitungsbahnen mit dem Wurzelapparat und stellt gleichzeitig ein Stützorgan dar. Darüber hinaus sorgt sie für die regelmäßige Verteilung der Nährstoffe auf alle inneren und äußeren Organe, um deren ausgewogene Entwicklung zu gewährleisten. Dort, wo die Blätter ansetzen, befinden sich manchmal deutliche Verdickungen, die man Knoten nennt. Je nach Beschaffenheit wird die Sprossachse mit verschiedenen Namen bezeichnet:
- Bei krautigen Pflanzen nennt man sie meist Stängel.

- Von Schaft spricht man, wenn die Sprossachse hohl ist.
- Stamm nennt man verholzte Sprossachsen, wie etwa bei Bäumen und Sträuchern.

Die Pflanzen unterteilt man je nach Beschaffenheit der Sprossachse in
- krautige, wenn die Sprossachse nicht verholzt;
- halbstrauchartige, wenn die Sprossachse nur an der Basis verholzt;
- strauchartige, wenn die Sprossachse komplett verholzt und von der Basis an verzweigt ist.

Was die Lebensdauer der Sprossachse in Bezug auf den Lebenszyklus der Pflanzen betrifft, unterscheidet man folgende Gruppen:
- einjährig, wenn die Pflanze nach der Produktion von Blüte, Frucht und Samen im selben Jahr abstirbt. In der alpinen Flora sind diese Arten eher selten (z. B. *Euphrasia alpina*);
- zweijährig, wenn sich die Lebensdauer über zwei Jahre erstreckt, wobei meist im ersten Jahr nur Blätter erscheinen, während Blüten, Früchte und Samen erst im zweiten Jahr produziert werden (z. B. *Echium vulgare*);

Formen des Blattrandes

glatt   gesägt   doppelt gesägt   gezähnt

gezähnt mit Dornen   schrotsägeförmig   gekerbt   eingebuchtet

Äderung der Nervatur

verzweigt   netznervig   parallelnervig

Blattansatz

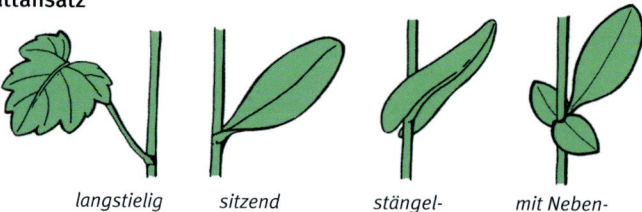

langstielig   sitzend   stängelumfassend   mit Neben-
blättern
(Stipeln)   zylindrische
stängelumfassende
Scheide aus Stipeln
am Blattansatz

• mehrjährig oder ausdauernd, wenn sich ihr Lebenszyklus über mehr als zwei Jahre erstreckt. Diese Pflanzen tragen gewöhnlich jedes Jahr Blüten und Früchte, der oberirdische Teil stirbt während der Winterruhe ab, der unterirdische Teil bleibt jedoch am Leben.

Die Sprossachse kann, je nach Spezies bzw. Standortbedingungen, unterschiedliche Formen und Dimensionen entwickeln. Sie kann einfach, nur im oberen Teil oder auch von der Basis an verzweigt sein und niederliegend, kriechend, aufrecht oder zunächst kriechend, dann aufsteigend wachsen. Bei manchen Arten kann die Sprossachse Verdickungen entwickeln, die als Nährstoff- und Wasserreservoir dienen. Diese Verdickungen wachsen oft unterirdisch und dienen auch der vegetativen Fortpflanzung, außerdem erhalten sie mit ihren Nährstoffen die Pflanze während der Ruhezeit am Leben. Die bekanntesten Arten unterirdischer Stammteile sind: Knollen (wie bei vielen Orchideen), Rhizome (Iris) und die Speicherblätter von Zwiebeln (Narzissen, Lilien, Lichtblume).

Formen der Blattspreite (einfache Blätter)

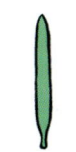  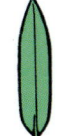    

nadelförmig   *lanzenförmig*   *linealisch*   *lanzettlich*   *oval lanzettlich*   *eiförmig*   *spitz eiförmig*

verkehrt eiförmig   *spatelförmig*   *elliptisch*   *kreisrund*

nierenförmig   *herzförmig*   *verkehrt herzförmig*   *rhomboid*

dreieckig   *pfeilförmig*   *zungenförmig*   *fiederspaltig*

Zusammengesetzte Blätter

handförmig gelappt   *dreiteilig*   *gefingert*   *fächerförmig gefingert*

unpaarig gefiedert   *paarig gefiedert*   *doppelt unpaarig gefiedert*   *gefiedert mit Blattranken*

■ Die Blätter

Die Blätter haben eine komplexere und vielfältigere Funktion als die Wurzeln, welche nur der Verankerung und der Nährstoffaufnahme dienen. Die wichtigste Funktion der Blätter ist die Photosynthese, eine chemische Reaktionskette im Inneren des Blattparenchyms, durch die organische Substanzen (Zucker) und der für das Leben auf unserem Planeten unentbehrliche Sauerstoff entstehen. Ein Blatt besteht gewöhnlich aus einem Stiel und der Spreite, die von der Nervatur gestützt wird. Der Stiel verbindet das Blatt mit der Sprossachse, es gibt allerdings auch ungestielte Blätter. Im Inneren des Stiels verlaufen die sogenannten Leitbündel, die sich in der Nervatur des Blattes fortsetzen, um einerseits Wasser und Nährsalze im ganzen Blatt zu verteilen und der Blattspreite Konsistenz (Turgor) zu geben und andererseits die Produkte der Photosynthese in die Wurzeln zu leiten.

Je nachdem, wie die Nervatur aufgebaut ist, unterscheidet man verzweigte, fiedernervige und parallele Nervatur. Die Konsistenz bzw. Oberflächenbeschaffenheit (ledrig, wachsig, sukkulent etc.), die Form (rund, elliptisch, lanzettförmig etc.) sowie der Blattrand (gesägt, glatt, gezähnt, gelappt etc.) sind ebenfalls markante Unterscheidungskriterien. Wenn die Einschnitte bis an die Hauptader heranreichen, können die Blattlappen zu eigenständigen Einzelblättchen werden. Man spricht dann von zusammengesetzten Blättern, die man je nach Aufbau als gefingert, gefiedert etc. bezeichnet.

■ Die Blüte

Die Schönheit, die Farben und die Formenvielfalt der Blüten sind kein Selbstzweck. Alle Attribute, die die Natur für die Pflanzen ersann, sind ausgeklügelte Strategien, die den Fortbestand einer Spezies sichern. Die auffällig gefärbte Blütenhülle, die die männlichen und weiblichen Fortpflanzungsorgane der Pflanze umschließt, hat zwei wichtige Aufgaben zu erfüllen: Sie muss für die Bestäubung und die Befruchtung sorgen.

Die meisten höheren Pflanzen entwickeln sogenannte Zwitterblüten, die sowohl männliche als auch weibliche Fortpflanzungsorgane aufweisen. Bei manchen Arten treten die Geschlechter jedoch getrennt auf. Sitzen männliche und weibliche Blüten an verschiedenen Individuen (Weide), spricht man von zweihäusigen oder diözischen, stehen sie an einem Individuum, von einhäusigen oder monözischen Pflanzen (Kiefer, Lärche).

Alle Teile der Blüte sind spezialisierte Blätter, die sich unterschiedlich entwickeln und jeweils eine spezifische Funktion zu erfüllen haben. Der Aufbau einer klassischen Blüte ist bei näherer Betrachtung klar zu erkennen: Perianth, Andrözeum und Gynäzeum. Alle diese Teile setzen an einer knotenartigen Verdickung am oberen Ende des Blütenstiels, dem sogenannten Blütenboden, an. Unter Perianth versteht man die äußere, meist auffällig gefärbte Hülle der Blüte, welche die männlichen und weiblichen Fortpflanzungsorgane umschließt, sie besteht aus Kelch und Krone. Die Kelchblätter sind meist unauffällig, oft grün gefärbt. Diese sogenannten Sepalen haben die Aufgabe, die inneren Blütenteile insbesondere im Knospenstadium zu schützen. Wenn die Sepalen miteinander verwachsen sind (Nelke), spricht man von verwachsenblättrigem, im gegenteiligen Fall (Rose) von freiblättrigem Kelch. Der Kelch fällt nach der Blüte nur selten ab und wächst meist weiter, um seine Schutzfunktion für die heranreifende Frucht besser ausüben zu können. Die Krone besteht aus den Kronblättern oder Petalen, die meist auffällig gefärbt sind und oft einen angenehmen Duft verströmen. Sie haben die Aufgabe, bestäubende Insekten anzulocken. Wenn die Petalen miteinander verwachsen sind,

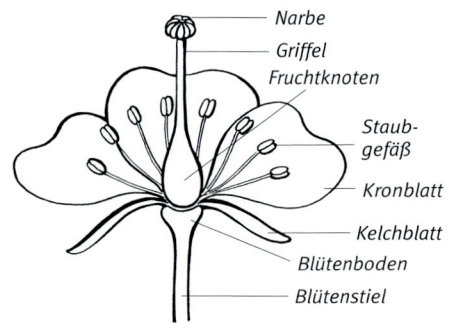

Blütenstände

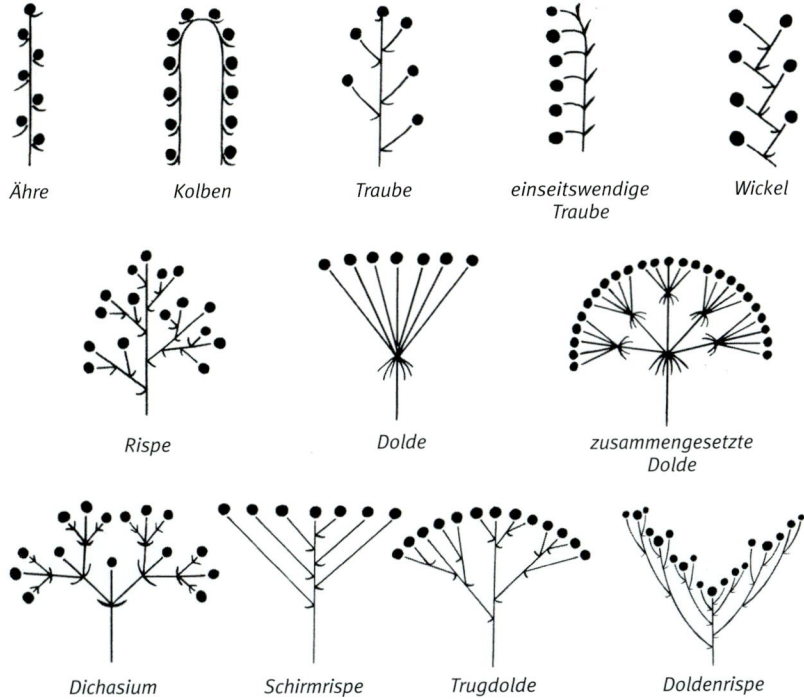

Ähre	*Kolben*	*Traube*	*einseitswendige Traube*	*Wickel*

Rispe	*Dolde*	*zusammengesetzte Dolde*

Dichasium	*Schirmrispe*	*Trugdolde*	*Doldenrispe*

spricht man ebenfalls von verwachsenblättriger, im gegenteiligen Fall von freiblättriger Krone. Wenn zwischen Kelch- und Kronblättern kein Unterschied besteht, nennt man das Perianth Perigon und die Blütenblätter Tepalen (Lilie, Scilla, Allium).

Das Andrözeum, der männliche Fortpflanzungsapparat der Pflanze, besteht aus Staubblättern, meist lange, dünne, sterile Filamente oder Staubfäden, an deren oberen Enden die Antheren oder Staubbeutel sitzen, das sind Verdickungen, die den meist gelb oder orange gefärbten Pollen enthalten. Das Gynäzeum, der weibliche Fortpflanzungsapparat, besteht aus einem oder mehreren Stempeln. Die Basis ist verdickt und heißt Ovar oder Fruchtknoten, sie enthält eine oder mehrere Eizellen. Ein meist langer, dünner Griffel verbindet den Fruchtknoten mit der Narbe, die bei der Bestäubung die Pollenkörner aufnimmt und zum Keimen bringt.

Die Blüten können an den Triebenden (endständig) oder den Blattknoten (achselständig) einzeln oder in Gruppen (Blütenstände) versammelt stehen. Die häufigsten Formen der Blütenstände sind:
- Blütenstände aus gestielten sogenannten stehenden Blüten: Traube, Rispe, Dolde, Trugdolde;
- Blütenstände aus stiellosen sogenannten sitzenden Blüten: Ähre, Kätzchen, Körbchen, Köpfchen.

■ Bestäubung

Wind, Wasser, Insekten, Vögel und andere Tiere tragen unfreiwillig zur Verbreitung der Pflanzen bei, indem sie die Bestäubung fördern und oft erst ermöglichen.

Zahlreiche Insekten (Bienen, Hummeln, Schmetterlinge) besuchen die Blüten auf der Suche nach Nektar, den viele Pflanzen im Inneren der Blüte in den sogenannten Nektarien herstellen. Dabei berühren sie die Staubgefäße und tragen den Pollen dann auf ihrem Körper zu anderen Blüten derselben Art, wo er an deren Narbe haften bleibt (Bestäubung). Die vielfältigen Farben, die auffälligen Formen und der betörende Duft mancher Blüten haben keine andere Aufgabe, als jene Art von Insekten anzulocken, die im betreffenden Fall für die Bestäubung und die Befruchtung der Blüten von Natur aus vorgesehen sind. Auch der Wind kann diese Aufgabe übernehmen, besonders Pflanzen mit unscheinbaren Blüten und großer Pollenproduktion sind vom Wind abhängig, um Frucht und Samen bilden zu können.

■ Frucht und Samen

Sobald die Befruchtung erfolgt ist, beginnen sich die Wände des Fruchtknotens zu verändern. Sie werden holzig oder fleischig und bilden die Frucht oder das Perikarp. Gleichzeitig entwickelt sich auch die befruchtete Eizelle zum Pflanzenembryo, bildet zusätzlich eine Nährstoffreserve und wird so zum Samen.

Viele Früchte sind im Reifezustand saftig, fleischig und süß, haben lebhafte Farben und einen angenehmen Geschmack, denn dadurch ziehen sie Tiere an, die durch ihre Ernährungsgewohnheiten dazu beitragen, die Pflanze über ihre meist unverdaulichen Samen geografisch zu verbreiten.

Pflanzen, die keine farbigen und fleischigen Früchte hervorbringen, bedienen sich anderer Strategien, um einen größeren Raum zu besiedeln (Wind, Wasser etc.). Manche Früchte weisen Flughaare oder Flügelfortsätze auf, andere raue Borsten mit Widerhaken, mit denen sie am Fell vorüberstreifender Tiere hängen bleiben.

Zu den häufigsten fleischigen Früchten zählen die Steinfrucht, die in ihrem Inneren einen einzigen, in einer harten Schale eingeschlossenen Samen trägt, und die Beere, die oft als Sammelbeere ausgebildet ist und die Samen frei im Fruchtfleisch trägt. Trockene Früchte unterteilt man grob in Schließfrüchte und Spring- oder Streufrüchte, die sich im Reifezustand spontan öffnen. Zur zweiten Gruppe gehören etwa Schoten, Hülsen und Kapseln. Sie können mehrere Samen enthalten. Die trockene Schließfrucht enthält immer nur einen Samen, der praktisch in die Frucht eingeschlossen ist, diese können jedoch ebenfalls zu Sammelfrüchten zusammengefasst sein. Die verbreitetsten Beispiele hierfür sind die Karyopsen vieler Gräser,

die Flügelfrüchte des Ahorns und die Achänen der Korbblütler.

Der in der Frucht eingeschlossene Samen enthält den Keim, den Embryo der Pflanze. Sobald der Samen auf ein geeignetes Substrat gelangt ist, erwacht der Keim aus seiner Ruhezeit, die manchmal Jahre, sogar Jahrzehnte dauern kann, und beginnt sich zu entwickeln, die Keimung setzt ein.

Damit hat der Samen seine Funktion als Schutzhülle und Nährstoffreservoir erfüllt, denn der Keimling hat nun selbst Organe entwickelt, die diese Aufgaben übernehmen. Unter einer äußeren Schutzschicht, die man Samenschale oder Testa nennt, ist die Anlage des Keims deutlich zu erkennen: ein Stängel, winzige Blätter, die sogenannten Keimblätter, die reich an Nährstoffen sind, eine winzige Wurzel und ein Vegetationskegel. Die Keimung erfolgt in mehreren Phasen. Zuerst streckt sich die Wurzel durch Längenwachstum nach unten, dann strebt der Vegetationskegel nach oben, die Keimblätter öffnen sich und geben ihre Nährstoffe ab. Bald kann man die jungen Hauptorgane der Pflanze deutlich erkennen: Wurzel, Stamm und Blätter.

Lebensräume der Wiesenblumen

■ Auf Äckern und Feldern

All jene Wiesenblumen und Gräser, die auf Anbauflächen, wie Äckern und Feldern, zwischen den eigentlichen Kulturpflanzen wachsen, werden für gewöhnlich als „Unkraut" bezeichnet. Diesen abfälligen Namen haben sie sich wohl deshalb eingehandelt, weil sie hartnäckig an Orten wachsen, wo der Mensch ausschließlich die von ihm gesäte Pflanze sehen will. Schon immer haben Landwirte versucht, der Unkrautplage Herr zu werden, indem sie zunächst mechanische, später auch chemische Hilfsmittel einsetzten. Vor allem chemische Unkrautvertilgungsmittel, sogenannte Herbizide, sind heute dafür verantwortlich, dass einige Arten mittlerweile beinahe ausgerottet sind, gleichzeitig aber andere sich ungehindert ausbreiten konnten, wie dies auch im Tierreich nicht selten geschah, weil hier wie dort der „natürliche Feind" bzw. „Konkurrent" fehlt.

Zu jenen Arten, die einst sehr verbreitet waren, heute jedoch immer mehr von der Bildfläche verschwinden bzw. gar vom Aussterben bedroht sind, gehören unter anderem solche, die auf Getreidefeldern typisch sind, wie etwa die Kornrade (Agrostemma githago), die aus manchen Landstrichen bereits völlig verschwunden ist, sowie die Kornblume (Centaurea cyanus), die man heute wegen ihrer hübschen azurblauen Blüten wieder verstärkt züchtet. Aber auch die Ackerhundskamille (Anthemis arvensis), deren Blütenköpfchen jenem der Margerite sehr ähnlich, aber kleiner sind, sieht man heute nur noch selten.

Diesen einjährigen Pflanzen ist gemeinsam, dass sie, wie die Getreidepflanzen selbst, in deren Gesellschaft sie früher häufig auftraten, einen schnellen Entwicklungszyklus haben, also zu deren Erntezeit ebenfalls bereits Blüte, Frucht und Samen ausgebildet haben. Das Verschwinden vieler für Kornfelder so typischen Wiesenblumen ist, neben dem Einsatz verschiedener Unkrautvertilgungsmittel, auch auf die heute in der Landwirtschaft übliche Methode der Saatgutreinigung zurückzuführen. Damit wird verhindert, dass sich unter dem zu Mehl vermahlenen Korn auch noch andere, oft giftige Samen befinden, die in der Vergangenheit häufig zu schweren Vergiftungen geführt haben.

Auf Äckern und Feldern, die jedoch nicht so intensiv genutzt werden, oder in Gebieten, die bislang von Herbiziden verschont geblieben sind, finden sich auch heute noch die leuchtend roten Blüten des Klatschmohns (Papaver rhoeas), oder auch die Echte Kamille (Matricaria chamomilla) und der Feldrittersporn (Consolida regalis) sowie die lilafarbenen Blüten des Gewöhnlichen Frauenspiegels (Legousia speculum-veneris). Auf Kartoffeläckern wiederum trifft man andere, mitunter recht hartnäckige „Unkräuter" an, wie etwa die Ackerwinde (Convolvulus arvensis), die sich dank ihres robusten Rhizoms rasch ausbreitet, sowie das Gemeine Kreuzkraut (Senecio vulgaris), das Schuttbingelkraut (Mercurialis annua), das Kleinblütige Knopfkraut (Galinsoga parviflora), den Gemüseportulak (Portulaca

oleracea), die Kohlgänsedistel (Sonchus oleraceus) und den Echten Erdrauch (Fumaria officinalis).

Auf Maisfeldern breiten sich besonders zu Beginn der warmen Jahreszeit, wenn die Maispflänzchen noch klein sind, vor allem Gräser aus, wie etwa das Aleppogras (Sorghum halepense), die Kolbenhirse (Setaria italica), die Hühnerhirse (Echinochloa crusgalli), das Blutfingergras (Digitaria sanguinalis) sowie der Flohknöterich (Polygonum persicaria), der Weiße Gänsefuß (Chenopodium album), der Schierlingsreiherschnabel (Erodium cicutarium) und der Schwarze Nachtschatten (Solanum nigrum). Die letztgenannten Spezies gedeihen gerne in Gesellschaft der Purpurroten Taubnessel (Lamium purpureum), dem Roten Gauchheil (Anagallis arvensis), der Vogelsternmiere (Stellaria media), dem Gemeinen Hirtentäschelkraut (Capsella bursa-pastoris) und dem Geißfuß (Aegopodium podagraria). Mehrjährige krautige Pflanzen besitzen oft sehr robuste, tiefgründige Wurzeln, denen Jäten, Hacken oder Pflügen kaum etwas anhaben kann – im Gegenteil, das Zerhacken und Umgraben verhilft ihnen sogar zu größerer Verbreitung.

■ An Mauern und Straßenrändern

Auf Schritt und Tritt begegnen wir in unserer nächsten Umgebung Pflanzen, die sich in Lebensräumen angesiedelt haben, welche man nicht unbedingt als natürlich ansehen kann, wie etwa im städtischen Raum, wo Asphalt und Beton die Natur fast völlig verdrängt haben und dem Betrachter jegliches pflanzliche Leben auf den ersten Blick unmöglich erscheint. Dennoch finden wir auch hier an so mancher Hausmauer, am Straßenrand, auf Verkehrsinseln und Gehwegen eine große Anzahl von Wildpflanzen, die trotz der scheinbar lebensfeindlichen Bedingungen hier blühen und gedeihen.

Oft sind es alte Steinmauern, die eine höchst interessante Flora beherbergen, deren Vertreter nur wenig Platz benötigen und hier und dort zwischen einzelnen Steinen hervorsprießen. Bei solchen Steinmauern, die man oft auf dem Lande, aber auch in der Altstadt vieler Großstädte finden kann, hängt es von deren Exposition ab, welche Pflanzen auf ihnen gedeihen. So finden sich etwa an schattigen Plätzen verschiedene Farnarten, wie etwa die Mauerraute (*Asplenium ruta-muraria*), welche häufig zusammen mit dem Gemeinen Zymbelkraut (*Cymbalaria muralis*) vor allem im Mittelmeerraum auftritt. Sonnenbeschienene Mauern werden hingegen vom Gartenlöwenmäulchen (*Antirrhinum majus*), der Roten Spornblume (*Centranthus ruber*) und dem Hellen Bilsenkraut (*Hyoscyamus albus*) bevorzugt. Die meisten sukkulenten Pflanzen (Dickblattgewächse) bevorzugen trockene und warme Standorte. Dank ihrer Wasserspeichergewebe können Spezies wie die Scharfe Fetthenne (*Sedum acre*), die Weiße Fetthenne (*Sedum album*) und einige immergrüne Pflanzen sogar auf Mauerkronen, wo es besonders heiß und trocken ist, noch gedeihen. Am Fuß von Mauern, wo sich oft allerlei Abfälle und tierische Exkremente ansammeln, bildet sich mit der Zeit ein stickstoffreiches Substrat, das für eine Reihe von Pflanzenarten ausgezeichnete Wuchsbedingungen schafft, wie etwa für die Große Brennnessel (*Urtica dioica*) und verschiedene andere Ruderalpflanzen wie die Mäusegerste (*Hordeum murinum*), die Taube Trespe (*Bromus sterilis*) und verschiedene Arten der Gattungen Amaranth-, Malven- und Gänsefußgewächse.

Auf trockenen, sonnenbeschienenen Schuttplätzen und Wegen gedeihen hingegen bevorzugt verschiedene Korbblütler,

wie der Gemeine Beifuß (*Artemisia vulgaris*), die Kohlgänsedistel (*Sonchus oleraceus*), der Blaue Lattich (*Lactuca perennis*) und das Kanadische Berufkraut (*Conyza canadensis*) sowie eine Reihe von Kreuzblütlern, vor allem der Gattungen Brassica, *Sisymbrium* und *Diplotaxis*. Aber auch spezielle Arten von Gräsern (*Gramineae*) sind an diesen Standorten häufig anzutreffen.

■ An Wegrändern und auf Brachland

Auf Äckern und Feldern, die mittels moderner Agrartechnik bestellt werden, haben bestimmte natürlich wachsende Wildkräuter, die früher so manches Weizen- oder Maisfeld zierten, heutzutage kein Fortkommen mehr. Man findet sie daher heute nur noch in Gebieten, die nicht mehr landwirtschaftlich genutzt werden, auf sogenannten Ruderalstandorten wie etwa auf Schuttplätzen, Kiesgruben, am Rand von Ballungszentren und entlang von Bahndämmen, Straßen und Autobahnen. Der Boden dort ist meist karg und steinig, weshalb er selbst bei genügend Regen die Feuchtigkeit nicht lange halten kann.

Um auf baumlosen Landstrichen überleben zu können, wo die starke Sonneneinstrahlung für besonders schwierige Lebensbedingungen sorgt, haben manche Pflanzen besondere Anpassungsstrategien entwickelt. So gedeihen viele Wildblumen

Der Klatschmohn gilt seit jeher als Charakterpflanze der Getreidefelder. Heute findet man ihn häufiger an Straßenrändern und entlang von Feldwegen.

Die aus Asien stammende **Echte Kamille** (Matricaria chamomilla) *hat sich mittlerweile in weiten Teilen Europas derart ausgebreitet, dass sie oft als lästiges Unkraut angesehen wird.*

auch entlang von Bahndämmen, an Straßen- und Wegrändern sowie auf so mancher Verkehrsinsel. Meist handelt es sich dabei um sogenannte Ruderalpflanzen, die für gewöhnlich mit einem besonders tief reichendem Wurzelapparat, oft auch mit Pfahlwurzeln, ausgestattet sind, mit denen es ihnen möglich ist, sich auf steinigem, aber auch auf sehr lockerem Substrat ausreichend im Boden zu verankern. Manche Pflanzen sind mit Filz oder Härchen bedeckt, um so eine zu starke Verdunstung zu verhindern. Zu den in diesem Lebensraum am häufigsten auftretenden Arten gehören vor allem verschiedene Spezies der Gattung Verbascum (Königskerze), die mit ihren leuchtend gelben Blütenkerzen selten unbemerkt bleiben und oft einen schönen Kontrast zu den blauvioletten Blütentrauben des Blauen Natternkopfs *(Echium vulgare)* bilden. Ebenfalls häufig anzutreffen sind hier die Gelbe Resede *(Reseda lutea)*, die Zweijährige Nachtkerze *(Oenothera biennis)*, das Gemeine Leinkraut *(Linaria vulgaris)*, das Gewöhnliche Eisenkraut *(Verbena officinalis)*, der Weiße Steinklee *(Melilotus alba)* und die Wilde Möhre *(Daucus carota)*. Unter den Gräsern finden wir besonders häufig das Hundszahngras *(Cynodon dactylon)*, dessen Wurzeln so kräftig sind, dass sie sogar in Asphalt eindringen können.

Bestimmte Pflanzen siedeln sich auch auf Schuttplätzen sowie in Schotter- und Kiesgruben an, wo die Bodenstruktur durch die Aktivitäten des Menschen stark in Mitleidenschaft gezogen ist. Hier wachsen zunächst vor allem einjährige Pflanzen, die nach und nach von zwei- und mehrjährigen krautigen Pflanzen und schließlich von Halbsträuchern und Sträuchern verdrängt werden. Auf eher lehmigen Böden finden sich vor allem Korbblütler, allen voran der Gewöhnliche Huflattich *(Tussilago farfara)*, dessen goldgelbe Blütenköpfchen schon zeitig im Frühling entlang von Wegen und Straßen zu sehen sind. Auch so mancher Vertreter der Disteln ist hier anzutreffen, ebenso wie der Gemeine Löwenzahn *(Taraxacum officinale)* und die Gewöhnliche Wegwarte *(Cichorium intybus)*. Weitere Arten, die an Straßenrändern und auf unbebautem Land auftreten, sind die Kanadische Goldrute *(Solidago canadensis)*, die Große Klette *(Arctium lappa)*, der Gemeine Beifuß *(Artemisia vulgaris)*, der Wermuth *(Artemisia absinthium)*, das Echte Seifenkraut *(Saponaria officinalis)*, die Zypressenwolfsmilch *(Euphorbia cyparissias)*, die Wegrauke (Sisymbrium officinale) und die Ackerwinde *(Convolvulus arvensis)*. Zu den häufigsten Sträuchern gehören verschiedene Beerengewächse, wie Himbeer- und Brombeersträucher *(Rubus)* sowie der Schwarze Holunder *(Sambucus nigra)* und der Schwarzdorn *(Prunus spinosa)*.

Die sogenannten Ruderalpflanzen sind in erstaunlicher Vielfalt an Straßenrändern und Wegen, auf Schutt- und Kiesplätzen anzutreffen. Im Bild der Rauhaarige oder Krumme Fuchsschwanz (Amaranthus retroflexus).

■ Auf Wiesen und Weiden

Die Zusammensetzung von Pflanzengesellschaften der Wiesen und Weiden hängt vor allem von den jeweiligen Standortbedingungen ab, wobei besonders Faktoren wie Substrat, Feuchtigkeit sowie eventuelle Eingriffe des Menschen (Düngen, häufige Mahd, Beweidung) von Bedeutung sind. Weiden und auch Wiesen stellen nur scheinbar natürliche oder ursprüngliche Lebensräume dar, handelt es sich doch um intensiv genutzte, vom Menschen stark geprägte Grünflächen, die regelmäßig gemäht bzw. vom Vieh abgeweidet werden. Auf diesen Flächen haben sich mit der Zeit Wiesengesellschaften ausgebildet, denen die regelmäßige Beweidung oder das Abmähen nichts anhaben kann – ja, die dadurch sogar gefördert werden, indem Konkurrenten ferngehalten werden. Wenngleich sich solche Wiesen oft durch eine bemerkenswerte Artenvielfalt auszeichnen, so sind es in der Regel Süßgräser *(Gramineae)*, die den größten Raum einnehmen, auch wenn sie mit ihren unscheinbaren Blüten dem Betrachter nicht so ins Auge stechen wie andere Blütenpflanzen. Zu den häufigsten Vertretern dieser Gräser zählen das Wiesenknäuelgras *(Dactylis glomerata)*, das an seinen buschigen Rispen leicht zu erkennen ist, der Glatthafer *(Arrhenatherum elatius)*, eine ergiebige Futterpflanze, die eine beträchtliche Größe erreichen kann, sowie das Gewöhnliche Ruchgras *(Anthoxantum odoratum)*, dessen Aromastoffe für den typischen Heugeruch verantwortlich sind.

Auf den meisten Wiesen finden sich auch manche Vertreter der Familie der Schmetterlingsblütler *(Leguminosae)*, allen voran die verschiedenen Kleearten, wie Weißklee *(Trifolium repens)*, Rotklee, auch Wiesenklee genannt *(Trifolium pratense)*, der Gewöhnliche Hornklee *(Lotus corniculatus)* und die Saatluzerne *(Medicago sativa)*. Besonders auf Weiden trifft man auch auf verschiedene Wickenarten der Gattung *Vicia*, manche Tragantarten *(Astralagus)* sowie auf einige Vertreter der Gattung *Onobrychis* (Esparsette).

Manche als Futterpflanzen wenig geeignete „Wiesenblumen" erfreuen durch ihre auffallend gefärbten Blüten das Auge des Betrachters, so etwa der Scharfe Hahnenfuß *(Ranunculus acris)*, der Knollige Hahnenfuß *(Ranunculus bulbosus)*, die Wiesenschafgarbe *(Achillea millefolium)*, die Margerite *(Leucanthemum vulgare)* sowie der Wiesensalbei *(Salvia pratensis)*.

Im Gegensatz zum Flachland finden sich in etwas höher gelegenen Gegenden südexponierte trockene und sonnige, fast steppenähnliche Wiesen, die gelegentlich von Felsen durchsetzt sind. Diese Lebensräume entstanden entweder infolge von Waldbränden oder durch Waldrodungen, die der Mensch zur Gewinnung von Weideland schon vor langer Zeit vornahm. Hier ist die Vielfalt der Pflanzengesellschaften zwar weniger stark ausgeprägt, aber deswegen um nichts weniger interessant. Auf solchen Standorten gedeihen vor allem xerophile, d. h. Trockenheit liebende Arten, wie etwa das Federgras *(Stipa pennata)* mit seinen typischen federig behaarten Rispen, die Taubenskabiose *(Scabiosa columbaria)* mit ihren rosa- bis lilafarbenen Blüten, die Dornige Hauhechel *(Ononis spinosa)* oder der Gemeine Wundklee *(Anthyllis vulneraria)*, der Edelgamander *(Teucrium chamaedrys)* und vor allem auf Kalkböden das Gelbe Sonnenröschen *(Helianthemum nummularium)* und der Schopfhufeisenklee *(Hippocrepis comosa)*.

Trockenwiesen entstehen zumeist auf saurem Substrat – und zwar häufig in höheren Lagen, wo intensive Viehwirtschaft betrieben wird. Hier wird die Rasendecke allmählich von einem Vegetationstyp ähnlich einer Heide abgelöst. Auf solchen eher artenarmen Wiesen finden sich unter anderem Süßgräser (Gramineae), vor allem der Gattungen *Festuca* und *Agrostis*, sowie das Gewöhnliche Kreuzblümchen (*Polygala vulgaris*), die Gewöhnliche Hainsimse (*Luzula campestris*) und das Aufrechte Fingerkraut (*Potentilla erecta*), die oft von strauch- oder halbstrauchartigen Pflanzen, wie etwa dem Deutschen Ginster (*Genista germanica*) und der Besenheide (*Calluna vulgaris*) begleitet werden. Bleiben solche Wiesen über längere Zeiträume ungenutzt, so verwandeln sie sich allmählich wieder in Wald.

■ Feuchtgebiete

Unter dieser Bezeichnung fasst man eine Reihe von recht unterschiedlichen Lebensräumen zusammen, die durch ein ständiges oder zeitweiliges Vorhandensein von Grund- oder Oberflächenwasser geprägt sind. Dazu zählen vor allem stehende Gewässer wie Seen, Teiche, Sümpfe und Moore sowie sogenannte Fließgewässer, wie Quellen, Bäche und Flüsse.

Welche Pflanzen an bzw. in solchen Gewässern wachsen, hängt von verschiedenen chemisch-physikalischen Faktoren ab, wie etwa Mineralstoffgehalt, Sauerstoffgehalt, pH-Wert, Temperatur und Lichteinfall. Daneben sind auch die Tiefe und Ausdehnung eines Gewässers von Bedeutung. Zu den schwimmenden Pflanzenarten gehört beispielsweise die Kleine Wasserlinse (*Lemna minor*), die häufig ausgedehnte Populationen bildet und bei günstigen Bedingungen die Oberfläche eines Teichs vollständig mit ihren erbsengrünen Blättern bedecken kann, dies vor allem dann, wenn es sich um ein besonders ruhiges, windgeschütztes Gewässer handelt.

Weitere, wenngleich etwas seltener vorkommende Bewohner dieser Lebensräume sind in warmen Gegenden die Vertreter der Gattung *Azolla* (Schwimmfarn). Sehr auffällig mit ihren großen schönen Blüten sind natürlich die verschiedenen Seerosenarten,

allen voran die Weiße Seerose (*Nymphaea alba*) und die Gelbe Teichrose (*Nuphar lutea*), welche nährstoffreiche (eutrophe) stehende oder langsam strömende Gewässer bevorzugen.

Im Uferbereich von Teichen und Seen sowie in Sümpfen und auch auf zeitweilig überschwemmten Gebieten finden sich bevorzugt verschiedene Arten von Sumpfpflanzen, darunter hauptsächlich Binsengewächse (*Juncaceae*) und Riedgrasgewächse (*Cyperaceae*), aber auch Breitblättriger Rohrkolben (*Typha latifolia*) und Schmalblättriger Rohrkolben (*Typha angustifolia*).

Entlang von Bächen und Flüssen gedeiht trotz häufiger Überflutungen eine recht artenreiche Vegetation mit verschiedenen Weiden- und Erlenarten, begleitet von einer Reihe typischer Uferpflanzen, die teilweise oder fast vollständig unter Wasser wachsen. Besonders häufig finden sich im Uferbereich fließender Gewässer Pflanzen wie der Bachehrenpreis (*Veronica beccabunga*), die Wasserschwertlilie (*Iris pseudacorus*), der Blutweiderich (*Lythrum salicaria*), aber auch die Wasserminze (*Mentha aquatica*), der Gemeine Wasserdost (*Eupatorium cannabinum*), das Sumpfvergissmeinnicht (*Myosotis palustris*), die Doldige Schwanenblume (*Butomus umbellatus*) und der Gemeine Froschlöffel (*Alisma plantago-aquatica*), die hier oft vergesellschaftet mit Binsen- und Riedgrasgewächsen anzutreffen sind. Zu den fast völlig untergetauchten Pflanzen gehören: die Echte Brunnenkresse (*Nasturtium officinale*), das Spitze oder Echte Pfeilkraut (*Sagittaria sagittifolia*), der Flutende Hahnenfuß (*Ranunculus fluitans*), der Wasserhahnenfuß (*Ranunculus aquatilis*) sowie einige Arten der Gattung *Potamogeton* (Laichkrautgewächse).

■ Wälder

Wie die meisten Wiesen sind auch fast alle Wälder aufgrund der jahrhundertelangen massiven Einflussnahme durch den Menschen heute keine wirklichen Naturlandschaften mehr, denn speziell durch die moderne Forstwirtschaft wurde die ursprüngliche Zusammensetzung der Wälder nachhaltig verändert.

Auch landwirtschaftlich ungenutzte Böden bieten dem Blumenliebhaber reichlich Anschauungsmaterial. Der Wermuth (Artemisia absinthium) *ist ein häufiger Gast auf manchen Ruderalfluren.*

anzutreffen sind. Noch ein Stück höher dominieren otbuchenwälder, denen sich mit zunehmender Höhe auch Nadelbäume anschließen, allen voran die Fichte, verschiedene Kiefernarten sowie Lärche und Weißtanne.

Schon gegen Ende des Winters und zu Beginn des Frühlings, also zu einer Zeit, wo die Laubbäume noch keine Blätter tragen, sprießen in den Wäldern bereits zahlreiche sehr früh blühende Pflanzenarten, um sich die kurze Zeit der günstigen Lichtverhältnisse zunutze zu machen. Zu den bekanntesten Arten zählen hier vor allem das Schneeglöckchen (*Galanthus nivalis*), die Frühlingsknotenblume (*Leucojum vernum*), der Zweiblättrige Blaustern (*Scilla bifolia*) und die Hundszahnlilie (*Erythronium dens-canis*) mit ihren charakteristischen graugrün gescheckten Blättern. In den ersten Wochen des Frühlings öffnen aber auch Arten wie die Duftende Schlüsselblume (*Primula veris*), das Buschwindröschen (*Anemone nemorosa*), das Dreilappige Leberblümchen (*Hepatica nobilis*), das Echte Lungenkraut (*Pulmonaria officinalis*), der Hohle Lerchensporn (*Corydalis cava*), der essbare Bärlauch (*Allium ursinum*) sowie verschiedene Veilchenarten ihre Blüten.

An schattigen Orten gedeihen Farne, die gewiss zu den häufigsten Pflanzen des Waldes gehören. Besonders häufig vorkommende Vertreter davon sind der Gewöhnliche Wurmfarn (*Dryopteris filix-mas*) und die seltenere Gewöhnliche Hirschzunge (*Phyllitis scolopendrium*), alles Arten, die eher feuchte Böden bevorzugen, während auf trockenen und leicht sauren Böden vornehmlich Adlerfarn (*Pteridium aquilinum*) und Gewöhnlicher Tüpfelfarn (*Polypodium vulgare*) anzutreffen sind. An schattigen Standorten finden sich auch andere, häufig gemeinsam mit Farnen auftretende Wildkräuter, wie etwa der Waldmeister (*Galium odoratum*), der Waldsauerklee (*Oxalis acetosella*), die Vierblättrige Einbeere (Paris quadrifolia), die Wohlriechende Weißwurz (Polygonatum odoratum), die Zweiblättrige Schattenblume (Maianthemum bifolium), das Maiglöckchen (Convallaria majalis) sowie verschiedene Arten der Familie Orchideen (Orchidaceae), wie etwa das Große

Vor allem im Flachland sind Wälder schon sehr weit von ihrem Urzustand entfernt, da sie einerseits zunehmend landwirtschaftlichen Nutzflächen weichen mussten, andererseits in Forstplantagen umgewandelt wurden.

In collinen Lagen, wo der Mensch naturgemäß weniger in die Landschaft eingreifen konnte, finden sich auch heute noch artenreiche, sehr naturnahe Laubwälder, in denen vor allem Hainbuche, Ahorn, Esche und im Feuchten Erlen gedeihen, wo aber südexponiert auch die Edelkastanie und verschiedene Eichenarten nicht selten

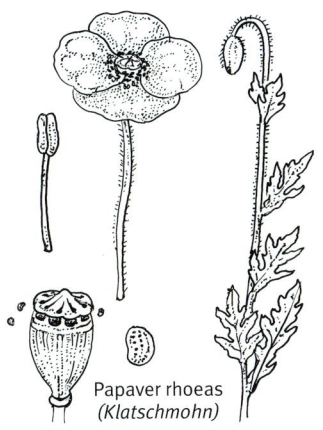

Papaver rhoeas
(Klatschmohn)

Cruciferae

Die große Gruppe der Kreuzblütler umfasst 350 Gattungen mit etwa 2000, besonders in den kühlen und gemäßigten Klimazonen der nördlichen Halbkugel verbreiteten Spezies. Es sind meist krautige Pflanzen, selten Halbsträucher, mit wechselständigen, meist einfachen Blättern ohne Stipeln. Die zwittrigen Blüten stehen oft in Trauben und sind radialsymmetrisch. Sie bestehen aus 4 Kelchblättern, 4 oft unterschiedlich geformten Blütenblättern, 6 Staubgefäßen und einem oberständigen Fruchtknoten. Die Frucht ist eine Schote, deren Größe und Form für die Klassifikation der Gattung wichtig ist.

Droseraceae, Resedaceae

Die Familien der Sonnentaugewächse und der Resedengewächse umfassen nur eine kleine Gruppe von Vertretern. Ihre endständigen, eher unscheinbaren Blüten stehen meist in Trauben. Während die Blätter der Resedengewächse meist tief fiederteilig sind, besitzen die Blätter der Sonnentaugewächse Drüsen- oder Fangtentakel zum Fangen von kleinen Insekten. Beide Gruppen bevorzugen feuchten, sumpfigen Boden. Die Sonnentaugewächse sind ziemlich selten und stehen überall in Europa unter Naturschutz.

Crassulaceae

Zur Familie der Dickblattgewächse gehören besonders viele Kosmopoliten. Sie umfasst eine große Zahl von Arten, die besonders an extrem trockenes oder sandiges Gelände, auch Mauern und nackten Fels angepasst sind. Es handelt sich um krautige, sukkulente, manchmal an der Basis verholzte Pflanzen mit fleischigen, oft zu Grundrosetten versammelten Blättern. Die Blüten bilden vielfach doldenartige Verbände, sind meist zwittrig und radialsymmetrisch und haben 4 bis 18 Blütenblätter und gleich viele oder doppelt so viele Staubgefäße sowie einen oberständigen Fruchtknoten. Die Frucht ist eine Balgfrucht.

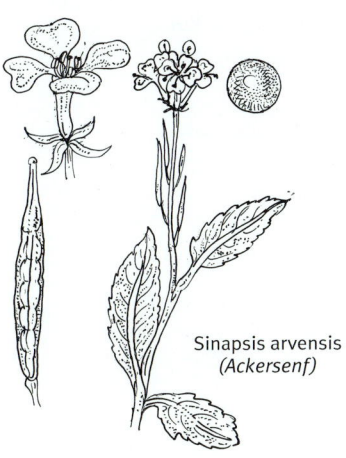

Sinapsis arvensis
(Ackersenf)

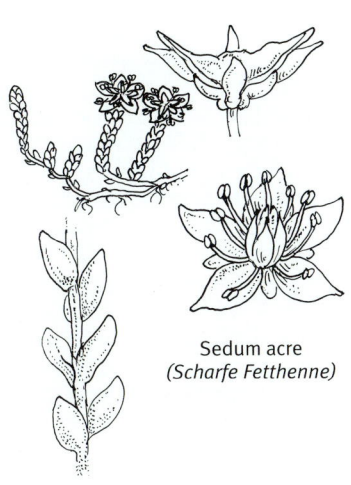

Sedum acre
(Scharfe Fetthenne)

■ Saxifragaceae

Die Familie der Steinbrechgewächse umfasst eine große Anzahl von Spezies, die in relativ wenige Gattungen zusammengefasst werden. Steinbrechgewächse sind weitverbreitet, insbesondere in den Alpen. Die krautigen Pflanzen haben wechselständige, spiralig angeordnete, oft in Grundrosetten stehende Blätter und Einzelblüten oder Blütenstände aus zwittrigen, rosettenförmigen Blüten mit freien oder verwachsenen Kelchblättern, freien Blütenblättern und 2 Staubgefäßen für jedes Blütenblatt, 2 bis 5 Griffeln und oberständigem Fruchtknoten. Die Frucht ist eine Kapsel, seltener eine Beere.

Potentilla reptans
(Kriechendes Fingerkraut)

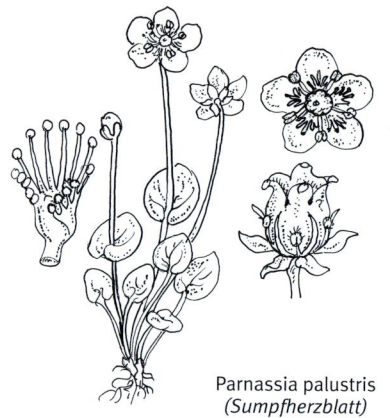

Parnassia palustris
(Sumpfherzblatt)

■ Rosaceae

Die Familie der Rosengewächse besteht aus zahlreichen Gattungen und einigen tausend Spezies, die schon früh in der Geschichte der Landpflanzen erschienen und besonders in den gemäßigten Klimazonen verbreitet sind. Es handelt sich um krautige, strauch- oder baumförmige Pflanzen mit wechselständigen oder spiralig angeordneten, bei den Wiesenblumen meist zusammengesetzten Blättern. Die Blüten sind zwittrig und rosettenförmig mit 5 (4) Kelchblättern und 5 Blütenblättern, abgesehen von wenigen Ausnahmen (Dryas octopetala mit 8, Alchemilla alpina ohne Blütenblätter). Sie haben zahlreiche Staubgefäße, einen mittelständigen, seltener unter- oder oberständigen Fruchtknoten. Die Früchte können sehr unterschiedlich ausgebildet sein; meistens sind es Achänen.

■ Leguminosae (= Fabaceae Lindl.)

Die große Familie der Schmetterlingsblütler umfasst über 150 Gattungen mit etwa 13 000 überall auf der Welt verbreiteten Spezies. Sie wird je nach den Charakteristika der Blüten in 3 Unterfamilien unterteilt: Mimosoideae, Cesalpinioidae und Faboideae. Es handelt sich um krautige oder verholzende Pflanzen mit meist zusammengesetzten, wechselständigen Blättern mit Stipeln. Die zwittrigen, zygomorphen Blüten haben 5 Blütenblätter und stehen oft in Trauben oder Dolden. Die schmetterlingsartigen Blüten bestehen aus einem besonders großen oberen Blütenblatt, das Fahne genannt wird, 2 seitlichen Flügeln und 2 unteren, teilweise verwachsenen Blütenblättern, die als Schiffchenblätter bezeichnet werden. Sie besitzen 10 oft verwachsene Staubgefäße und einen oberständigen Fruchtknoten. Die Frucht, eine Hülse, ist eine Streufrucht.

Lotus corniculatus
(Gemeiner Hornklee)

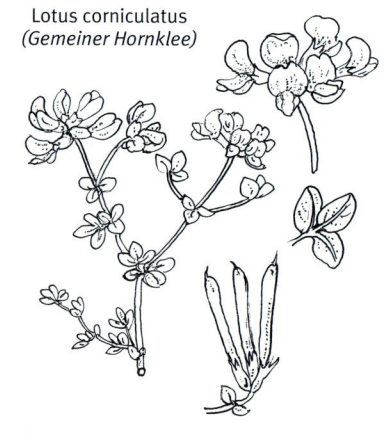

Oxalidaceae

Die Familie der Sauerkleegewächse ist in diesem Buch mit nur einer einzigen Art vertreten, deren Eigenschaften für die gesamte Familie kennzeichnend sind.

Geraniaceae

Der Familie der Storchschnabelgewächse gehören etwa 850 Spezies an, die in 11 Gattungen zusammengefasst sind und hauptsächlich in den gemäßigten und subtropischen Klimazonen beheimatet sind. Die wohl bekannteste Spezies aus dieser Familie ist die Pelargonie oder Geranie, eine aus Afrika stammende Art, die heute eine überaus beliebte Balkonpflanze ist. Diese krautigen oder halbstrauchartigen Gewächse haben gegenständige oder spiralig angeordnete Blätter, die meist von Stipeln begleitet sind. Die zweigeschlechtigen, aktinomorphen (zweiseitig symmetrischen) Blüten stehen meist in doldigen Blütenständen, mit 5 Kelch- und 5 Kronblättern sowie 10 Staubgefäßen. Der Fruchtknoten ist oberständig. Die Frucht ist schnabelförmig verlängert und zerfällt während der Reifung in einsamige Teilfrüchte.

Linaceae

Die Vertreter der Leingewächse haben meist einfache, wechselständige Blätter. Die je 5, selten 4 Kelch- und Kronblätter stehen frei. Die 5 Staubblätter sind am Grund meist verwachsen. Die Frucht ist für gewöhnlich eine fünffächerige Kapsel.

Euphorbiaceae

Die große Familie der Wolfsmilchgewächse umfasst mehr als 280 Gattungen mit etwa 7300 Arten, die vor allem in den warmen bis gemäßigten Klimazonen verbreitet sind. Es handelt sich dabei um einjährige, zweijährige oder mehrjährige Pflanzen von sehr unterschiedlichem Aussehen. Manche Wüsten und Halbwüsten bewohnende Arten sehen aufgrund der sukkulenten fleischigen Sprossachse und ihres stacheligen Äußeren den Kakteen ähnlich. Diese Pflanzen sind xerophil, d. h. sie gedeihen wie die Kakteen mit Vorliebe auf sehr trockenen Böden. Ein fast allen Vertretern gemeinsames Merkmal ist der in allen Pflanzenteilen vorhandene weiße Milchsaft, der bei manchen Spezies giftig ist, bei einigen tropischen Wolfsmilcharten hingegen zur Herstellung von Naturkautschuk verwendet wird. Die eingeschlechtigen Blüten dieser ein- oder zweihäusigen Pflanzen haben eine kleine oder gar keine Blütenhülle und stehen in einem sogenannten „Cyathium", einer Scheinblüte, bestehend aus einem glockenförmigen Hüllbecher, der am Rand mit nierenförmigen Drüsen besetzt ist. Bei manchen Arten bilden mehrere solcher Scheinblüten eine Dolde bzw. Trugdolde. Die Früchte sind dreikielige Kapseln. Einige Spezies dieser Familie werden sogar für medizinische Zwecke verwendet, z. B. wird das Rizinusöl aus diesen Pflanzen gewonnen. Andere wiederum werden wegen ihrer Schönheit gezüchtet, wie etwa der beliebte, aber giftige Weihnachtsstern.

Rutaceae, Polygalaceae, Balsaminaceae

Die Familien der Rautengewächse, Kreuzblumengewächse und Springkrautgewächse sind in diesem Buch mit nur einer einzigen Gattung vertreten, deren Eigenschaften jeweils für die gesamte Familie kennzeichnend sind.

Malvaceae

Die Familie der Malvengewächse umfasst etwa 80 Gattungen mit ca. 1500 Spezies, die hauptsächlich in den tropischen Ländern Südamerikas, aber auch in gemäßigten Regionen, u. a. in Mittel- und Südeuropa, beheimatet sind. Es handelt sich um krautige, strauchförmige, seltener baumförmige Gewächse mit spiraligen, einfachen, glattrandigen oder handförmig geteilten Blättern. Die zwittrigen strahlenförmigen Blüten stehen einzeln oder in Dolden. Die Blütenhülle (Perianth) besteht aus 5 Kronblättern, die frei oder an der Basis verwachsen sind. Die 5 Kelchblätter sind oft von Hüllblättern, dem sogenannten Außenkelch, umgeben. Der Fruchtknoten ist oberständig. Die Früchte sind für gewöhnlich Kapseln, seltener Beeren, die zahlreiche, manchmal flaumige bis behaarte Samen enthalten. Aus den Samenhaaren bestimmter Malvengewächse (Gossypium) wird z. B. die Baumwolle gewonnen.

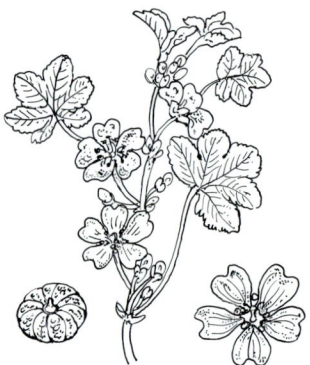

Malva sylvestris *(Wilde Malve)*

Violaceae, Cistaceae

Die Vertreter der Veilchengewächse und Cistrosengewächse haben einfache Blätter, die meist wechselständig, manchmal auch gegenständig sein können *(Helianthemum)*. Beide haben je 5 Kelch- und Kronblätter. Charakteristisch bei den Veilchengewächsen ist der meist nektarführende Sporn.

Cucurbitaceae

Die Familie der Kürbisgewächse umfasst etwa 100 Gattungen mit ca. 700 bis 800 Spezies, von denen einige aus wirtschaftlichen Gründen landwirtschaftlich intensiv angebaut werden. Es handelt sich dabei um einjährige, zweijährige oder mehrjährige Pflanzen, die vorwiegend in den subtropischen Klimazonen gedeihen, wenngleich einige Arten auch in gemäßigten Regionen verbreitet sind. Fast alle Vertreter sind krautig, selten halbstrauchartig, meist niederliegend oder rankend, mit wechselständigen, handförmigen oder gelappten Blättern und einfachen oder verzweigten Sprossen. Die eingeschlechtigen, radialsymmetrischen Blüten zeigen meist eine verwachsenblättrige, rad- oder glockenförmige Krone mit 5 mehr oder weniger tiefen Lappen. Die Früchte sind Beeren.

Lythraceae

Die Familie der Blutweiderichgewächse ist in diesem Buch mit nur einer einzigen Art vertreten, deren Eigenschaften für die gesamte Familie kennzeichnend sind.

Onagraceae

Zur Familie der Nachtkerzengewächse gehören etwa 20 Gattungen mit ca. 650 Spezies, die auf fast allen Kontinenten verbreitet sind, vorzugsweise aber in den gemäßigten Klimazonen Amerikas und Südafrikas. Es handelt sich fast ausschließlich um krautige Pflanzen, nur wenige unter ihnen sind Halbsträucher, wie etwa die bekannte Fuchsie, die auch bei uns eine sehr beliebte Zierpflanze ist. Die Blätter sind meist gegenständig und haben keine Stipeln (Nebenblätter). Die zwittrigen Blüten stehen in Ähren oder Trauben und haben für gewöhnlich 4 Kron- und 4 Kelchblätter sowie einen unterständigen Fruchtknoten und 8 Staubgefäße. Die Frucht kann als Kapsel, Beere oder Nüsschen ausgebildet sein.

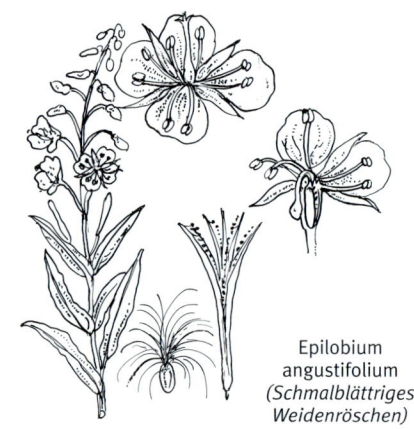

Epilobium angustifolium *(Schmalblättriges Weidenröschen)*

Umbelliferae (Apiaceae)

Die große Familie der Doldengewächse umfasst ca. 150 Gattungen mit etwa 3000 Spezies, von denen viele reich an ätherischen Ölen und anderen Substanzen sind, weswegen sie auch heute noch als Heilpflanzen verwendet werden. Die Doldengewächse sind vor allem in der gemäßigten Klimazone der nördlichen Halbkugel verbreitet. Es handelt sich um krautige Pflanzen mit oft hohlem Stängel und wechselständigen Blättern, die meist mehrfach gefiedert sind. Die in Dolden oder zusammengesetzter Doldenform stehenden Blüten sind zweigeschlechtig und aktinomorph und bestehen aus 5 oft ungleichen Kronblättern und kleinen Kelchblättern, die manchmal auch fehlen können, sowie 5 Staubgefäßen. Der Fruchtknoten ist unterständig. Die aus 2 miteinander verwachsenen Achänen bestehende Frucht ist häufig ein wichtiges Unterscheidungsmerkmal bei der Klassifizierung der einzelnen Arten.

Erica carnea
(Schneeheide)

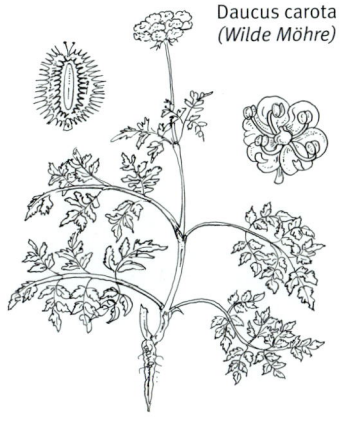

Daucus carota
(Wilde Möhre)

■ Ericaceae

Diese sehr alte Pflanzenfamilie umfasst etwa 20 Gattungen mit Tausenden von Spezies, von denen manche Pflanzengesellschaften von großer Flächenausdehnung sind (Heiden, Zwergstrauchfluren, Unterholzschicht in Wäldern). Es handelt sich bei den Heidekrautgewächsen ausnahmslos um mehrjährige baum-, strauch- oder halbstrauchartige Pflanzen mit einfachen, glattrandigen, harten, ledrigen Blättern, die meist immergrün sind. Die zwittrigen, strahlenförmigen Blüten stehen in Blütenständen zusammen und haben eine verwachsenblättrige, becher- oder glockenförmige Krone, 10 Staubgefäße und einen unter- oder oberständigen Fruchtknoten. Die Frucht, eine Beere, Steinfrucht oder Kapsel, ist manchmal essbar (Heidelbeere).

■ Primulaceae

Zur Familie der Schlüsselblumengewächse gehören etwa 30 Gattungen mit etwa 800 Spezies, die auf allen Kontinenten verbreitet sind. Die zur natürlichen Flora in unseren Breiten gehörigen Arten der Schlüsselblumengewächse sind krautig, mehrjährig (nur selten ein- oder zweijährig), mit ganzrandigen, spiralig oder in Bodenrosetten angeordneten, seltener gegen- oder quirlständigen Blättern. Die zwittrigen, radialsymmetrischen Blüten mit verwachsenblättrigem Kelch und verwachsenblättriger Krone haben 5 Staubgefäße und einen oberständigen Fruchtknoten. Sie stehen in Dolden oder Trauben. Die Frucht ist eine Kapsel.

Primula veris *(Waldprimel)*

■ Gentianaceae

Die Familie der Enziangewächse besteht aus 70 Gattungen, die mehr als 700 Spezies umfassen, und ist auf der ganzen Welt verbreitet. Die europäischen Spezies finden sich vorzugsweise in den Alpen, wo sie bis in große Höhen vorstoßen. Es handelt sich meist um krautige, oft rhizombildende, verholzende Pflanzen mit glattrandigen, gegenständigen, meistens glatten Blättern. Die zwittrigen, radial-symmetrischen Blüten haben einen verwachsenblättrigen Kelch und eine röhren-, glocken- oder becherförmige, vier- bis fünflappige Krone, gleich viele Staubgefäße und einen oberständigen Fruchtknoten. Die Frucht ist eine Kapsel.

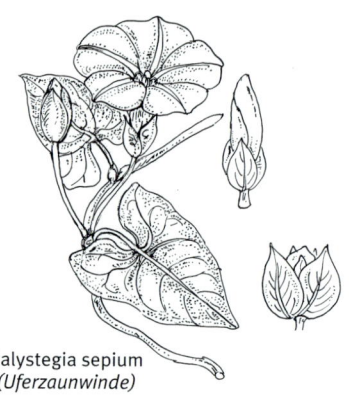

Calystegia sepium
(Uferzaunwinde)

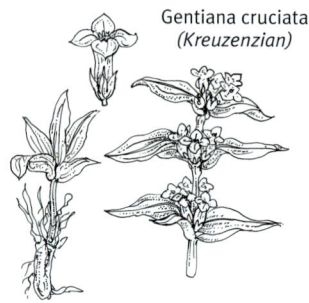

Gentiana cruciata
(Kreuzenzian)

Apocynaceae, Asclepiadaceae, Rubiaceae

Die Familien der Hundsgiftgewächse, Schwalbenwurzgewächse und Rötegewächse sind in diesem Buch mit nur je einer einzigen Art vertreten, deren Eigenschaften jeweils für die gesamte Familie kennzeichnend sind.

Convolvulaceae

Die Familie der Windengewächse umfasst etwa 50 Gattungen mit über 1000 Spezies, die in Ländern mit tropischem oder subtropischem Klima verbreitet sind, aber auch in unseren Breiten, d. h. in gemäßigtem Klima gedeihen. Es handelt sich hauptsächlich um krautige, aufrechte oder sich windende Pflanzen, seltener um Sträucher oder Bäume, deren Blätter wechselständig, glattrandig oder gelappt sind. Die oft sehr auffälligen Blüten sind zweigeschlechtig, radialsymmetrisch und haben meist 5 Kelchblätter und eine glockenförmige, manchmal fünflappige Krone sowie einen oberständigen Fruchtknoten. Die Frucht ist eine Kapsel. Bei der Gattung *Cuscuta* handelt es sich um Vollschmarotzer, die kein Chlorophyll produzieren können. Wegen dieser Eigenart werden sie in Fachkreisen oft als eigenständige Familie geführt.

Boraginaceae

Die Familie Borretschgewächse besteht aus etwa 100 Gattungen mit zahlreichen Spezies, die oft schwer zu klassifizieren und weit verbreitet sind. Meistens handelt es sich um krautige ein-, zwei- oder mehrjährige Pflanzen mit einfachen, wechselständigen, spiralig angeordneten Blättern, die von einem dichten, haarigen, manchmal stechenden Flaum überzogen sind. Die Blüten sind zwittrig, meistens rosettenförmig und vielfach auch in Blütenständen angeordnet. Der verwachsenblättrige Kelch ist schlauchförmig, die ebenfalls verwachsenblättrige Krone bauchig oder glockenförmig. Sie haben 5 Staubgefäße und einen oberständigen Fruchtknoten. Die Frucht ist meist eine Achäne.

Verbenaceae

Die Familie der Eisenkrautgewächse ist in diesem Buch mit nur einer einzigen Art vertreten, deren Eigenschaften für die gesamte Familie kennzeichnend sind.

Labiatae

Die große Pflanzenfamilie der Lippenblütler besteht aus 200 Gattungen mit fast 3000 Spezies, die auf allen Kontinenten verbreitet sind. Die Arten sind meist krautig, ein- oder mehrjährig, seltener strauch- oder halbstrauchartig, mit quadratischem Stängelquerschnitt, gegen- oder quirlständigen, einfachen oder zusammengesetzten Blättern. Die zwittrigen, zygomorphen Blüten stehen oft in Quirlen, Ähren oder Trauben. Die 5 Kelchblätter sind meist zu einem zweilappigen Kelch verwachsen, die Krone ist ebenfalls zweilappig, die 2 oberen und die 3 unteren Blütenblätter sind jeweils verwachsen. Sie haben 2 bis 4 Staubgefäße und einen oberständigen Fruchtknoten. Bei den Gattungen Ajuga und Teucrium fehlt der obere Lappen. Die Frucht besteht aus 4 Achänen. Viele zu dieser Familie gehörigen Spezies sind reich an aromatischen Ölen und werden deshalb als Gewürze in der Küche, bei der Parfümherstellung und im medizinischen Bereich verwendet.

Salvia pratensis
(Wiesensalbei)

■ Solanaceae

Zur Familie der Nachtschattengewächse gehören 80 bis 90 Gattungen mit ca. 2500 Spezies, die zum Großteil aus Südamerika bzw. den tropischen Klimazonen stammen, heute jedoch dank menschlicher Tätigkeit auch in gemäßigten und kühlen Regionen gedeihen. Es handelt sich dabei hauptsächlich um krautige oder strauchige, gelegentlich auch um rankende Gewächse mit einfachen, wechselständigen Blättern ohne Stipeln. Die zwittrigen Blüten haben meist 5 Kron- und 5 Kelchblätter, die oft bis zur Ausbildung der Frucht bestehen bleiben. Die Früchte sind Beeren oder Kapseln. Dieser Pflanzenfamilie kommt große wirtschaftliche Bedeutung zu, da einige ihrer Arten als Nahrungsmittel für den Menschen sehr wichtig sind, so etwa Kartoffel, Paprika und Tomate. Gewisse Arten werden im medizinischen Bereich (Tollkirsche, Bilsenkraut) oder als Genussmittel (Tabakpflanze) verwendet, andere sind hingegen als Zierpflanzen sehr beliebt (Petunie).

Solanum nigrum
(Schwarzer Nachtschatten)

■ Scrophulariaceae

Die große Pflanzenfamilie der Braunwurzgewächse umfasst etwa 200 Gattungen mit mehr als 3000 Arten, die überall auf der Welt anzutreffen sind. Bei den Braunwurzgewächsen handelt es sich hauptsächlich um krautige, selten strauchförmige oder baumförmige Pflanzen mit spiraligen, gegenständigen oder quirlständigen Blättern ohne Stipeln. Die zwittrigen, zweiseitig symmetrischen Blüten haben einen verwachsenblättrigen Kelch und eine verwachsenblättrige, zweilippige (Cymbalaria) oder glockenförmige (Digitalis) Krone sowie 2 bis 5 Staubgefäße und einen oberständigen Fruchtknoten. Die Früchte sind zumeist Kapseln, selten Beeren.

■ Orobanchaceae, Globulariaceae, Lentibulariaceae, Plantaginaceae, Caprifoliaceae

Diese Familien (Sommerwurzgewächse, Kugelblumengewächse, Wasserschlauchgewächse, Wegerichgewächse und Geißblattgewächse) sind in diesem Buch mit nur je einer Gattung vertreten, deren Eigenschaften jeweils für die gesamte Familie kennzeichnend sind.

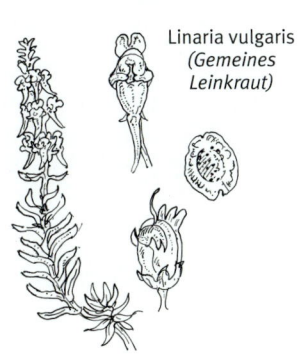

Linaria vulgaris
(Gemeines Leinkraut)

■ Valerianaceae

Zur Familie der Baldriangewächse gehören
etwa 10 Gattungen mit etwa 370 Spezies,
die auf der ganzen Welt vorkommen. Es
handelt sich ausschließlich um krautige,
ein- oder mehrjährige Pflanzen mit gegenständigen Blättern ohne Stipeln.
Die zwittrigen oder eingeschlechtigen Blüten stehen in doldigen Blütenständen. Der
Kelch ist oft als winzige Haarkrone ausgebildet, die nach ihrer Vergrößerung auch
auf der Frucht erhalten bleibt. Die Krone
ist schlauchförmig und am Grund typisch
bauchförmig erweitert. Sie besteht aus
5 Lappen und umschließt meist 3 Staubgefäße und einen unterständigen Fruchtknoten. Die Frucht, eine Achäne, ist in
die Haarkrone eingehüllt.

Valeriana officinalis
(Echter Baldrian)

■ Dipsacaceae

Zur Familie der Kardengewächse gehören
9 Gattungen mit 160 Spezies, die auf den
ersten Blick den Korbblütlern gleichen.
Es handelt sich um großteils krautige,
ein-, zwei- oder mehrjährige Pflanzen mit
gegen- oder quirlständigen Blättern ohne
Stipeln. Die meist zwittrigen Blüten stehen
in dichten, endständigen, von Tragblättern
umgebenen Köpfchen. Der seidig oder
wollig behaarte Kelch umgibt eine röhrenförmige, vier- bis fünflappige Krone mit
2 bis 4 Staubgefäßen und einen unterständigen Fruchtknoten. Die Frucht, eine
Achäne, sitzt im Kelch, der die Aufgabe
hat, die Aussaat zu erleichtern.

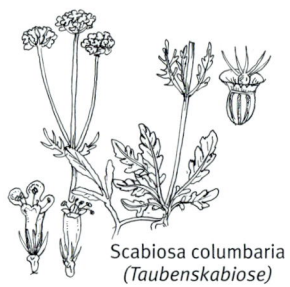

Scabiosa columbaria
(Taubenskabiose)

■ Campanulaceae

Zu dieser Familie gehören etwa 55 Gattungen mit etwa 1000 global verbreiteten
Spezies. Fast alle Glockenblumengewächse
sind krautige, ein-, zwei- oder mehrjährige
Arten, oft mit milchigem Pflanzensaft und
wechselständigen oder spiralig angeordneten Blättern ohne Stipeln. Die zwittrigen,
radialsymmetrischen, oft sehr auffälligen
Blüten können einzeln oder in Blütenständen angeordnet sein. Die Krone ist typisch
glockenförmig (Campanula) oder schlauchförmig (Phyteuma), mit 5 Staubgefäßen
und meist unterständigem Fruchtknoten.
Die Frucht ist eine Kapsel.

Campanula
rotundifolia
*(Rundblättrige
Glockenblume)*

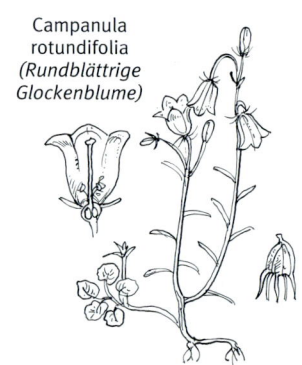

■ Compositae

Die Korbblütler stellen die artenreichste
Familie des gesamten Pflanzenreichs dar:
Sie umfasst etwa 1000 Gattungen mit
etwa 20 000 weltweit verbreiteten Spezies. Die unter den Wiesenblumen vertretenen Arten der Korbblütler sind alle krautig,
ein-, zwei- oder mehrjährig, häufig mit
milchigem Pflanzensaft und spiralig angeordneten, selten gegenständigen (Arni-
ka) Blättern ohne Stipeln. Die kleinen,
meist zwittrigen Einzelblüten stehen in
dichten Köpfchen zusammen und sind

von Tragblättern umgeben. Sie können röhrige oder zungenförmige Randblätter aufweisen. Die Korbblütler werden, je nach den Merkmalen der Blüten, in 2 Unterfamilien eingeteilt. Zur ersten Gruppe gehören Pflanzen ohne Milchsaft, mit ausschließlich aus röhrigen Blüten zusammengesetzten Körbchen (Homogyne, Tussilago) sowie jene mit zungenförmigen Blüten am Rand, wie zum Beispiel bei der Gattung Aster oder Leucanthemopsis. Zur zweiten Gruppe gehören Spezies mit Milchsaft und Körbchen aus röhrigen Blüten in der Mitte und Zungenblüten am Rand, wie z. B. bei den Gattungen Taraxacum oder Leontodon. Die Frucht der Korbblütler ist eine Achäne, die oft mit Flughaaren besetzt ist, um die Verbreitung durch den Wind zu begünstigen.

Bellis perennis
(Mehrjähriges Gänseblümchen)

■ Liliaceae

Zur Familie der Liliengewächse gehören etwa 240 Gattungen, die 2000 bis 3000 Spezies beinhalten. Sie sind auf der ganzen Welt verbreitet. Die Liliengewächse unserer Breiten sind immer krautige, zumeist Zwiebeln, seltener Rhizome bildende Pflanzen mit glattrandigen, einfachen, meist wechselständigen Blättern mit paralleler Nervatur und einzelständigen (Colchicum) oder in Blütenständen vereinten Blüten (Allium in Dolden, Convallaria in Trauben). Die Blüten sind radialsymmetrisch (aktinomorph) und zwittrig mit einem Perigonium aus 6 auffällig gefärbten und somit Blütenblättern ähnlichen Kelchblättern, die meist frei, seltener schlauch- oder glockenartig verwachsen (Convallaria) sind, mit 6 Staubgefäßen, oberständigem Fruchtknoten aus 3 verwachsenen Stem-

peln mit gemeinsamem Griffel (Allium, Asphodelus, Paradisea) oder 3 Griffeln (Veratrum). Die Früchte können Kapseln (Lilium) oder Beeren (Convallaria) sein.

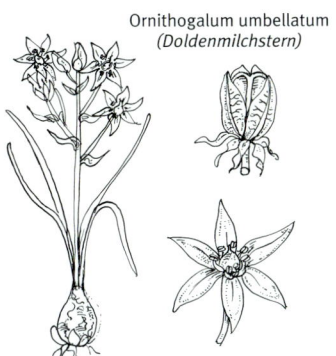

Ornithogalum umbellatum
(Doldenmilchstern)

■ Amaryllidaceae

Zur Familie der Amaryllisgewächse gehören 70 bis 80 Gattungen mit etwa 1000 Spezies, die auf allen Kontinenten verbreitet sind. Es handelt sich um krautige, knollen-, zwiebel- oder rhizombildende Pflanzen. Die Blätter sind spiralig angeordnet mit paralleler Nervatur, meist linealisch oder schmal bandförmig und bilden häufig eine Bodenrosette. Die zwittrigen Blüten stehen einzeln oder in Blütenständen, sind fast immer rosettenförmig und haben einen aus 6 Blättern bestehenden, oft schlauchförmig verwachsenen Kelch, 6 Staubgefäße und einen unterständigen Fruchtknoten mit einem Griffel. Die Frucht ist meist eine dreikammerige Kapsel oder, seltener, eine Beere.

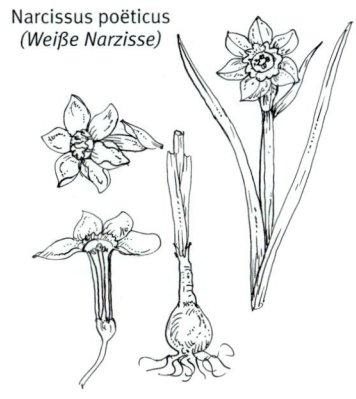

Narcissus poëticus
(Weiße Narzisse)

■ Iridaceae

Die Schwertliliengewächse umfassen etwa 60 Gattungen mit etwa 1500 Spezies, die ebenfalls auf der ganzen Welt verbreitet sind. Es handelt sich um krautige, Rhizome oder zwiebelähnliche, knollenbildende Pflanzen mit wechselständigen, linealischen Blättern mit paralleler Nervatur. Die Blüten stehen einzeln oder in Blütenständen und sind zwittrig, meist rosettenförmig und radialsymmetrisch (Crocus) oder seltener zygomorph (längsachsensymmetrisch, z. B. Gladiolus) mit einem Kelch aus 6 blütenblattähnlichen Segmenten, 3 Staubgefäßen, unterständigem, dreiteiligem Fruchtknoten und dreiteiligem Griffel. Die Frucht ist eine Kapsel.

Iris pseudacorus
(Wasserschwertlilie)

■ Araceae

Zur Familie der Aronstabgewächse gehören etwa 1800 Spezies, die vor allem in tropischen und subtropischen Gegenden heimisch sind, aber auch in Regionen der gemäßigten Klimazone vorkommen. Es handelt sich dabei hauptsächlich um krautige, in tropischen Gegenden auch verholzende, oft ein knollig verdicktes Rhizom ausbildende Pflanzen mit wechselständigen Blättern ohne Stipeln. Die meist eingeschlechtigen Blüten haben winzige Blütenhüllen und stehen meist als Spadix in Kolbenform zusammen, mit einem großen grundständigen, den Kolben umhüllenden Tragblatt, der sogenannten Spatha. Um die zur Bestäubung wichtigen Insekten (Fliegen) anzulocken, verströmen die Blüten meist einen abstoßenden Aasgeruch.

Die Früchte sind auffällig gefärbte Beeren. Zu dieser Familie zählen auch verschiedene Gattungen, die gerne als Zimmerpflanzen gehalten werden, wie etwa *Dieffenbachia*, *Spatiphyllum* und *Zantedeschia*.

■ Orchidaceae

Die Familie der Orchideen oder Knabenkrautgewächse ist eine der artenreichsten Familien des Pflanzenreiches mit etwa 500 Gattungen und fast 20 000 Spezies, die vorzugsweise in den Tropen als Überpflanzen (Eriphyten) vorkommen. Der Großteil der Erdorchideen konzentriert sich zirkumpolar auf die kühl temperierten Klimazonen. Es handelt sich dabei um mehrjährige krautige Pflanzen mit glattrandigen, meist wechselständigen Blättern mit paralleler Nervatur. Die Blüten stehen einzeln, in Ähren oder Trauben. Sie sind zwittrig, zygomorph und bestehen aus 2 Wirteln aus je 3 inneren und äußeren Kelchblättern, die wie Blütenblätter aussehen. Die seitlichen inneren Kelchblätter sind meist gleich, das mittlere, die sogenannte Lippe hingegen unterscheidet sich oft in Form und Farbe und besitzt häufig einen spornartigen Fortsatz. Der Fruchtknoten ist unterständig. Die Frucht ist eine Kapsel, die eine große Anzahl außerordentlich winziger Samen enthält, die nur keimen können, wenn sich ein artgerechter symbiotischer Pilz in der Nähe befindet.

Ophrys apifera
(Bienenragwurz)

Wie man den Nachschlageteil benutzt

Im folgenden Hauptteil dieses Buches werden die einzelnen Spezies in Familien zusammengefasst und auf übersichtliche und klar verständliche Weise vorgestellt, um eine rasche und sichere Bestimmung der gesuchten Arten zu gewährleisten.

Morphologie

In diesem Abschnitt werden die einzelnen Teile der jeweiligen Art wie Wurzeln, Zwiebeln, Rhizome, Knollen, Stängel, Blätter, Blüten, Blütenstände und Früchte genau beschrieben. Fachbegriffe können im Glossar nachgeschlagen werden.

Habitat

Hier werden das Ambiente, in welchem die Spezies gedeiht, sowie die Höhengrenze ihrer Verbreitung angegeben.

Ursprung und Verbreitung

Dieser Abschnitt informiert über die Regionen, in denen die Pflanze ihren Ursprung hat, und die Gebiete, in denen man sie hauptsächlich vorfindet.

Synonyme

Da in der Vergangenheit manche Spezies häufig mit anderen wissenschaftlichen Namen bezeichnet wurden, werden in diesem Abschnitt eventuelle ältere Synonyme angegeben, damit es nicht zu Verwechslungen kommt.

Ähnliche Arten

Um Verwechslungen vorzubeugen, wird an dieser Stelle auf ähnliche Spezies, auch wenn diese eventuell einer anderen Gattung angehören, hingewiesen. Die Merkmale, durch welche sich die beschriebene Art von ähnlichen Spezies unterscheidet, werden genau beschrieben, auch findet der Leser an dieser Stelle die eine oder andere Kurzbeschreibung einer Art, die im Naturführer nicht eigens vorgestellt wird.

■ Steckbrief

Am Anfang fast jeder Beschreibung befindet sich ein „Steckbrief". Hier findet man neben **weiteren Namen** der jeweiligen Spezies eine tabellarische Beschreibung der wichtigsten Charakteristika wie **Wuchsform**, **Höhe**, Farbe und Form der **Blüten**, **Blütezeit** und **Habitat**. Am Ende des Textes wird in dem dunkel hinterlegten Kästchen der vorrangige **Standort** der Pflanze angegeben.

■ Hinweis

Wer Blumen und andere Pflanzen oder einzelne Teile davon anfasst, sollte darauf achten, sich anschließend gründlich die Hände zu waschen, da einige Pflanzen Giftstoffe enthalten.

Unkrautfluren, Wegränder
Wiesen
feuchte Standorte
Ruderalfluren
Weiden
trockene Standorte
Wälder
Äcker und Felder
felsige Standorte

Blumen am Wegrand

Große Brennnessel Urtica dioica

Weitere Namen
Hanfnessel

Wuchsform
krautig,
aufrecht

Höhe
30 bis 120 cm

Blüten
grünlich gelb,
in Trauben

Blütezeit
Juni bis Oktober

Habitat
Wegränder,
Schuttplätze,
Wiesen und
Wälder mit
feuchten,
stickstoff-
reichen Böden

**Unkrautfluren,
Wegränder**

Morphologie: Diese ausdauernde, rhizombildende Pflanze ist zweihäusig (männliche und weibliche Blüten stehen auf verschiedenen Pflanzen), 30 bis 120 cm hoch und entwickelt einen aufgerichteten, oft rötlich überlaufenen Stängel, der kantig und dicht mit Brennhaaren besetzt ist. Auch die dunkelgrünen, gekreuzt-gegenständigen Blätter sind mit kleinen Brennhaaren ausgestattet. An der Spitze der Härchen tritt bei Berührung ein Nesselgift mit dem Eiweißstoff Histamin aus, welches ein starkes Brennen und Rötung der Haut veruracht.

Die 5 bis 10 cm langen Blätter sind oval lanzettlich geformt und an den Rändern grob gesägt. Die eingeschlechtigen, eher unauffälligen Blüten stehen in einfachen, manchmal leicht verzweigten Trauben, die sich quirlständig an der Blattachsel befinden. Bei den weiblichen Blüten sind die Trauben für gewöhnlich gekrümmt oder nickend, bei den männlichen meist waagrecht abstehend. Die grünlich gelbe Blüte besteht aus 4 kleinen behaarten Kronblättern, welche die Frucht umhüllen.

Habitat: Stickstoffreiche Böden an Straßen- und Wegrändern und in Laub- und Nadelwäldern sowie auf Schuttplätzen; bis 1800 m ü. d. M.

Ursprung und Verbreitung: Diese Spezies ist weltweit verbreitet.

Ähnliche Arten: Die Spezies *Urtica Urens* L. (Kleine Brennnessel) unterscheidet sich von der Großen Brennnessel dadurch, dass sie einhäusig (männliche und weibliche Blüten sitzen auf einer Pflanze) und einjährig ist. Außerdem ist sie kleiner (maximal 50 cm hoch), trägt hellgrüne Blätter und bildet viel kürzere, aufrecht stehende traubige Blütenstände.

Die Große Brennnessel ist eine der am häufigsten anzutreffenden Wildpflanzen. Wegen ihres hohen Vitamin-C- und Eisengehalts werden ihre Blätter auch in der Küche verwendet. Darüber hinaus leben mehrere Arten von Schmetterlingsraupen von dieser Pflanze.

Osterluzei Aristolochia clematitis

Morphologie: Diese ausdauernde, rhizombildende Pflanze besitzt einen unverzweigten, biegsamen Stängel von etwa 30 bis 90 cm Höhe, der niederliegend, aufsteigend oder aufrecht sein kann. Die wechselständigen rötlich grünen Blätter sind langgestielt, glattrandig, oval herzförmig und können bis zu 15 cm lang werden. Der Blütenstand setzt sich aus 2 bis 8 gelblich braunen, langröhrigen Blüten zusammen, die büschelig in der Blattachsel sitzen. Die zygomorphe (zweiseitig symmetrische) Krone ist 2 bis 3 cm lang und weist eine lange, gerade Röhre auf, die am Grund bauchig kugelig verdickt ist. Die Frucht ist 2 bis 4 cm lang.

Habitat: Straßen- und Wegränder, Schutthalden, Weinberge, Gebüsche und Auwälder; bis 1000 m ü. d. M.

Ursprung und Verbreitung: Die Osterluzei kommt vor allem in Mittel- und Südeuropa vor, allerdings selten.

Weitere Namen
Aufrechte Osterluzei, Gemeine Osterluzei

Wuchsform
krautig, aufrecht

Höhe
30 bis 90 cm

Blüten
gelb, in Büscheln

Blütezeit
Mai und Juni

Habitat
Wegränder, Wälder, Gebüsche, Weinberge

Unkrautfluren, Wegränder

Wasserpfeffer Polygonum hydropiper

Morphologie: Diese einjährige Pflanze zeigt beim Zerkauen einen scharfen Pfeffergeschmack. Sie wird zwischen 10 und 60 cm hoch und entwickelt einen kräftigen, aufrechten oder aufsteigenden Stängel. Die 3 bis 7 cm langen Blätter sind spitz eiförmig geformt und gegen Grund und Spitze verschmälert. Die Blattstipeln sind in eine Membran, die sogenannte Scheide, gehüllt, die den Stängel von der Basis bis zu den Blättern umgibt. Der Blütenstand ist eine 6 cm lange, dünne, oft überhängende Ähre. Die Blütenhülle, auch Perianth genannt, ist etwa 3 bis 4 mm lang und zuerst rosa, später grünlich gefärbt. Die Früchte sind braune Achänen.

Habitat: Sumpfige Wiesen, Ufer, Gräben; bis 1300 m ü. d. M.

Ursprung und Verbreitung: Der Wasserpfeffer gedeiht vor allem in den kühlen und gemäßigt kühlen Klimazonen Europas, Asiens und Nordamerikas.

Weitere Namen
Pfefferknöterich, Flohpfeffer

Wuchsform
krautig, aufsteigend

Höhe
10 bis 60 cm

Blüten
rosa bis gelblich grün, in Ähren

Blütezeit
Juli bis Oktober

Habitat
feuchte Waldwege, Ufer

feuchte Standorte

Ähnliche Arten: *Polygonum salicifolium* Brouss. kommt auf den gleichen Standorten vor, ist aber mehrjährig und unterscheidet sich hauptsächlich durch die zylindrische Ähre und die schmäleren Blätter. Außerdem fehlt dieser Spezies der Pfeffergeschmack.

Schlangenknöterich Polygonum bistorta

Weitere Namen
Wiesen-
knöterich,
Schlangenwurz

Wuchsform
aufrecht,
krautig

Höhe
20 bis 80 cm

Blüten
rosa bis violett,
in Ähren

Blütezeit
Juli bis
September

Habitat
Wiesen und
Weiden

Wiesen

Morphologie: Ausdauernde Pflanze mit dickem, schlangenartig gewundenem Rhizom, mit kräftigen, aufrechten, unverzweigten Stängeln mit vereinzelten Blättern und Verdickungen an den Knoten. Untere Blätter mit 5 bis 10 cm langem, wellig geflügeltem Blattstiel und dreieckig lanzettförmiger, 6 bis 10 cm langer, auf der Oberseite grüner und auf der Unterseite blaugrüner Spreite. Die oberen Blätter sind wechselständig, linealisch, am Stängel stiellos aufsitzend und kleiner. Die Blüten stehen in dichten, endständigen, zylindrischen, 3 bis 6 cm langen Ähren aus rosavioletten Blüten. Die Früchte sind bräunliche Achänen.

Habitat: Wiesen und Weiden, vor allem auf nitratreichen Böden von 900 bis auf 2200 m ü. d. M. Bildet ausgedehnte Bestände.

Ursprung und Verbreitung: In allen kühlen und kühl-gemäßigten Klimazonen Europas, Asiens und Nordamerikas verbreitet, in den Alpen häufig.

Sauerampfer Rumex acetosa

Morphologie: Diese ausdauernde, rhizombildende Pflanze ist zweihäusig und wird zwischen 30 und 100 cm hoch. Sie besitzt einen aufrechten, besonders im Spätstadium rötlich überlaufenen Stängel. Die langgestielten Grundblätter sind lanzen- oder pfeilförmig. (Die lateinische Bezeichnung *Rumex* bedeutet so viel wie ,,Lanze''.) Die oberen Blätter sind wechselständig und stiellos. Sie können bis zu 10 cm lang werden und haben einen charakteristischen säuerlichen Geschmack. Die Blattstipeln (Nebenblättchen) sind in eine schlauchartige Membran, eine sogenannte Scheide, gehüllt, die den Stängel von der Basis bis zu den Blättern umgibt. Die reich verzweigten Blütenstände bestehen aus aufrechten, rötlich grünen Rispen. Die Kelch- und Kronblätter der eingeschlechtigen, eher unscheinbaren kleinen Blüten sind einander sehr ähnlich und stehen in 2 Reihen, einer äußeren und einer inneren, wobei die äußeren 3 Blütenblätter zur Fruchtzeit zurückgeschlagen und die 3 inneren rundlich und nicht gezähnt sind. Männliche und weibliche Blüten sitzen auf verschiedenen Pflanzen. Die Früchte sind glänzend schwarze Achänen.

Habitat: Nährstoffreiche Wiesen, Weiden, Straßenränder; bis 1800 m ü. d. M.

Ursprung und Verbreitung: In Europa häufig vorkommende Art.

Ähnliche Arten: *Rumex thyrsiflorus* Fingerh. ist eine äußerst seltene Spezies und hat schmälere und längere Blätter als der Sauerampfer. Außerdem ist der Blütenstand weiter verzweigt.

Weitere Namen
Wiesen-sauerampfer

Wuchsform
krautig, aufrecht

Höhe
30 bis 100 cm

Blüten
grünlich, in Rispen

Blütezeit
Mai und Juni

Habitat
nährstoffreiche Wiesen

Wiesen

Vogelmiere Stellaria media

Weitere Namen
Vogelstern-
miere,
Sternenkraut

Wuchsform
krautig,
niederliegend

Höhe
10 bis 40 cm

Blüten
weiß, einzeln

Blütezeit
März bis
Oktober

Habitat
Straßenränder,
Äcker, Wiesen,
Gärten

**Unkrautfluren,
Wegränder**

Morphologie: Ein- oder zweijährige, krautige Pflanze, 10 bis 40 cm hoch, mit niederliegenden, flaumigen, an den Knoten wurzelnden Stängeln. Der Stängel ist meist einreihig und mit nach unten gerichteten Härchen besetzt – er kann bei manchen Unterarten allerdings auch vollkommen mit Härchen bedeckt oder aber völlig kahl sein. Die glattrandigen, ovalen, spitz zulaufenden Grundblätter erreichen eine Länge von 1 bis 2 cm; sie sind gestielt und an den Knoten gegenständig. Die oberen Blätter werden zur Spitze hin allmählich kleiner und sitzen stiellos am Stängel. Die etwa 6 bis 8 mm breiten Blüten sind langgestielt. Die Krone setzt sich aus 5 weißen, spateligen und tief zweilappigen Petalen (Kronblätter) zusammen, die für

gewöhnlich kürzer sind als die Sepalen (Kelchblätter). Die Frucht ist eine birnenförmige Kapsel, in der sich die bei den Vögeln sehr beliebten braunen Samen befinden.

Habitat: Straßenränder, Äcker, Wiesen und Gärten; bis auf 1700 m ü. d. M.

Ursprung und Verbreitung: Die Vogelmiere ist in ganz Europa sehr verbreitet.

Ähnliche Arten: *Stellaria neglecta* Weihe hat größere Blüten, deren Kronblätter gleich lang oder länger sind als die Kelchblätter.

Ackerhornkraut Cerastium arvense

Wuchsform
Halbstrauch,
niederliegend

Höhe
10 bis 30 cm

Blüten
weiß, einzeln

Blütezeit
April bis Juni

Habitat
Straßen- und
Wegränder,
kalkhaltige,
lockere Böden

**Unkrautfluren,
Wegränder**

Morphologie: Ausdauernder Halbstrauch von 10 bis 30 cm Höhe mit behaartem, häufig verzweigtem Stängel. Während die sterilen Stängel niederliegend oder kriechend sein können, sind die fertilen (blühenden) aufrecht oder aufsteigend. Die glattrandigen, stiellosen, am Rand leicht gebogenen Blätter erreichen eine Länge von 1 bis 1,5 cm und bilden achselständige Büschel. Die spitz eiförmige Spreite (Blattoberfläche) ist mehr oder weniger mit einem weißlichen kurzen Haarflaum bedeckt. Die 2 bis 3 cm breiten Blüten sind langgestielt. Der Kelch besteht aus 5 spitz eiförmigen Kelchblättern (Sepalen), die Krone setzt sich aus 5 spateligen, zweilappigen weißen Kronblättern (Petalen) zusammen. Die Frucht ist eine zylindrische Kapsel mit 10 endständigen spitzen Zähnchen, die meist zur Reifezeit nickend ist.

Habitat: Straßen- und Wegränder; bevorzugt kalkhaltige, lockere Böden; bis 2500 m ü. d. M.

Ursprung und Verbreitung: Das Ackerhornkraut stammt ursprünglich aus Eurasien, ist mittlerweile aber auf der ganzen Welt verbreitet.

Ähnliche Arten: *Cerastium thomasii* Ten. unterscheidet sich vom Ackerhornkraut hauptsächlich durch den kleineren Wuchs (3 bis 6 cm) und den verholzenden Stängel.

Kuckuckslichtnelke Lychnis flos-cuculi

Morphologie: Diese ausdauernde, krautige Pflanze erreicht eine Höhe von 30 bis 70 cm und besitzt einen aufrechten, verzweigten, rötlichen Stängel, der besonders zur Spitze hin flaumig behaart ist. Die glattrandigen, kurzgestielten, grundständigen Blätter sind spatelförmig, etwa 4 bis 6 cm lang und stehen in dichten Rosetten. Die lanzettförmigen Hochblätter stehen an den Knoten einander gegenüber. Die 3 bis 4 cm großen Blüten sitzen endständig in dichten Dolden. Der rötliche Kelch ist längsstreifig, glockenförmig und trägt dreieckige Zähnchen.

Die Krone besteht aus 5 rosafarbenen Petalen, die tief in je 4 Zipfel geteilt sind. Die Frucht ist eine birnenförmige, gezähnte Kapsel, sie wird bis zu 1 cm lang.

Habitat: Feucht- und Moorwiesen, feuchte Waldränder; bis 1600 m ü. d. M.

Ursprung und Verbreitung: Die Kuckuckslichtnelke ist vor allem in Nord- und Mitteleuropa in Feuchtwiesen verbreitet.

Weitere Namen	Kranzrade
Wuchsform	krautig, aufrecht
Höhe	30 bis 70 cm
Blüten	rosa, in Dolden
Blütezeit	Mai bis Juli
Habitat	feuchte Wiesen
Wiesen	

Kornrade Agrostemma githago

Morphologie: Einjährige, graufilzig behaarte Pflanze von 30 bis 100 cm Höhe, mit einfachen oder verzweigten Stängeln. Die gegenständigen, stiellosen Blätter sind glattrandig, lineal lanzettlich geformt und erreichen eine Länge von 5 bis 8 cm. Die einzelnen, endständigen Blüten haben Durchmesser zwischen 3 und 5 cm. Die aus 5 ovalen, rosavioletten Petalen bestehende Krone wird von 5 eiförmig verwachsenen Kelchblättern umgeben, wobei die Kelchzipfel die Krone weit überragen. Die länglich birnenförmige Fruchtkapsel enthält äußerst giftige Samen. (Sie enthalten das Saponin „Githagin".)

Habitat: Getreidefelder, Straßenränder; bis 1200 m ü. d. M.

Ursprung und Verbreitung: Die aus Europa und Zentralsibirien stammende Kornrade war früher weit verbreitet und aufgrund der giftigen Samen als Getreideunkraut gefürchtet. Heute ist sie infolge der Saatgutreinigung und Herbizidbehandlung in unseren Breiten fast verschwunden.

Synonyme: *lynchis githago* Scop; *Githago segetum* Desf.

Weitere Namen	Ackerrade, Kornnelke
Wuchsform	krautig, aufrecht
Höhe	30 bis 100 cm
Blüten	rosaviolett, einzeln
Blütezeit	Juni und Juli
Habitat	Getreidefelder, Straßenränder
Äcker und Felder	

Nickendes Leimkraut   Silene nutans

Wuchsform
krautig,
aufsteigend

Höhe
30 bis 80 cm

Blüten
weiß, in Rispen

Blütezeit
Mai bis August

Habitat
Wiesen, Wald-
ränder, Felsen

Wiesen

Morphologie: Ausdauernde, krautige Pflanze von 30 bis 80 cm Höhe mit einfachen aufsteigenden Stängeln, die am Grunde weichhaarig, aufsteigend, aufgrund von Drüsenhaaren klebrig sind. Die leicht filzigen, glattrandigen Grundblätter erreichen eine Länge von 3 bis 8 cm, sind spatelförmig, gestielt und stehen in Rosetten. Die lineal lanzettlichen Stängelblätter werden zur Spitze hin allmählich kleiner. Der lockere Blütenstand besteht aus einseitswendigen, nickenden Rispenblüten, die sich erst in den Abendstunden öffnen und einen angenehmen Duft verströmen. Der braunviolette Kelch ist ebenfalls mit Drüsenhaaren ausgestattet. Die etwa 2 cm breite Krone besteht aus 5 weißen, tief zweiteiligen Kronblättern. Die Fruchtkapsel misst etwa 1 cm.

Habitat: Wiesen, Bruchflächen, trockene Waldränder, Felsen; bis 1900 m ü. d. M.

Ursprung und Verbreitung: Das aus dem eurasischen Raum stammende Nickende Leimkraut ist in fast ganz Europa ziemlich häufig anzutreffen.

Ähnliche Arten: *Silene velutinoides* Pommel stammt aus dem Mittelmeerraum und unterscheidet sich vom Nickenden Leimkraut durch die verholzenden Stiele, die ihr ein halbstrauchartiges Aussehen verleihen, sowie durch die weißen Kronblätter mit deutlicher grüner Nervatur.

Rote Lichtnelke   Silene dioica

Weitere Namen
Rotes Leimkraut, Rote
Nachtnelke

Wuchsform
krautig,
aufrecht

Blüten
rosarot,
in Dolden

Blütezeit
Mai bis August

Habitat
feuchte
Wiesen, Wälder

**Äcker und
Felder**

Morphologie: Ausdauernde, zweihäusige Pflanze von 30 bis 80 cm Höhe mit aufrechtem oder aufsteigendem, dicht behaartem Stängel. Die Stängelblätter sind stiellos, am Grund oval geformt und spitz zulaufend. Die kurzgestielten Grundblätter haben eine elliptisch spatelige Form und erreichen eine Länge von 6 bis 8 cm. Die eingeschlechtigen endständigen Blüten stehen in lockeren, gabelig verzweigten Blütenständen. Der stark behaarte, leicht klebrige Kelch ist zehnnervig und von purpurroter Farbe; die 2 bis 3 cm breite Krone besteht aus 5 rosaroten, tief zweispaltigen Kronblättern. Die Zähne der 1 bis 1,5 cm langen Fruchtkapsel sind nach außen umgerollt.

Habitat: Wiesen, Waldränder, Ruderalflächen; von 500 bis 1800 m ü. d. M.

Ursprung und Verbreitung: Die aus dem eurasischen Raum stammende Rote Lichtnelke ist in fast ganz Europa verbreitet.

Synonyme: *Lychnis dioica* L; *Lychnis diurna* Sibth.; *Melandryum dioicum* Sch. et Th.; *Melandryum rubrum* (Weigel) Garcke; *Melandryum diurnum* Fries; *Melandryum sylvestre* Roeh.

Weiße Lichtnelke Silene alba

Morphologie: Zweijährige (häufig auch mehrjährige), zweihäusige, krautige Pflanze von 30 bis 100 cm Höhe mit gabelig verzweigtem Stängel, der besonders im oberen Teil mit flaumigen Härchen besetzt ist. Die glattrandigen, lanzettförmigen Blätter werden bis zu 10 cm lang, sind gegenständig und sehr oft von Büscheln kleinerer Blättchen begleitet. Die eingeschlechtigen Blüten sind endständig und öffnen sich erst in den späten Nachmittagsstunden, wobei sie einen angenehmen Duft verströmen. Der birnenförmig bauchige Kelch ist stark behaart; die etwa 3 cm breite Krone besteht aus 5 schneeweißen spatelförmigen Kronblättern, die in je 2 tiefe Lappen geteilt sind. Die 1 bis 1,5 cm lange, birnenförmige Fruchtkapsel besitzt aufrechte Zähnchen.

Habitat: Brachen, Gebüschsäume, Wegränder und Schuttplätze; bis 1200 m ü. d. M.

Ursprung und Verbreitung: Diese aus dem eurasischen Raum stammende Weiße Lichtnelke ist in ganz Europa verbreitet.

Synonyme: *Lychnis alba* Miller; *Melandrium album* (Mill.) Garcke; *Silene noctiflorum*, *Melandrium noctiflorum*; *Melandrium verspertinum* Fries; *Melandrium pratense* Roeh.

Ähnliche Arten: *Silene latifolia* Poiret (Synonym: *Lychnis divaricata* Rchb.) wird auch als enge Verwandte der Weißen Lichtnelke angesehen. Von dieser unterscheidet sie sich vor allem durch ihre scharf zugespitzten Kelchzähnchen und ihre oft rosa überlaufenen Kronblätter.

Weitere Namen
Weiße Nachtnelke, Weißes Leimkraut

Wuchsform
krautig, aufrecht

Höhe
30 bis 100 cm

Blüten
weiß, einzeln

Blütezeit
Mai bis September

Habitat
Brachen, Gebüschsäume, Wegränder, Schuttplätze

Unkrautfluren, Wegränder

Gewöhnliches Leimkraut — *Silene vulgaris*

Weitere Namen
Taubenkropf,
Taubenkropf-
leimkraut,
Aufgeblasenes
Leimkraut,
Klatsch-
leimkraut

Wuchsform
krautig,
aufsteigend

Höhe
20 bis 50 cm

Blüten
weiß, in Rispen

Blütezeit
Juni bis August

Habitat
Wegränder,
Brachen,
Wiesen,
Gebüschsäume

**Unkrautfluren,
Wegränder**

Morphologie: Diese ausdauernde, 20 bis 50 cm hohe Pflanze entwickelt einen aufrechten oder aufsteigenden, kahlen oder leicht behaarten Stängel. Die glattrandigen, lineal lanzettlichen Blätter erreichen eine Länge von 6 bis 7 cm, sitzen stiellos und gegenständig am Spross und sind von bläulich grüner Farbe. Die langgestielten, nickenden Blüten stehen in lockeren Rispen und können eingeschlechtig (d. h. männlich oder weiblich), aber auch zwittrig sein. Der ovale, netzadrige Kelch ist wie ein Taubenkropf kugelig aufgeblasen. Die etwa 2 bis 3 cm breite Krone besteht aus 5 weißen, tief eingeschnittenen Kronblättern. Die kugelige bis birnenförmige Fruchtkapsel erreicht eine Länge von 1 bis 1,5 cm.

Habitat: Wegränder, Brachen, Wiesen, Gebüschsäume; bis 2500 m ü. d. M.

Ursprung und Verbreitung: Das aus dem eurasischen Raum stammende Gewöhnliche Leimkraut ist mittlerweile in ganz Europa verbreitet.

Synonyme: *Silene cucubalus* Wibel; *Silene inflata* (Salisb.); *Silene vulgaris* Sm.; *Silene venosa* (Gilib.) Asch.

Unterarten: Diese Spezies bildet viele verschiedene Unterarten, die oft an ganz bestimmte Standorte und Lebensräume gebunden sind. Die Unterscheidungsmerkmale sind der Stängel, der aufrecht, aufsteigend oder niederliegend sein kann, sowie die Blätter, die kahl oder behaart und am Rand gezähnt oder gewimpert sein können.

Ein charakteristisches Merkmal des Gewöhnlichen Leimkrauts ist der kugelig aufgeblasene Kelch. Deshalb wird die Pflanze im Volksmund auch „Taubenkropf" genannt.

Echtes Seifenkraut Saponaria officinalis

Morphologie: Ausdauernde, krautige Pflanze von 30 bis 70 cm Höhe, mit vielen glatten oder flaumig behaarten, aufrechten oder aufsteigenden Stängeln. Die glattrandigen lanzettlichen oder elliptischen Blätter sitzen gegenständig an den Knoten und erreichen eine Länge von 5 bis 10 cm. Die Spreite ist an der Oberseite tiefgrün und von 3 bis 5 deutlichen Blattadern durchzogen. Die Blüten stehen in Scheindolden an der Spitze der Stängel und messen etwa 3 cm im Durchmesser. Der etwa 2 cm lange, kahle, rötlich überlaufende Kelch ist röhrig und am Saum gezähnt. Die Krone besitzt 5 Petalen von mehr oder weniger kräftiger rosaroter Färbung, die eine Kronröhre von ca. 2 cm Länge und eine Krone von ca. 3 cm Durchmesser bilden. Die längliche bis birnenförmige Fruchtkapsel weist 4 nach unten gebogene Zähnchen auf und enthält zahlreiche schwarze Samen.

Der Name Seifenkraut leitet sich vom Gehalt an Saponinen ab, Glucosiden, die im Wasser stark aufschäumen und daher als Waschmittel benutzt werden.

Habitat: Brachen, Wasserläufe, Unkrautfluren, Auwälder.

Ursprung und Verbreitung: Das Echte Seifenkraut ist in ganz Europa verbreitet.

Weitere Namen	Gewöhnliches Seifenkraut, Gebräuchliches Seifenkraut
Wuchsform	krautig, aufrecht
Höhe	30 bis 70 cm
Blüten	rosa bis weiß, endständig
Blütezeit	Juni bis September
Habitat	Brachen, Unkrautfluren, Auwälder, Wasserläufe

Unkrautfluren, Wegränder

Buschnelke Dianthus seguieri

Morphologie: Ausdauernde Pflanze von lockerrasigem Wuchs mit dünnen, kriechenden Sprossen und aufsteigenden bis aufrechten Blütentrieben von 20 bis 50 cm Länge. Die schmal lanzettlichen Blätter sind glattrandig und zugespitzt und wachsen in Büscheln. Die Blüten stehen meist einzeln. Sie bestehen aus einem an der Basis von Kelchschuppen umschlossenen, röhrigen Kelch von 1 bis 2 cm Länge und einer Krone aus 5 rosa Blütenblättern mit Bart und purpurfarbener Äderung sowie gezähntem Rand. Die Früchte sind kleine Kapseln mit 4 kurzen Zähnchen.

Habitat: Trockene Wiesen und Weiden, bewachsene Felsen, Schutthänge und Wälder; bis 1000 m ü. d. M.

Ursprung und Verbreitung:
Im größten Teil Mitteleuropas sowie in den Alpen verbreitet.

Varietäten und Subspezies: Diese variable Spezies ist die Stammform von vielen unterschiedlichen Formen kultivierten Zierpflanzen und tritt auch in der Natur in Form von regional unterschiedlichen Subspezies auf.

Weitere Namen	Seguiers Nelke
Wuchsform	aufrecht, krautig
Höhe	20 bis 50 cm
Blüten	rosa, einzeln
Blütezeit	Juni bis August
Habitat	Wiesen, trockene Weiden, bewachsene Felsen, Wälder

Wiesen

Karthäusernelke Dianthus carthusianorum

Diese auffallend rot gefärbte Nelkenart wurde zu Ehren der Karthäusermönche Dianthus carthusianorum, zu deutsch Karthäusernelke, benannt.

Morphologie: Ausdauernde, sehr variable Pflanze mit einfachen, aufrechten, 10 bis 50 cm hohen, an der Basis leicht verholzten Stängeln. Die linealischen Blätter sind sehr schmal und am oberen Ende zugespitzt. Die Blüten stehen in Köpfchen zu 5 bis 7 zusammen und sind von zugespitzten, steifen Tragblättern umgeben. Der Kelch setzt sich aus Kelchschuppen sowie aus purpurroten, gezähnten, schmal zulaufenden Kelchblättern zusammen. Die Krone besteht aus rosafarbenen oder roten, seltener weißen Kronblättern, die an der Basis einen Bart aufweisen. Die Früchte sind kleine Kapseln mit vier kurzen Zähnchen.

Habitat: Wiesen und trockene Weiden, speziell auf kalkreichen Böden; bis in 2000 m ü. d. M.

Ursprung und Verbreitung: In ganz Mittel- und Südeuropa verbreitet.

Subspezies: Es handelt sich bei der Karthäusernelke um eine äußerst variable Art, von der zahlreiche Unterarten beschrieben wurden. Sie unterscheiden sich hauptsächlich durch Größe und Farbe ihrer Blüten bzw. durch ihre Blütenstände sowie durch die Form ihrer Kelchschuppen. Im Apennin kommt beispielsweise die Subspezies *Dianthus carthusianorum tenorei* (Lacaita) Pign. vor, mit auf der Unterseite behaarten und dunkelroten Blütenblättern, in den Westalpen (Aostatal) findet man *D. c. vaginatus* (Chaix) Williams, eine kleinere Art mit Blütenköpfchen von bis zu 30 Einzelblüten.

Christrose   Helleborus niger

Morphologie: Diese 10 bis 30 cm hohe, ausdauernde Pflanze entwickelt dicke bräunliche, horizontal wachsende Wurzeln, aus welchen Blätter und Blütenstiele entspringen. Die grundständigen Blätter sitzen an einem 10 bis 30 cm langen Stiel und sind in 7 bis 9 lanzettlich keilförmige bis elliptisch zugespitzte Abschnitte unterteilt. Sie sind lederig dunkelgrün glänzend und sterben auch im Winter nicht ab. Stängelblätter fehlen. Die Blüten stehen einzeln an der Spitze der glatten Blütenstiele, sie haben etwa 3 bis 10 cm Durchmesser und bestehen aus 5 bis 8 weißen, manchmal rot überlaufenen, breit eiförmigen, 3 bis 5 cm langen Tepalen. Der Fruchtstand setzt sich aus 6 bis 7 etwa 2 cm langen, geschnäbelten Balgfrüchten zusammen.

Weitere Namen
Schneerose, Schwarze Nieswurz

Wuchsform
aufrecht, krautig

Höhe
10 bis 30 cm

Blüten
weiß, einzeln

Blütezeit
Februar bis April

Habitat
Wälder, Gebüsche

Wälder

Habitat: Wälder, besonders Kiefernwälder, und Gebüsche, vorzugsweise auf kalkhaltigem Substrat; von 1000 bis 2200 m ü. d. M.

Ursprung und Verbreitung: West- und Mitteleuropa, Ostalpen, in den Westalpen seltener.

Trollblume · Trollius europaeus

Weitere Namen
Butterkugel,
Goldköpfchen

Wuchsform
aufrecht,
krautig

Höhe
20 bis 40 cm

Blüten
gelb, einzeln

Blütezeit
Juni bis August

Habitat
Wiesen,
Wälder

Wiesen

Morphologie: Diese ausdauernde, 20 bis 40 cm hohe krautige Pflanze bildet robuste, einfache oder im oberen Teil schwach verzweigte und fein gerillte Stängel. Die Grundblätter stehen an 10 bis 15 cm langen Stielen und sind handförmig in 3 bis 7 tief eingeschnittene, unregelmäßig gezähnte Segmente geteilt, die Spreite ist etwa 6 bis 8 cm breit. Die Hochblätter sind kleiner, meist dreigeteilt und ungestielt. Die Blüten messen 3 bis 5 cm im Durchmesser und stehen an langen, zumeist ein-blütigen Stielen. Sie bestehen aus 10 bis 12 kronblattähnlichen, breit eiförmigen, kräftig gelben Kelchblättern, die sich fast zu einer abgeflachten Kugel zusammen-schließen. Die eigentlichen Kronblätter sind als winzige Nektarblättchen ausge-bildet. Der Fruchtstand besteht aus kleinen Balgfrüchten, die zahlreiche schwarze Samen enthalten. Alle Pflanzenteile sind giftig!

Habitat: Feuchte, nährstoffreiche Wiesen und Wälder; von 500 bis 2700 m ü. d. M.

Ursprung und Verbreitung: Skandinavien, Nordamerika, Bergregionen mit gemäßig-tem Klima, in den Alpen verbreitet.

Die kugeligen Blü-ten der Trollblume verleiten man-chen Betrachter dazu, sie fälsch-licherweise als „Dotterblume" zu bezeichnen, ein Name, wel-cher der Spezies Caltha palustris vorbehalten ist.

Sumpfdotterblume   Caltha palustris

Morphologie: Diese robuste, ausdauernde Pflanze wird 15 bis 40 cm hoch und bildet verdickte rhizomatöse Wurzeln und aufgerichtete, glatte und hohle Stängel. Die Grundblätter stehen an 5 bis 20 cm langen Stielen, die Blattspreite ist herzförmig kreisrund oder nierenförmig und 5 bis 7 cm breit, der Rand ist fein gekerbt oder gezähnt. Die Hochblätter sehen ähnlich aus, sind aber kleiner und fast stiellos. Die Blüten erscheinen in doldigen Grüppchen von 2 bis 7 an den Spitzen der Stängel und stehen an 2 bis 5 cm langen Stielen. Die 2,5 bis 4 cm breite Krone besteht aus 5 bis 8 goldgelben, etwa 2 cm langen, oft an der Unterseite grünlich getönten Petalen. Der Kelch fehlt. Die Früchte sind kleine, flache, etwa 1 cm lange Balgfrüchte.

Habitat: Feuchte bis nasse, nährstoffreiche Böden entlang von Wasserläufen, bis 2000 m ü. d. M., an denen sich nicht selten ausgedehnte Bestände entwickeln.

Ursprung und Verbreitung: In den kühlen und kühl-gemäßigten Klimazonen Europas, Asiens und Nordamerikas verbreitet, in den Alpen und Voralpen häufig.

Weitere Namen
Wiesengold, Goldrose

Wuchsform
krautig, aufrecht

Höhe
15 bis 40 cm

Blüten
gelb, in Dolden

Blütezeit
März bis Juni

Habitat
Feuchtwiesen, Grabenränder, feuchte Weideböden

feuchte Standorte

Buschwindröschen   Anemone nemorosa

Morphologie: Krautige, ausdauernde Pflanze von 10 bis 25 cm Höhe mit bräunlichem, horizontalem Rhizom und mit aufrechtem, schlankem, nacktem oder mit einem Blattwirtel umgebenen Stängel. Die Grundblätter, deren Spreite sich aus 2 bis 5 lanzettlichen Segmenten zusammensetzt, sind unregelmäßig gezähnt. Die Stängelblätter sind in Wirteln zu je 3 Blättern vereint, handförmig geteilt mit tief gezähnten Segmenten. Die Blüten stehen einzeln endständig an 2 bis 3 cm langen Stielen und erreichen 2,5 bis 3 cm im Durchmesser. Die Krone besteht aus 6 bis 12 elliptischen, etwa doppelt so langen wie breiten Petalen von weißer bis schwach rosa Färbung. Die Frucht besteht aus zahlreichen, leicht geschnäbelten Achänen.

Weitere Namen
Adonisröschen, Hexenblume

Wuchsform
krautig, aufrecht

Höhe
10 bis 25 cm

Blüten
weiß, rosa überlaufen

Blütezeit
März und April

Habitat
Laub- und Mischwälder, Gebüsche, Wiesen

Wälder

Habitat: Eichen-, Buchen- und Mischwälder, Gebüsche, Wiesen; bis 1500 m ü. d. M.

Ursprung und Verbreitung: Das Buschwindröschen ist in den kühlen bis gemäßigten Klimazonen Europas, Asiens und Nordamerikas sehr verbreitet. Ähnliche Arten: *Anemone trifolia* L. unterscheidet sich vom Buschwindröschen durch die in 3 Segmente geteilte Blattspreite mit regelmäßig gesägtem Blattrand.

Leberblümchen *Hepatica nobilis*

Wuchsform
aufrecht,
krautig

Höhe
5 bis 15 cm

Blüten
blauviolett,
rot oder rosa,
bzw. weiß,
einzeln

Blütezeit
März bis Mai

Habitat
Wälder,
kalkhaltige
Böden

Wälder

Morphologie: Ausdauernde, 5 bis 15 cm hohe Pflanze mit bräunlichem Wurzelgeflecht. Die Blätter sind grundständig, leicht ledrig und sterben auch im Winter nicht ab. Sie stehen an einem langen Stiel, die Spreite ist dreilappig mit herzförmigem Blattgrund, an der Oberseite dunkelgrün und an der Unterseite violett. Die Blütenstiele entwickeln sich direkt aus dem Rhizom. Sie sind 5 bis 15 cm lang, behaart und tragen einzelne Blüten knapp oberhalb eines einfachen, kelchartigen Tragblattes. Die Blüten sind etwa 1,5 bis 2,5 cm breit und bestehen aus 6 bis 8 elliptischen, abgerundeten blauvioletten, rosa bis roten oder weißen Kronblättern. Die Frucht besteht aus mehreren ungeschweiften Achänen.

Habitat: Laubwälder und Nadelwälder, Hecken, vorzugsweise auf kalkhaltigen Böden, von 300 bis 1500 m ü. d. M.

Ursprung und Verbreitung: Kühle und kühl-gemäßigte Klimazonen Europas, Asiens und Nordamerikas, in den Alpen zerstreut, häufig.

Synonyme: *Hepatica triloba* Chaix., *Hepatica triloba* Gilib., *Anemone hepatica* L.

Das Leberblümchen ist in erster Linie eine Waldpflanze. Die Farbe der Blüten variiert und kann, wie auf den Abbildungen ersichtlich, sehr intensiv sein.

Scharfer Hahnenfuß   Ranunculus acris

Morphologie: Diese ausdauernde Pflanze von 30 bis 80 cm Höhe mit kurzem Rhizom entwickelt aufrechte, hohle Stängel, die besonders im oberen Teil anliegend behaart sind. Die bis zu 15 cm langen, langgestielten Grundblätter sind handförmig in 2 bis 7 Segmente geteilt, die weit auseinander stehen und von lineal lanzettlicher Form sind. Die Hochblätter werden nach oben hin allmählich kleiner und enden in dünnen Blättchen. Die goldgelben Blüten erreichen etwa 2 cm im Durchmesser und stehen entweder einzeln oder in lockeren Dolden. Der Kelch setzt sich aus 5 aufgerichteten gelbgrünen, behaarten Sepalen zusammen, die den Petalen anliegen und vorzeitig abfallen. Die Krone besteht aus 5 verkehrt eiförmigen, etwa 1 cm langen glänzenden Petalen. Die kugelige Frucht setzt sich aus zahlreichen klebrigen Achänen mit kurzem, leicht gebogenem Schnabel zusammen.

Habitat: Wiesen, Weiden, Brachen und Feldränder; bis 1700 m ü. d. M.

Ursprung und Verbreitung: Der Scharfe Hahnenfuß ist in fast ganz Europa verbreitet.

Synonyme: *Ranunculus acer* L. (rein grammatikalisch gesehen korrekter, dennoch ist *R. acris* gebräuchlicher).

Ähnliche Arten: *Ranunculus friesianus* Jordan ist eine sehr seltene Spezies, die nur in einigen Gebieten der Alpen lokal vorkommt und sich vor allem durch ihren längeren Wurzelapparat und die enger anliegenden rhombischen Blattsegmente vom Scharfen Hahnenfuß unterscheidet.

Weitere Namen
Butterblume

Wuchsform
krautig,
aufrecht

Höhe
30 bis 80 cm

Blüten
gelb,
einzeln oder
in Dolden

Blütezeit
Mai bis
September

Habitat
Wiesen,
Weiden,
Brachen

Wiesen

Kriechender Hahnenfuß   *Ranunculus repens*

Wuchsform
krautig,
aufsteigend
oder kriechend

Höhe
20 bis 40 cm

Blüten
gelb, glänzend,
einzeln oder in
Dolden

Blütezeit
Mai bis August

Habitat
feuchte Wiesen, Weiden,
Grabenränder

feuchte Standorte

Morphologie: Ausdauernde Pflanze von 20 bis 40 cm Höhe, mit aufsteigendem oder kriechendem Stängel und langen, an den Knoten wurzelnden Ausläufern. Die Grundblätter sind dreiteilig, wobei der mittlere Abschnitt langgestielt ist. Jedes der 3 Segmente ist dreispaltig und gezähnt. Die Stängelblätter sind stiellos und werden nach oben hin allmählich kleiner. Die etwa 2 bis 3 cm breiten, dottergelben Blüten stehen einzeln oder in lockeren Dolden. Der Kelch besteht aus 5 Kelchblättern; die Krone setzt sich aus 5 verkehrt eiförmigen glänzenden Petalen zusammen, die etwa 1 cm lang sind. Der Fruchtstand ist kugelig und enthält zahlreiche kahle Achänen, die mit einem kurzen, geraden Schnabel ausgestattet sind.

Habitat: Feuchte Wiesen und Weiden, Auwälder; bis 2000 m ü. d. M.

Ursprung und Verbreitung: Der Kriechende Hahnenfuß ist in Europa sehr häufig anzutreffen.

Ähnliche Arten: *Ranunculus montanus* Willd. findet sich nur in der Alpinzone oberhalb von 1000 m ü. d. M. und unterscheidet sich vom Kriechenden Hahnenfuß vor allem durch den aufrechten oder aufsteigenden, am oberen Knoten wurzelnden Stängel sowie dadurch, dass der mittlere Abschnitt der Basalblätter ungestielt ist.

Knolliger Hahnenfuß   *Ranunculus bulbosus*

Wuchsform
krautig,
aufrecht

Höhe
20 bis 50 cm

Blüten
gelb, einzeln
oder in lockeren
Dolden

Blütezeit
Mai bis Juli

Habitat
magere Wiesen, Brachen,
Böschungen

Wiesen

Morphologie: Diese ausdauernde Pflanze erreicht eine Höhe von 20 bis 50 cm. Der Stängel ist an der Basis typisch knollig verdickt, aufrecht und meist abstehend behaart. Die langgestielten Grundblätter sind in 3 Segmente geteilt, die ihrerseits gelappt sind. Das mittlere Segment ist meist gestielt. Die Stängelblätter sind stiellos und werden nach oben hin allmählich immer kleiner, bis sie nur noch als dünne Blättchen erscheinen. Die etwa 1,5 bis 2 cm breiten Blüten sind goldgelb gefärbt und stehen einzeln oder in lockeren Dolden. Die 5 Kelchblätter sind zur Blütezeit ganz zurückgeschlagen; der Blütenboden ist behaart. Die Krone setzt sich aus 5 verkehrt eiförmigen glänzenden Kronblättern zusammen und ist etwa 1 cm breit. Der kugelige Fruchtstand besteht aus zahlreichen kahlen Achänen mit kurzem, gekrümmtem Schnabel.

Habitat: Magere Wiesen, Brachen, Böschungen; bis 2000 m ü. d. M.

Ursprung und Verbreitung: Der Knollige Hahnenfuß ist in ganz Europa ziemlich häufig.

Ähnliche Arten: *Ranunculus pratensis* Presl. ist eine Spezies, die eher im Mittelmeerraum verbreitet ist und sich vom Knolligen Hahnenfuß vor allem durch das Fehlen der knolligen Verdickung an der Basis und das stiellose Mittelsegment unterscheidet. Außerdem weisen die rostbraunen Achänen einen längeren Schnabel auf.

Scharbockskraut   Ranunculus ficaria

Morphologie: Diese ausdauernde krautige Pflanze erreicht eine Höhe von 6 bis 18 cm und besitzt unterirdische kleine weiße, längliche Wurzelknöllchen und kahle, niederliegende oder aufsteigende Stängel. Die langgestielten Grundblätter sind leuchtend grün und stark glänzend. Die 3 bis 5 cm breite Blattspreite ist rundlich herzförmig und am Rand entfernt stumpf gezähnt. Die Stängelblätter werden nach oben hin kleiner und tragen in den Blattachseln häufig kleine Bulbilli (Brutknospen). Die etwa 2 cm breiten goldgelben Blüten stehen einzeln. Der Kelch bildet sich aus 3 bis 4 abstehenden Kelchblättern (Sepalen), die grünlich weiß gefärbt sind. Die Krone besteht aus 8 bis 11 eiförmigen, glänzenden Kronblättern (Petalen), die an der Unterseite leicht bräunlich erscheinen. Der kugelige Fruchtstand besteht aus kleinen behaarten Achänen mit kurzem, geradem Schnabel.

Habitat: Feuchte Laub- und Auwälder; bis 1300 m ü. d. M. Das Scharbockskraut ist in Europa recht häufig anzutreffen.

Synonyme: *Ficaria verna* Huds.; *Ficaria ranunculoides* Roth.

Ähnliche Arten: *Ranunculus ficariiformis* F. W. Schultz ist robuster als das Scharbockskraut, hat größere Blüten und Blätter und ist vor allem im Mittelmeerraum verbreitet.

Weitere Namen	Frühlingsscharbockskraut, Feigwurz
Wuchsform	krautig, buschig
Höhe	6 bis 18 cm
Blüten	gelb, einzeln
Blütezeit	März bis Mai
Habitat	feuchte Laub- und Auwälder
Wälder	

Akeleiblättrige Wiesenraute

Thalictrum aquilegifolium

Morphologie: Diese ausdauernde, krautige, 40 bis 100 cm hohe Pflanze mit rhizomatöser Wurzel entwickelt unbehaarte, aufgerichtete, leicht geriefte Stängel. Die Grundblätter sind auf der Unterseite graugrün, dreifach gefiedert mit ovalen, gekerbten Segmenten. Die Hochblätter ähneln den Grundblättern, sind jedoch kleiner. Am Ansatz des Blattstiels sitzen ohrenförmige Nebenblättchen. Der Blütenstand ist eine dichte Dolde aus zahlreichen Blüten. Jede Einzelblüte besteht aus rasch abfallenden Kelchblättern und langen, rosa- bis purpurfarbenen Staubfäden, an deren Enden gelbliche Antheren sitzen, die Krone fehlt. Die Früchte sind kleine, hängende, geflügelte, etwa 1 cm lange Achänen.

Habitat: Wälder, vor allem Buchenwälder, Auen und Lichtungen auf feuchten Böden; bis 2600 m ü. d. M.

Ursprung und Verbreitung: Kühle und kühlgemäßigte Klimazonen Europas und Asiens, in den Alpen zerstreut, häufig.

Ähnliche Arten: Eine nicht blühende Pflanze könnte leicht mit *Aquilegia vulgaris* L. verwechselt werden, da ihre Blätter ähnlich aussehen. Allerdings weist letztere Art keine Nebenblättchen auf, darüber hinaus sind die Blätter zweifach gefiedert.

Weitere Namen	Amstelraute
Wuchsform	aufrecht, krautig
Höhe	40 bis 100 cm
Blüten	rosa oder purpur, in Dolden
Blütezeit	Mai bis Juli
Habitat	Wälder, feuchte Böden
Wälder	

Gemeine Akelei *Aquilegia vulgaris*

Weitere Namen
Waldakelei,
Gewöhnliche
Akelei

Wuchsform
krautig,
aufrecht

Höhe
30 bis 80 cm

Blüten
azur- bis
violettblau,
einzeln

Blütezeit
Juni und Juli

Habitat
Wälder,
Gebüsche

Wälder

Morphologie: Diese 30 bis 80 cm hohe, ausdauernde, Wurzelstock bildende Pflanze mit vertikalem oder schrägem Rhizom entwickelt kräftige, aufgerichtete, glatte oder behaarte Stängel. Die grundständigen Blätter sind langgestielt und doppelt dreigeteilt, die Blattsegmente sind rautenförmig und gekerbt. Die Stängelblätter ähneln den grundständigen Blättern, sind aber kleiner und weniger stark unterteilt. Die nickenden, azur- bis violettblauen Blüten stehen einzeln oder in Grüppchen zu 3 bis 6 an den Enden der Stängel. Jede Blüte besteht aus einem äußeren Kranz von 5 kronblattartigen, zugespitzten, 1,8 bis 2,5 cm langen Tepalen und einem leicht glockigen inneren Kranz aus 5 breiten, ausgerandeten, 1 bis 1,3 cm langen sogenannten Nektarblättern, die nach hinten in einen am Ende hakenartig umgebogenen, 1,5 bis 2,2 cm langen Sporn auslaufen. Die Staubgefäße sind kurz und ragen nicht aus der Blütenhülle heraus.

Habitat: Wälder, besonders Buchenwälder, Gebüsche; bis 2000 m ü. d. M.

Ursprung und Verbreitung: Europa, Asien und Nordafrika, in den Alpen zerstreut.

Ähnliche Arten: Nach der Meinung einiger Autoren bildet *Aquilegia vulgaris* eine Gruppe von besonders großen Akeleien mit vertikalem Rhizom, die Waldböden bevorzugen. Zu dieser Gruppe gehören unter anderem auch *A. atrata* Koch, *A. barbaricina* Arrigoni & Nardi sowie *A. viscosa* Gouan.

Die Gewöhnliche Akelei ist in unseren Breiten gelegentlich anzutreffen. Sie wächst vor allem in Gebüschen und im Unterholz lichter Laubwälder.

Echte Pfingstrose   Paeonia officinalis

Morphologie: Diese 30 bis 70 cm hohe, ausdauernde Pflanze bildet kräftige knollige Rhizome und aufrechte, zylindrische, am oberen Ende leicht behaarte Stängel. Die Blätter stehen an 20 bis 30 cm langen Stielen und sind glatt und glänzend grün auf der Oberseite, mattgrün auf der Unterseite. Die Blattspreite ist auf der Unterseite entlang der Blattnerven leicht behaart und zwei- bis dreifach geteilt, die einzelnen Segmente sind lanzettlich bis elliptisch, glattrandig und 7 bis 13 cm lang. Die einzeln stehenden, etwa 10 cm breiten Blüten bestehen aus einem behaarten Kelch und einer Krone aus 7 bis 8 spatelförmigen, etwa 6 bis 8 cm langen, intensiv weinroten Kronblättern. Die zahlreichen Staubblätter bilden in der Mitte der Blüte einen auffällig gelben Fleck. Die Frucht besteht aus 2 bis 3 etwa 2 cm langen Balgfrüchten, die sich im Reifezustand öffnen und die großen, zuerst rötlichen, dann schwarzen Samen freilegen.

Habitat: Wälder, besonders Buchen- und Eichenwälder, Gebüsche und Lichtungen; bis 1800 m ü. d. M.

Ursprung und Verbreitung: Europa und Kaukasus, in den Alpen zerstreut, selten.

Weitere Namen
Großblumige Pfingstrose, Bauern-Pfingstrose, Kopfrose

Wuchsform
krautig, aufrecht

Höhe
30 bis 70 cm

Blüten
weinrot, einzeln

Blütezeit
Mai und Juni

Habitat
Wälder, Gebüsche

Wälder

Echtes Johanniskraut   Hypericum perforatum

Morphologie: Diese ausdauernde, 30 bis 60 cm hohe, krautige Pflanze entwickelt einen Wurzelstock und hellgrüne, aufrechte oder aufsteigende Stängel, die im oberen Teil reich verzweigt und an der Basis verholzt sind. Die gegenständigen Blätter sind stiellos oder fast sitzend eiförmig lanzettlich und erscheinen randlich im Gegenlicht von durchscheinenden und dunklen Drüsen durchsetzt. Die endständigen, goldgelben Blüten stehen in großen Dolden. Die Kelchblätter sind lanzettlich, spitz und erscheinen ebenso mit Tüpfeln versehen wie die Laubblätter; sie sind halb so lang wie die Kronblätter. Die Krone setzt sich aus 5 elliptischen, etwa 1 cm langen Kronblättern zusammen, die manchmal asymmetrisch angeordnet sind. Die dreiteilige Fruchtkapsel enthält länglich zylindrische Samen.

Habitat: Wiesen, lichte, sonnige Wälder, Waldränder, Heiden, Brachland; bis 1600 m ü. d. M.

Ursprung und Verbreitung: Das Johanniskraut ist in Europa und im westlichen Asien verbreitet.

Weitere Namen
Tüpfelhartheu

Wuchsform
krautig, aufrecht oder aufsteigend

Höhe
30 bis 60 cm

Blüten
gelb, in Dolden

Blütezeit
Juli und August

Habitat
Wiesen, lichte Wälder, Waldränder, Heiden, Brachland

Wiesen

Schöllkraut Chelidonium majus

Weitere Namen
Großes
Schöllkraut,
Warzenkraut

Wuchsform
krautig,
buschig

Höhe
30 bis 70 cm

Blüten
gelb,
in Dolden

Blütezeit
Mai bis
September

Habitat
Schuttplätze,
Brachen,
Gebüsche,
Wald- und
Wegränder

Ruderalfluren

Morphologie: Diese krautige, ausdauernde, 30 bis 70 cm hohe Pflanze entwickelt niederliegende oder aufsteigende, stark verästelte Stängel, die leicht behaart sind. Die gesamte Pflanze enthält einen gelblichen, giftigen Milchsaft, der sich an der Luft dunkler färbt und bei Hautkontakt ätzend wirkt. Die langgestielten, etwa 7 bis 15 cm langen Blätter sind auf der Unterseite blaugrün, auf der Oberseite dunkelgrün gefärbt und fiederspaltig in 3 bis 7 ovale, stumpf gezähnte Abschnitte geteilt. Der doldige, endständige Blütenstand besteht aus 2 bis 6 gelben Blüten von 1 bis 2 cm Breite. Der zweiblättrige Kelch fällt ab, bevor sich die Krone öffnet. Diese besteht aus 4 gelben oval spateligen Kronblättern. Die Fruchtkapsel ist länglich bis schotenförmig, etwa 2 bis 4 cm lang, aufrecht und enthält zahlreiche schwarze Samen.

Habitat: Schuttplätze, Brachen, Gebüsche, Wald- und Wegränder; bis 1300 m ü. d. M.

Ursprung und Verbreitung: Das aus dem eurasischen Raum stammende Schöllkraut ist heute vor allem in Mittel- und Südeuropa, aber auch in Südskandinavien verbreitet.

Chelidonium majus wird wegen des im Kraut und in der Wurzel vorkommenden giftigen Milchsafts vielfach in der Volksmedizin verwendet.

Klatschmohn   Papaver rhoeas

Morphologie: Diese einjährige, krautige, 20 bis 80 cm hohe Pflanze entwickelt aufrechte, verzweigte Stängel, die abstehend behaart sind und einen weißen Milchsaft enthalten. Die Basalbätter sind fiederspaltig mit gezähnten Abschnitten. Die Stängelblätter sind kleiner, stiellos und dreilappig. Die 5 bis 7 cm großen Blüten stehen einzeln an aufrechten, am oberen Ende leicht gekrümmten Blütenstielen. Der zweiblättrige Kelch fällt bereits ab, bevor sich die Krone vollständig öffnet. Diese besteht aus 4 scharlachroten Kronblättern, die ebenfalls bald abfallen und am Ansatz je einen schwarzen Fleck aufweisen. Die Narbe ist scheibenförmig und 8- bis 12-strahlig. Die Frucht ist eine etwa 1 bis 1,5 cm breite, ei- bis kugelförmige Kapsel, die am Grund abgerundet ist.

Habitat: Getreidefelder, Ruderalfluren (Schutt- und Kiesplätze, Wegränder); bis 1800 m ü. d. M.

Weitere Namen Mohnblume
Wuchsform krautig, aufrecht
Höhe 20 bis 80 cm
Blüten rot, einzeln
Blütezeit Mai bis Juli
Habitat Getreidefelder, Ruderalfluren
Äcker und Felder

Ursprung und Verbreitung: Der aus dem östlichen Mittelmeerraum stammende Klatschmohn ist heute über ganz Europa verbreitet.

Ähnliche Arten: *Papaver dubium* L., der Saatmohn, ist mehr oder weniger an den gleichen Standorten zu Hause wie der Klatschmohn, die Blätter sind jedoch zweifach fiederteilig, die Narbe zeigt 5 bis 8 Strahlen, und die Kapsel ist eher länglich keulenförmig.

Hohler Lerchensporn *Corydalis cava*

Weitere Namen
Zottelhose

Wuchsform
krautig,
aufrecht

Höhe
15 bis 30 cm

Blüten
rötlich, weiß,
in Trauben

Blütezeit
März bis Mai

Habitat
Laub- und
Auwälder,
Gebüsche,
Obstgärten

Wälder

Morphologie: Ausdauernde, krautige, 15 bis 30 cm hohe Pflanze mit kugeliger, hohler, 2 bis 4 cm dicker Knolle und aufrechtem, kahlem, unverzweigtem Stängel. Die doppelt dreigeteilten Grundblätter weisen gezähnte oder gelappte Segmente auf und sind blaugrün getönt. Die Stängelblätter sind ähnlich, aber kleiner und dreifach fiederspaltig. Die endständige Blütentraube setzt sich aus 5 bis 20 Einzelblüten zusammen, deren Tragblätter eiförmig und ganzrandig sind. Die 2 bis 2,5 cm lange Krone ist entweder rötlich violett oder weiß gefärbt. Das obere der beiden äußeren Kronblätter ist nach hinten zu einem nektarhaltigen Sporn verlängert und vorne verbreitert. Die beiden inneren Kronblätter sind an der Spitze verwachsen. Die Frucht ist eine blassgrüne Kapsel von 1,5 bis 2 cm Länge.

Habitat: Laub- und Auwälder, Gebüsche, Obstgärten; bis 1000 m ü. d. M.

Ursprung und Verbreitung: Der Hohle Lerchensporn ist in Mitteleuropa selten anzutreffen.

Synonym: *Corydalis tuberosa.*

Ähnliche Arten: Der Mittlere Lerchensporn *(Corydalis intermedia)* ist eine einjährige, eher seltene Art, die sich durch die nicht hohle, sondern volle Knolle sowie die etwas kleineren (1 bis 1,5 cm) und weniger zahlreichen (2 bis 8) Blüten auszeichnet. Die Blätter dieser Art entspringen in den Achseln von großen Schuppenblättern.

Gewöhnlicher Erdrauch *Fumaria officinalis*

Weitere Namen
Echter
Erdrauch,
Ackerraute

Wuchsform
krautig,
aufsteigend

Höhe
10 bis 30 cm

Blüten
rosarot,
in Trauben

Blütezeit
Mai bis August

Habitat
Hackfrucht-
äcker, Wein-
berge, Gärten

**Äcker und
Felder**

Morphologie: Diese einjährige, krautige Pflanze von 10 bis 30 cm Höhe entwickelt kantige, unbehaarte, niederliegende oder aufsteigende, reich verzweigte Stängel. Die Basalblätter sind blaugrün, dünn und zeigen schmale Endzipfel. Die Spreite ist doppelt fiederteilig und etwa 3 bis 4 cm lang. Der Blütenstand besteht aus aufrechten, relativ locker stehenden Trauben von 20 bis 30 relativ weit auseinander stehenden Blüten. Die etwa 7 bis 9 mm lange Krone ist rosarot gefärbt, mit dunkelroter, manchmal fast schwarzer Spitze. Das obere Kronblatt zeigt eine charakteristische spornartige Verlängerung. Die 2 bis 3 mm langen Kelchblätter fallen früh ab. Die kugelige, kahle Fruchtkapsel ist oben leicht abgeflacht.

Habitat: Hackfruchtäcker, Weinberge, Gärten, Ruderalfluren; bis 1600 m ü. d. M.

Ursprung und Verbreitung: Der aus dem eurasischen Raum stammende Gewöhnliche Erdrauch ist heute auf der ganzen Welt verbreitet.

Ähnliche Arten: *Fumaria tenuiflora* Fries ist viel seltener und unterscheidet sich vom Gewöhnlichen Erdrauch hauptsächlich durch einen lichteren Blütenstand von nur 10 bis 20 Blüten. Einige Autoren beschreiben diese Art als Subspezies mit dem Namen *Fumaria officinalis wirtgenii* (Koch 1).

Echte Brunnenkresse Nasturtium officinale

Morphologie: Diese krautige, ausdauernde, 15 bis 80 cm hohe Pflanze entwickelt hohle, kahle, aufsteigende Stängel, die im unteren Teil oft niederliegend und an den Knoten bewurzelt sind. Die kurzgestielten Blätter sind unpaarig gefiedert, wobei die 4 bis 6 Segmente oval geformt sind und das Endsegment viel größer und nierenförmig ist. Die kurzgestielten Blüten stehen in trugdoldigen Trauben. Der Kelch besteht aus 4 bräunlichen Kelchblättern und wird etwa 3 mm lang. Die aus 4 weißen, abgerundeten Kronblättern bestehende Krone erreicht 4 bis 5 mm Durchmesser. Die Antheren (Staubbeutel) sind gelb gefärbt. Die Frucht, eine länglich linealische Schote von 3 cm Länge, enthält zahlreiche Samen.

Habitat: Feuchte, überflutete Standorte an Quellen, Gräben und Bächen; bis 1500 m ü. d. M.

Ursprung und Verbreitung: Die Echte Brunnenkresse ist heute wegen der fortschreitenden Gewässerverunreinigung nur noch zerstreut bis selten in ihren angestammten Lebensräumen anzutreffen.

Synonyme: *Rorippa nasturtium-aquaticum* (L.) Sch. et. Th.; *Nasturtium aquaticum* Weinm.

Ähnliche Arten: *Cardamine amara* L., das Bittere Schaumkraut, ist an den gleichen Standorten wie die Echte Brunnenkresse anzutreffen und unterscheidet sich hauptsächlich durch seinen nicht hohlen Stängel sowie durch die größere Anzahl an Blattsegmenten und die manchmal rötlich violett überlaufenen Blüten. Während die Echte Brunnenkresse einen angenehmen, wenn auch etwas scharfen Geschmack hat und gerne in der Küche verwendet wird, schmeckt das Bittere Schaumkraut, wie der Name schon sagt, etwas bitter.

Weitere Namen
Gewöhnliche Brunnenkresse, Wasserkersche, Bornkerse

Wuchsform
krautig, niederliegend oder aufsteigend

Höhe
15 bis 80 cm

Blüten
weiß, in Trauben

Blütezeit
Mai bis September

Habitat
feuchte Standorte

feuchte Standorte

Die Echte Brunnenkresse gedeiht an schnell fließenden, sauberen, kühlen Bächen, ist aber wegen der fortschreitenden Gewässerverunreinigung heute nur noch selten anzutreffen.

Bitteres Schaumkraut   Cardamine amara

Weitere Namen
Falsche Brun-
nenkresse,
Bitterkresse

Wuchsform
krautig,
aufsteigend

Höhe
10 bis 60 cm

Blüten
weiß,
in Trauben

Blütezeit
April bis Juni

Habitat
nasse
Standorte
an Quellen
und Bächen

feuchte
Standorte

Morphologie: Diese ausdauernde, rhizombildende Pflanze von 10 bis 60 cm Höhe entwickelt aufsteigende, kahle Stängel. Die unpaarig gefiederten Blätter bestehen aus 4 bis 10 oval lanzettlichen Seitenblättern mit größerer breit-keilförmiger Endfieder. Die traubigen Blütenstände bestehen aus 10 bis 20 Blüten. Die 4 Kelchblätter sind von gelber Farbe und etwa 4 mm lang; die 4 vorne abgerundeten Kronblätter sind weiß, seltener rosaviolett überlaufen und erreichen eine Länge von 7 bis 9 mm. Die Staubbeutel zeigen eine violette Färbung. Die länglich linealischen Schoten werden 2 bis 4 cm lang und enthalten zahlreiche Samen.

Habitat: An nassen Standorten wie Bachrändern, Gräben, Quellfluren sowie in Bruch- und Auwäldern; von 500 bis 2500 m ü. d. M.

Ursprung und Verbreitung: Das Bittere Schaumkraut stammt aus dem eurasischen Raum und ist in fast ganz Europa verbreitet.

Ähnliche Arten: Die Echte Brunnenkresse *(Nasturtium officinale)* gedeiht an den gleichen Standorten wie das Bittere Schaumkraut und unterscheidet sich von diesem hauptsächlich durch ihren hohlen Stängel, ihre geringere Anzahl an Blattsegmenten, die gelben Staubbeutel und den angenehmen Geschmack.

Ackerhellerkraut   Thlaspi arvense

Weitere Namen
Ackertäschel

Wuchsform
krautig,
aufrecht

Höhe
10 bis 50 cm

Blüten
weiß,
in Trauben

Blütezeit
Mai bis
September

Habitat
Unkrautfluren,
Äcker

Äcker und
Felder

Morphologie: Einjährige bzw. überwinternde, 10 bis 50 cm hohe Pflanze mit aufrechtem Stängel, der zumeist kahl und kantig ist. Die kurzgestielten Basalblätter sind verkehrt eiförmig, grob gezähnt und fallen früh ab. Die sitzenden Stängelblätter sind lanzettlich mit pfeilförmigem Grund, glattrandig oder gezähnt und stängelumfassend. Die kurzgestielten Blüten stehen in länglichen Trauben. Die aus 4 weißen Petalen bestehende Krone ist am Saum ausgerandet und erreicht eine Länge von ca. 3 mm. Die etwa 10 bis 15 mm langen, flachen Schötchen sind fast kreisrund, breit geflügelt und am Ende u-förmig ausgerandet.

Habitat: Äcker, Unkrautfluren, Weinberge, Schuttplätze; bis 2000 m ü. d. M.

Ursprung und Verbreitung: Diese aus Westasien stammende Spezies ist in Europa ziemlich häufig.

Synonym: *Thlaspi arvensis.*

Ähnliche Arten: *Thlaspi alliaceum* L. (Lauchhellerkraut), welches auch die gleichen Standorte wie das Ackerhellerkraut bevorzugt, unterscheidet sich durch seinen behaarten Stängel und die kleineren Schoten, die verkehrt eiförmig und nur an der Spitze schmal geflügelt sind. Ihren Namen verdankt diese Pflanze dem Umstand, dass sie beim Zerreiben einen Lauchgeruch verströmt.

Einjähriges Silberblatt   Lunaria annua

Morphologie: Ein- bis zweijährige, 30 bis 100 cm hohe, krautige Pflanze mit aufrechten, zylindrischen, an der Basis leicht verholzten Stängeln. Die 10 bis 15 cm langen, gestielten Basalblätter sind eiförmig, gegenständig und am Rand grob gezähnt. Die oberen, sitzenden Stängelblätter sind wechselständig und werden nach oben hin allmählich kleiner. Die in Trauben stehenden Blüten zeigen eine hell- bis dunkelviolette Färbung. Der Kelch besteht aus 4 violetten Kelchblättern; die Krone, deren Saum ausgerandet ist, setzt sich aus 4 ca. 1,5 bis 2 cm langen Kronblättern zusammen. Die oval elliptischen Schoten werden bis zu 7 cm lang und enthalten große braune, im Durchlicht sichtbare Samen. Auch wenn die 2 Schotenhüllen schon lange abgefallen sind, bleiben die großen silberglänzenden Fruchtscheidewände noch lange erhalten.

Habitat: Steiniger Boden, schattige Stellen in Gebüschen und Hecken; bis 800 m ü. d. M.

Ursprung und Verbreitung: Diese aus Südosteuropa stammende Spezies ist in unseren Breiten wildwachsend eher selten anzutreffen, wird aber gerne in Gärten kultiviert.

Synonym: *Lunaria biennis* Moench.

Ähnliche Arten: *Lunaria rediviva* L. (Wildes Silberblatt), das an den gleichen Standorten wie das Einjährige Silberblatt anzutreffen ist, unterscheidet sich von diesem durch die regelmäßig gezähnten Blattränder und die elliptische bis breit lanzettlichen Schoten, die an beiden Enden zugespitzt sind.

Weitere Namen
Gartensilberblatt

Wuchsform
krautig, aufrecht

Höhe
30 bis 100 cm

Blüten
violett, in Trauben

Blütezeit
April bis Juni

Habitat
steiniger Boden, Gebüsche, Hecken

felsige Standorte

Das Einjährige Silberblatt ist nach seinen silberglänzenden Fruchtscheidewänden benannt, die nach dem Abfallen der Schotenhüllen noch lange sichtbar bleiben.

Hirtentäschel Capsella bursa-pastoris

Weitere Namen
Gemeines
Hirten-
täschelkraut,
Taschenkraut

Wuchsform
krautig,
aufrecht

Höhe
10 bis 40 cm

Blüten
weiß,
in Trauben

Blütezeit
Januar bis
Dezember

Habitat
Äcker, Wege,
Schuttplätze

**Unkrautfluren,
Wegränder**

Morphologie: Diese ein- oder zweijährige, krautige, 10 bis 40 cm hohe Pflanze entwickelt einen aufrechten, kahlen Stängel, der einfach oder verzweigt sein kann. Die dichte Rosetten bildenden, stängelumfassenden Grundblätter sind 3 bis 10 cm lang, mehr oder weniger gefiedert und spatelig geformt. Die sitzenden Stängelblätter sind wechselständig, stängelumfassend, pfeilförmig und werden nach oben hin allmählich kleiner. Die endständige Blütentraube besteht aus kleinen weißen Blüten. Der Kelch setzt sich aus 4 grünlichen, 1,5 bis 2 mm langen Kelchblättern zusammen; die etwa 2 bis 3 mm lange Krone besteht aus 4 spateligen Kelchblättern, die am Saum ausgerandet sind. Die Frucht ist eine zweilappige, dreieckige, flache, etwa 4 bis 6 mm lange Schote mit Herzform.

Habitat: Äcker, Wege, Gärten, Schuttplätze; bis 1800 m ü. d. M.

Ursprung und Verbreitung: Das Hirtentäschel ist weltweit sehr häufig anzutreffen.

Ähnliche Arten: *Capsella rubella* Reuter (Einjähriges Hirtentäschel) bevorzugt trockenere Standorte und unterscheidet sich vom Hirtentäschel durch die kleineren (1,5 bis 2 mm), rosa gefärbten Kronblätter.

Ackersenf Sinapis arvensis

Weitere Namen
Wilder Senf

Wuchsform
krautig,
aufrecht

Höhe
30 bis 60 cm

Blüten
schwefelgelb,
in Trauben

Blütezeit
Juni bis August

Habitat
Äcker,
Brachland,
Schuttplätze

**Unkrautfluren,
Wegränder**

Morphologie: Diese einjährige, krautige, 30 bis 60 cm hohe Pflanze entwickelt aufgerichtete oder aufsteigende, borstige Stängel, die meist stark verzweigt sind. Die rauen, behaarten Grundblätter sind oval lanzettlich geformt, etwa 8 bis 15 cm lang und am Rand buchtig gezähnt. Die Hochblätter werden nach oben hin allmählich kleiner. Die in endständigen Trauben stehenden Blüten sind schwefelgelb gefärbt. Der Kelch besteht aus 4 kleinen, fast waagerecht abstehenden Sepalen; die Krone setzt sich aus 4 spatelförmigen 8 bis 9 mm langen Kelchblättern zusammen, die am Saum ausgerandet sind. Die Frucht ist eine fast kahle, 2 bis 4 cm lange zylindrische, leicht gekrümmte Schote mit kaum abgeflachtem Schnabel, die zahlreiche schwarze Samen enthält.

Habitat: Äcker, Brachland, Ruderalflächen, Schuttplätze; bis 1200 m ü. d. M.

Ursprung und Verbreitung: In fast ganz Europa häufig anzutreffen.

Synonyme: *Brassica arvensis* Rabenh.; *Brassica sinapistrum* Boiss.

Ähnliche Arten: Der Ackerrettich *(Raphanus raphanistrum* L.*)* ist eine hellgelb blühende Spezies, die häufig an denselben Standorten wie die oben beschriebene Art zu finden ist. Der Ackerrettich unterscheidet sich vom Ackersenf hauptsächlich durch die aufrechten Kelchblätter, die eine Art Röhre bilden, und die hellgelben Blüten. Er wird im Volksmund auch Hederich genannt.

Weißer Senf   Sinapis alba

Morphologie: Diese einjährige, 20 bis 60 cm hohe Pflanze entwickelt einen aufrechten, borstigen, reich verzweigten Stängel. Die 10 bis 25 cm langen Grundblätter sind leierförmig fiederspaltig in 7 bis 9 Segmente geteilt, die am Rand gezähnt sind. Die Stängelblätter sind ähnlich geformt, nur weniger gelappt, und werden nach oben hin kleiner. Die in dichten endständigen Trauben stehenden Blüten sind zitronengelb gefärbt. Der Kelch besteht aus 4 kleinen gelblichen Sepalen; die Krone setzt sich aus 4 spateligen Petalen zusammen, die 8 bis 9 mm lang werden und am Saum ausgerandet sind. Die Frucht ist eine zylindrische, behaarte und leicht gekrümmte Schote, die bis zu 3 cm lang wird. Sie enthält braungelbe Samen, die zur Öl- und Senfgewinnung verwendet werden.

Habitat: Äcker, Schuttplätze, Unkrautfluren; bis 800 m ü. d. M.

Ursprung und Verbreitung: Der Weiße Senf kommt wild wachsend in Europa eher selten vor, wird jedoch zur Öl- und Senfgewinnung als Kulturpflanze angebaut.

Ähnliche Arten: *Sinapis arvensis* L. (Ackersenf) ist hauptsächlich an den kahlen Schoten zu erkennen, die eine viel größere Anzahl von Samen enthalten.

Weitere Namen
Echter Senf,
Gelber Senf

Wuchsform
krautig,
aufrecht

Höhe
20 bis 60 cm

Blüten
gelb,
in Trauben

Blütezeit
Juni bis August

Habitat
Äcker,
Unkrautfluren

Unkrautfluren,
Wegränder

Wilde Resede   Reseda lutea

Morphologie: Diese ein-, zwei- oder mehrjährige, 20 bis 60 cm hohe Pflanze entwickelt aufsteigende bis aufrechte, reich verzweigte Stängel. Die langgestielten Basalblätter bilden eine dichte Grundrosette. Sie können am Rand glatt, wellig oder knorpelig gezähnt sein und sind in 3 bis 9 längliche oder lanzettliche Lappen von 1 bis 2 cm Länge geteilt. Die in endständigen Trauben stehenden Blüten sind hellgelb, manchmal auch gelbgrün gefärbt. Der Kelch besteht aus 5 bis 7 Kelchblättern, die Krone aus 6 etwa 3 mm langen Kronblättern, die tief dreilappig sind. Die Frucht ist eine eiförmige Kapsel von 8 bis 12 mm Länge.

Habitat: Schuttplätze, Bahndämme, Äcker, Straßenränder; bis 1500 m ü. d. M.

Ursprung und Verbreitung: Die Wilde Resede stammt aus Mitteleuropa und tritt an geeigneten Standorten in ganz Europa auf.

Ähnliche Arten: Die Färberresede (*Reseda luteola* L.), auch Echter Wau genannt, gedeiht an denselben Standorten wie die Wilde Resede und wurde früher zum Färben von Stoffen verwendet. Sie unterscheidet sich hauptsächlich durch ihre längeren, weniger verzweigten Stängel und die glatten, linealisch lanzettlichen, am Rand welligen Blätter.

Weitere Namen
Gelbe Resede,
Gelber Wau

Wuchsform
krautig,
aufrecht

Höhe
20 bis 60 cm

Blüten
gelb,
in Trauben

Blütezeit
Mai bis Oktober

Habitat
Schuttplätze,
Bahndämme,
Äcker

Unkrautfluren,
Wegränder

Rundblättriger Sonnentau

Drosera rotundifolia

Weitere Namen
Himmelstau,
Widdertod

Wuchsform
krautig,
Rosetten
bildend

Höhe
5 bis 12 cm

Blüten
weiß,
in Trauben

Blütezeit
Juni bis August

Habitat
feuchte
bis nasse
Moorböden

**feuchte
Standorte**

Morphologie: Ausdauernde, 5 bis 12 cm hohe krautige Pflanze mit charakteristischen Drüsenhaaren auf den Blättern, die ein klebriges, wasserklares Sekret absondern, welches kleine Insekten anlockt, die dort kleben bleiben. Die Insektenkörper werden anschließend durch eine pepsinähnliche Substanz verdaut. Die langgestielten Blätter stehen in einer dichten, bodennahen Grundrosette zusammen. Die Blattspreite ist kreisrund bis nierenförmig und mit roten Haaren (Emergenzen) besetzt, die kugelige Drüsen mit klebrigem Drüsensekret tragen. Der blattlose, blütentragende Schaft entwickelt sich aus der Mitte der Rosette und trägt einen traubigen Blütenstand mit wenigen Blüten. Der 5 mm lange, dauerhafte Kelch besteht aus 5 an der Basis verwachsenen, eiförmig zugespitzten Kelchzipfeln, die Krone aus 5 weißen, spatelförmigen Kronblättern, die etwas länger sind als der Kelch. Die Frucht ist eine ovale, nicht gefurchte geschlossene Kapsel.

Habitat: Hochmoore, Niedermoore mit Torfmoos, nasse, saure Torfböden; bis 2000 m ü. d. M.

Ursprung und Verbreitung: Kühle und kühl-gemäßigte Klimazonen Eurasiens und Nordamerikas, in den Alpen zerstreut bis verbreitet.

Ähnliche Arten: *Drosera intermedia* Hayne (Mittlerer Sonnentau) ist an der Blattspreite zu erkennen, die etwa zwei- bis viermal so lang wie breit ist, und an den Blütenschäften, die sich nicht aus dem Zentrum der Blattrosette heraus entwickeln, sondern seitlich davon. Den Langblättrigen Sonnentau, *D. anglica* Hudson, erkennt man an den Blättern, die vier- bis achtmal so lang wie breit sind, sowie an den allgemein größeren Dimensionen.

Felsenmauerpfeffer   *Sedum rupestre*

Vor dem Hintergrund grauer Felsen oder Mauern bietet der Felsenmauerpfeffer mit seinen leuchtend gelben Blüten einen prächtigen Anblick.

Morphologie: Diese ausdauernde, sukkulente, 20 bis 30 cm hohe Pflanze entwickelt niederliegende, kahle, bogig aufsteigende Stängel, die am Grund oft verholzt sind. Die wechselständigen etwa 1 bis 2 cm langen fleischigen Blätter sind stielrund und stachelartig zugespitzt. Die leuchtend gelben Blüten stehen in Dolden. Der Kelch ist 3 bis 4 mm lang und kahl. Die zitronengelbe Krone besteht aus 5 spitzen, etwa 6 bis 7 mm langen Kronblättern. Die Frucht ist eine spindelförmige Balgfrucht.

Habitat: Felsspalten, sandige, trockene Rasen, Mauern, kalkliebend; bis 600 m ü. d. M.

Ursprung und Verbreitung: Der Felsenmauerpfeffer stammt aus West- und Mitteleuropa und ist an geeigneten Standorten regelmäßig anzutreffen.

Ähnliche Arten: Manche Autoren führen diese Pflanze zusammen mit einigen anderen, ähnlichen Arten unter der Bezeichnung *Sedum reflexum* L. All diese Arten sind im Allgemeinen an den gleichen Standorten anzutreffen wie der Felsenmauerpfeffer. Dieser wird manchmal auch mit *Sedum montanum* Perr. et Song. verwechselt, einer Art, die sich durch die gebogenen, leicht rötlich überlaufenen Stängelblätter und die leicht drüsig behaarten Kelchblätter auszeichnet.

Dachwurz   Sempervivum tectorum

Weitere Namen
Echte Haus-
wurz, Donner-
wurz

Wuchsform
krautig,
Rosetten
bildend

Höhe
20 bis 50 cm

Blüten
rosa bis
purpurrot,
in Schirmdolden

Blütezeit
Juni bis August

Habitat
Felsspalten,
Mauern,
steingedeckte
Dächer

**felsige
Standorte**

Morphologie: Diese sukkulente, ausdauernde, Ausläufer bildende, 20 bis 50 cm hohe Pflanze formt sterile, sternförmige dunkelgrüne Blattrosetten von 3 bis 8 cm Durchmesser, deren kahle Grundblätter 2 bis 4 cm lang, verkehrt eiförmig bis lanzettlich, allmählich zugespitzt und am Rand seidig bewimpert sind. Die blüten- und fruchttragenden Stängel sind mit wechselständigen, etwas längeren lanzettlichen und beiderseits behaarten Blättern besetzt. Der Blütenstand ist eine dichte, endständige Schirmdolde mit 10 bis 40 Blüten von etwa 3 cm Durchmesser. Die Krone besteht aus 12 bis 15 lanzettlich zugespitzten, rosa oder purpurfarbenen Kronblättern. Die Früchte sind kleine, aufrechte Balgfrüchte.

Habitat: Felsspalten, steingedeckte Dächer und Mauern in sonniger Lage; von 200 bis auf 2800 m ü. d. M.

Ursprung und Verbreitung: Im Großteil der mittel- und südeuropäischen Gebirge vertreten, in den Alpen verbreitet bis zerstreut.

Ähnliche Arten: *Sempervivum calcareum* Jordan ist in den Westalpen begrenzt auftretend und kommt vor allem in den französischen, selten auch in den italienischen Seealpen vor. Man erkennt diese Art an ihrem kleineren Wuchs und den dicht behaarten, an der Spitze stark braunrot gefärbten Rosettenblättern.

In früheren Zeiten glaubte man, die Dachhauswurz könne Blitze fernhalten. Deshalb pflanzte man sie gern auf die Hausdächer im Gebirge.

Scharfer Mauerpfeffer   Sedum acre

Morphologie: Diese ausdauernde, scharf schmeckende, sukkulente, häufig rasenbildende Pflanze von 5 bis 15 cm Höhe entwickelt schlanke, bogig aufsteigende, reich verzweigte Stängel. Die kahlen, fleischigen, spiralig angeordneten Blätter werden etwa 3 bis 4 mm lang, sie sind eiförmig und am Grund abgerundet. Der doldige Blütenstand trägt 1 bis 3 fast sitzende goldgelbe Blüten. Die Krone besteht aus 5 spitz lanzettlichen Kronblättern von etwa 7 mm Länge. Die Frucht ist eine Balgfrucht.

Habitat: Mauern, Felsen, trockene, felsige Wiesen; bis 1600 m ü. d. M.

Weitere Namen	Scharfe Fetthenne, Fetthenne
Wuchsform	krautig, rasenbildend
Höhe	5 bis 15 cm
Blüten	gelb, in endständigen Dolden
Blütezeit	Juni und Juli
Habitat	Mauern, Felsen, trockene, felsige Wiesen
Ruderalfluren	

Ursprung und Verbreitung: Der aus Europa und dem Kaukasus stammende Scharfe Mauerpfeffer ist nahezu in ganz Europa verbreitet und an geeigneten Standorten häufig anzutreffen.

Ähnliche Arten: Der Milde Mauerpfeffer (*Sedum sexangulare* L.) wächst oft an denselben Standorten und unterscheidet sich vom Scharfen Mauerpfeffer hauptsächlich durch die walzigen, linealisch geformten, am Grund kurz gespornten Blätter sowie den Umstand, dass er nicht scharf schmeckt.

Der Scharfe Mauerpfeffer ist eine eher kleinwüchsige Pflanze mit auffallenden gelben Blüten. Diese Art bildet oft ausgedehnte Rasenteppiche.

Sumpfherzblatt Parnassia palustris

Weitere Namen
Studenten-
röschen

Wuchsform
krautig,
aufrecht

Höhe
10 bis 30 cm

Blüten
weiß, einzeln

Blütezeit
Juni bis August

Habitat
Feuchtwiesen,
moorige Böden

**feuchte
Standorte**

Morphologie: Ausdauernde Pflanze mit kurzem, verzweigtem Wurzelstock, aus dem sich 2 bis 5 aufrechte, 10 bis 30 cm lange Blüten tragende Stängel entwickeln. Die Grundblätter stehen in Rosetten, sind kurz (3 bis 4 cm) gestielt und ganzrandig, die Spreite ist ei- bis herzförmig mit abgestumpfter Spitze. Sie sind 2 bis 6 cm lang, von 7 bis 11 deutlich sichtbaren, bogig geschwungenen Blattnerven durchzogen. Die Stängelblätter, meist nur eines oder höchstens zwei, sind sitzend und stängelumfassend. Am Ende der Stängel stehen einzelne, 2 bis 3 cm lange Blüten. Der Kelch besteht aus 5 oval lanzettlichen, zugespitzten, 6 bis 7 mm langen Kelchblättern, die Krone aus 5 weißen, breit eiförmigen, etwa 1 cm langen, bräunlich geäderten Kronblättern. Die Staubblätter stehen abwechselnd mit 5 sterilen Staminodien (Nektarien), die zahlreiche gelbliche Drüsenköpfchen aufweisen. Die Frucht ist eine etwa 8 mm lange, ovale Kapsel.

Habitat: Feuchtwiesen, moorige und sumpfige Böden; von 300 bis auf 2000 m ü. d. M.

Ursprung und Verbreitung: In den kühlen und kühl-gemäßigten Klimazonen Eurasiens und in den Alpen verbreitet, häufig.

Die weißen Blüten des Sumpfherzblatts sind von bräunlichen Adern anmutig gezeichnet. Man trifft diese Art im Alpenraum besonders in flachmoorigem, sumpfigem Gelände und auf Feuchtwiesen an.

Waldgeißbart · *Aruncus dioicus*

Morphologie: Krautige, ausdauernde und buschige Pflanze von 70 bis 150 cm Höhe, mit kräftigem Wurzelstock und zylindrischen, aufrechten, wenig verzweigten Stängeln. Die großen gestielten Blätter sind dreifach gefiedert, wobei die 3 Segmente oval lanzettlich geformt und am Rand doppelt gesägt sind. Die winzigen weißen Blüten sind zweihäusig und stehen in lockeren endständigen Rispen. Der Kelch setzt sich aus 5 Sepalen zusammen; die etwa 2 bis 4 mm breite Krone besteht aus 5 linealischen Petalen. Die weiblichen Blüten sind rein weiß, die männlichen elfenbeinweiß gefärbt, wobei die Staubgefäße häufig länger als die Kronblätter sind. Die Früchte sind kleine hängende Balgfrüchte.

Habitat: Schluchtwälder, Waldränder mit feuchten, schattigen Standorten; von 500 bis 1500 m ü. d. M.

Ursprung und Verbreitung: Der Waldgeißbart ist vor allem in den Gebirgstälern Mitteleuropas verbreitet.

Synonyme: *Aruncus sylvestris* Kost., *Aruncus vulgaris* Rafin., *Spiraea aruncus* L., *Aruncus silvester*.

Weitere Namen	Bocksbart, Waldbart
Wuchsform	aufrecht, buschig
Höhe	70 bis 150 cm
Blüten	weiß, in Rispen
Blütezeit	Juni bis August
Habitat	Schluchtwälder, feuchte Waldränder

Wälder

Kleines Mädesüß · *Filipendula vulgaris*

Morphologie: Diese ausdauernde, 30 bis 80 cm hohe Pflanze entwickelt knollig verdickte, verholzte Wurzelstöcke und aufrechte, wenig verzweigte Stängel. Die langgestielten, bis zu 40 cm langen, meist als Grundrosette stehenden Blätter bestehen beidseitig aus 10 bis 40 länglichen, grob und doppelt gezähnten, fiederspaltigen Segmenten, die 1 bis 2 cm lang werden. Die kurzgestielten Blüten sind endständig als Trugdolden ausgebildet. Die 2 bis 4 mm breite Krone besteht aus 6 Petalen, die 5 bis 10 mm lang sind und einen milchweißen bis blassrosa Farbton zeigen. Die Früchte sind kleine aufrechte Balgfrüchte.

Weitere Namen	Knolliges Mädesüß, Knollenspierstaude, Filipendelwurz
Wuchsform	krautig, aufrecht
Höhe	30 bis 80 cm
Blüten	weiß, in Trugdolden
Blütezeit	Mai bis Juli
Habitat	feuchte Gebüschsäume, feuchte Wiesen, feuchte, lichte Wälder

Wiesen

Habitat: Feuchte Stellen an Gebüschsäumen und in Wäldern sowie in feuchten und wechselfeuchten Wiesen; bis 1500 m ü. d. M.

Ursprung und Verbreitung: Das Kleine Mädesüß ist heute in fast ganz Europa bis nach Südskandinavien verbreitet.

Synonyme: *Filipendula hexapetala* Gilib., *Spiraea filipendula* L.

Echtes Mädesüß · *Filipendula ulmaria*

Weitere Namen
Mädesüß,
Spierstaude

Wuchsform
krautig,
aufrecht

Höhe
50 bis 150 cm

Blüten
gelblich weiß,
in Dolden

Blütezeit
Juni bis August

Habitat
feuchte Böden,
Nass- und
Moorwiesen

feuchte
Standorte

Morphologie: Diese ausdauernde, 50 bis 150 cm hohe Pflanze entwickelt aufrechte, kahle, kantige Stängel, die einfach oder nur wenig verzweigt sind. Die langgestielten Grundblätter sind etwa 40 cm lang und in 5 bis 9 Segmente geteilt, die oval oder lanzettlich geformt sein können, wobei der Blattrand doppelt gesägt ist. Die Teilblättchen werden 3 bis 7 cm lang und etwa 1 cm breit. Die Stängelblätter sehen ähnlich aus, nur sitzen sie stiellos und werden nach oben hin allmählich kleiner. Junge Blätter haben noch eine weißfilzige Blattunterseite. Der endständige Blütenstand ist eine dichtblütige Dolde. Die Krone besteht aus 5 rundlichen, gelblich weißen Petalen, die zwischen 2 und 5 mm lang werden. Die Früchte sind kleine aufrechte Balgfrüchte, die zur Reifezeit spiralig gewunden sind.

Habitat: Nass- und Moorwiesen, Auwälder; bis auf 1600 m ü. d. M.

Ursprung und Verbreitung: Das Mädesüß ist in fast ganz Europa an feuchten Standorten häufig anzutreffen.

Synonym: *Spiraea ulmaria* L.

Himbeere · *Rubus idaeus*

Weitere Namen
Ambas,
Mollbeere

Wuchsform
strauchförmig,
aufrecht

Höhe
60 bis 150 cm

Blüten
weiß,
in Rispen

Blütezeit
Juni bis August

Habitat
Waldlichtungen, Kahlschläge, Auen, Waldränder

Wälder

Morphologie: Dieser 60 bis 150 cm hohe, mehrjährige Strauch entwickelt zylindrische, aufrecht überhängende, verholzende Stängel mit kleinen rötlichen Stacheln. Die Jährlingstriebe sind zunächst unverholzt und vollkommen glatt. Die gestielten Blätter sind mit Stipeln (Nebenblätter) ausgestattet und in 5 bis 7 eiförmig lanzettliche Segmente von 4 bis 6 cm Länge geteilt, die oben hellgrün, auf der Unterseite weißfilzig erscheinen. Die Blattränder sind meist unregelmäßig gezähnt. Der Blütenstand besteht aus 2 bis 5 traubig vereinten, aufrechten oder nickenden Blüten. Der Kelch setzt sich aus 5 lanzenförmigen Sepalen zusammen, die sich zur Reifezeit zurückbiegen. Die weiße Krone besteht aus 5 verkehrt eiförmigen Petalen, die etwas kürzer als die Sepalen sind. Die nickende Frucht ist eine süße, wohlschmeckende Sammelfrucht aus 10 bis 30 Früchtchen, die zur Reifezeit rot wird.

Habitat: Waldlichtungen, Kahlschläge, Auen, Waldränder; von 100 bis 2000 m ü. d. M.

Ursprung und Verbreitung: Diese praktisch weltweit verbreitete Spezies wird auch wegen ihrer wohlschmeckenden Beeren gerne in Gärten kultiviert.

Steinbeere Rubus saxatilis

Morphologie: Diese ausdauernde Pflanze entwickelt kräftige, verholzte Wurzeln und aufsteigende 10 bis 40 cm hohe Fruchttriebe. Darüber hinaus bilden sich kriechende Ausläufer, deren Stängel kantig, seidig behaart und mit feinen Stacheln bedeckt sind. Die langgestielten, mit Stipeln versehenen Blätter sind in 3 eiförmige Segmente geteilt, die beidseitig grün und am Rand doppelt gezähnt sind. Der traubige Blütenstand besteht aus 3 bis 10 kurzgestielten Blüten, deren 5 Kelchblätter lanzenförmig und zur Reifezeit zurückgebogen sind; die 5 weißen Kronblätter sind verkehrt eiförmig und gleich lang wie die Kelchblätter. Die Sammelfrucht ist eine hellrote Beere aus 2 bis 6 Steinfrüchtchen.

Weitere Namen	Stein-brombeere
Wuchsform	krautig, buschig
Höhe	10 bis 40 cm
Blüten	weiß, in Trauben
Blütezeit	Juni bis August
Habitat	Mischwälder, Gebüsche, kalkreiche Böden

Wälder

Habitat: Mischwälder, Gebüsche, felsige, trockene und kalkreiche Böden; von 500 bis 1900 m ü. d. M.

Ursprung und Verbreitung: Die Steinbeere ist in nahezu ganz Europa verbreitet, aber nicht häufig.

Im Unterschied zu den anderen Vertretern dieser Gattung ist die Steinbeere, deren Früchte leuchtend rot sind, eine nicht verholzende Spezies.

Bereifte Brombeere Rubus caesius

Weitere Namen
Kratzbeere,
Acker-
brombeere

Wuchsform
strauchartig,
buschig,
kriechend

Höhe
50 bis 120 cm

Blüten
weiß,
in Dolden

Blütezeit
Juni bis August

Habitat
Auwälder,
schattige,
felsige
Standorte

Wälder

Morphologie: Dieser 50 bis 120 cm hohe Strauch entwickelt zylindrische, bläulich bereifte und seidig behaarte Stängel mit gekrümmten Stacheln. Die langgestielten, mit lanzettlichen Stipeln (Nebenblättern) ausgestatteten Blätter sind in 3 ovale oder lanzettlich geformte Segmente unterteilt, die am Rand unregelmäßig gezähnt sind. Sie sind auf der Oberseite grün, auf der Unterseite graufilzig. Die kurzgestielten Blüten stehen in dichten Dolden und sind 1,5 bis 2 cm breit. Der Kelch besteht aus 5 abstehenden oder zurückgebogenen, graufilzigen Kelchblättern; die Krone setzt sich aus 5 weißen, eiförmigen, 7 bis 10 mm langen Kronblättern zusammen. Die Frucht ist eine Sammelfrucht, bestehend aus 5 bis 20 blau bereiften Steinfrüchtchen.

Habitat: Auwälder, schattige Standorte, Waldränder, Ufer; bis 1200 m ü. d. M.

Ursprung und Verbreitung: Die Bereifte Brombeere ist in Europa und Asien recht häufig anzutreffen.

Ähnliche Arten: Die zahlreichen Arten der Gattung *Rubus*, welche häufig ausgedehnte Populationen bilden, sind oft schwer voneinander zu unterscheiden. Sie werden wegen ihrer bekömmlichen Früchte auch gerne angepflanzt. Besonders bemerkenswert in diesem Zusammenhang ist (*Rubus fruticosus* L.), die „Echte Brombeere", der Dutzende von Unterarten angehören, von denen jede sehr unterschiedliche Standortansprüche hat.

Rubus fruticosus, *die Echte Brombeere (oben und rechts), die sich aus Dutzenden schwer unterscheidbaren Unterarten zusammensetzt, tritt in vielerlei Gestalt auf. Rechts: eine Varietät mit rosa Blüten.*

Kleiner Odermennig Agrimonia eupatoria

Morphologie: Diese ausdauernde, 30 bis 60 cm hohe, krautige Pflanze entwickelt einen aufrechten, zylindrischen, leicht behaarten Stängel, der einfach oder leicht verzweigt sein kann. Die gestielten, 10 bis 15 cm langen Blätter sind unpaarig gefiedert, mit ovaler oder länglicher Spreite (Blattoberfläche) und grob gezähntem Rand. Die großen Fiederpaare sowie die Endfieder werden bis zu 5 cm lang; dazwischen stehen kleinere, 1 bis 1,5 cm lange Teilblättchen. Die Oberseite der Blätter ist grün, die Unterseite graufilzig. Die kurzgestielten Blüten stehen endständig in langen, ährenförmigen Trauben. Die Krone besteht aus 5 gelben, verkehrt eiförmigen bis elliptischen Petalen von etwa 3,5 mm Länge. Die Frucht ist eine keulenförmige Achäne mit borstigen Widerhaken.

Habitat: Trockenwiesen, Böschungen, Wegränder; bis 1200 m ü. d. M.

Ursprung und Verbreitung: Der Kleine Odermennig ist in fast allen Teilen der Welt anzutreffen.

Weitere Namen
Gewöhnlicher Odermennig, Ackermennig, Leberklette

Wuchsform
krautig, aufrecht

Höhe
30 bis 60 cm

Blüten
gelb, in ährigen Trauben

Blütezeit
Juni und Juli

Habitat
Trockenwiesen, Böschungen, Wegränder

Wiesen

Großer Wiesenknopf Sanguisorba officinalis

Morphologie: Diese mehrjährige, rhizombildende Pflanze entwickelt aufrechte, kahle Stängel von 30 bis 100 cm. Die langgestielten, in Rosetten stehenden Grundblätter sind unpaarig gefiedert, mit 5 bis 9 oval lanzettlichen, oben stumpfen Segmenten, deren Ränder gesägt sind. Die ebenso geformten Stängelblätter werden nach oben hin allmählich kleiner. Die Blütenstände sind eiförmige, 1 bis 3 cm lange Köpfchen, die am Ende der Stängel sitzen. Der Kelch besteht aus 4 ovalen Kelchblättern, die aufrecht stehen und rotbraun oder dunkelpurpurrot gefärbt sind, die Krone fehlt. Die Frucht ist eine eckige Achäne.

Habitat: Feuchte Wiesen, Gräben, nährstoffreiche, feuchte Weiden, auf sehr feuchten, lehmigen Böden, Torfböden; bis 2000 m ü. d. M.

Ursprung und Verbreitung: Der Große Wiesenknopf ist in den kühlen und gemäßigten Klimazonen Europas, Asiens und Nordamerikas verbreitet. An geeigneten Standorten tritt er oft in großer Zahl auf.

Synonym: *Poterium officinale* A. Gray.

Weitere Namen
Blutknopf, Wiesenbibernelle

Wuchsform
krautig, aufrecht

Höhe
30 bis 100 cm

Blüten
dunkelpurpurrot, in Köpfchen

Blütezeit
Juni bis August

Habitat
feuchte Wiesen, Gräben, Weiden

feuchte Standorte

Walderdbeere Fragaria vesca

Weitere Namen
Wilde Erdbeere

Wuchsform
krautig,
aufrecht
und kriechend

Höhe
5 bis 20 cm

Blüten
weiß

Blütezeit
Juni und Juli

Habitat
Wälder,
Lichtungen,
Kahlschläge

Wälder

Morphologie: Diese krautige, mehrjährige, rhizombildende, 5 bis 20 cm hohe Pflanze entwickelt schlanke, aufrechte Stängel und kriechend flaumig behaarte, sich bewurzelnde Ausläufer, aus denen neue Pflanzen hervorgehen. Die langgestielten Grundblätter stehen in einer Rosette und sind auf der Oberseite dunkelgrün und glänzend, auf der Unterseite weißgrün und seidenhaarig. Die Blätter sind in 3 elliptische Segmente von 2 bis 6 cm Länge geteilt, die am Rand grob gezähnt sind. Die zuerst aufrechten, später nickenden Blüten stehen endständig in lockeren Traubenblütenständen zusammen. Sie besitzen 5 ca. 3 mm lange Kelchblätter, die während der Fruchtreife waagrecht abstehend oder auch zurückgeschlagen sein können. Die 5 weißen Kronblätter sind rundlich bis eiförmig und werden zwischen 5 und 6 mm lang. Die kugelige oder eiförmige, etwa 1 bis 2 cm große, essbare Scheinfrucht ist zur Reifezeit rot. (Aus botanischer Sicht handelt es sich um eine sogenannte „Scheinbeere", in deren Fruchtfleisch sich die eigentlichen Früchte in Form von kleinen, braunschwarzen Nüsschen befinden).

Habitat: Laub-, Misch- und Nadelwälder, Lichtungen, Kahlschläge; bis 1800 m ü. d. M.

Ursprung und Verbreitung: Die aus Sibirien und Europa stammende Walderdbeere ist heute weltweit verbreitet.

Ähnliche Arten: *Potentilla micrantha* Ramond (Kleinblütiges Fingerkraut) sowie *Fragaria viridis* Duchesne (Knackerdbeere) sind beide an den gleichen Standorten wie die Walderdbeere anzutreffen. Das Kleinblütige Fingerkraut ist vor allem an den auf der Unterseite blaugrauen Blättern und den viel kleineren Petalen zu erkennen. Bei der Knackerdbeere fehlen die Ausläufer, sie weist beidseitig behaarte Blätter und aufrechte Kelchblätter sowie weißlich gelbe Kronblätter auf.

Blüte (oben) und Frucht (rechts) der Walderdbeere. Diese häufig anzutreffende Art ist wegen ihrer wohlschmeckenden Beeren allseits beliebt.

Bachnelkenwurz   Geum rivale

Morphologie: Diese mehrjährige, 20 bis 60 cm hohe Pflanze entwickelt aufrechte oder aufsteigende, verzweigte Stängel, die besonders im oberen Teil abstehend behaart und violett gefärbt sind. Die langgestielten, wechselständigen Blätter sind in 3 Segmente geteilt, deren Ränder grob gezähnt sind. Das Endsegment ist größer und rhombenförmig, während die seitlichen Segmente oval lanzettlich geformt sind. An der Blattbasis erscheinen je 2 große Nebenblätter (Stipeln), die ebenfalls oval lanzettförmig sind. Die nickenden, einzeln oder in Trauben stehenden Blüten sind endständig, wobei die 5 ca. 1 cm langen Kelchblätter aufrecht und von rotbrauner Färbung sind. Die 5 verkehrt eiförmig bis spatelförmigen Kronblätter sind außen rötlich, innen gelb gefärbt und am Saum ausgerandet. Die Früchte sind 1,5 cm lange, behaarte Achänen mit Haken.

Habitat: Nasse Wiesen, Auwälder, Flachmoore; von 200 bis 2000 m ü. d. M.

Ursprung und Verbreitung: Die Bachnelkenwurz ist in ganz Europa häufig anzutreffen.

Ähnliche Arten: *Geum urbanum* L. (Echte Nelkenwurz) ist eine alte Heil- und Würzpflanze, die sich vor allem durch die aufrechten, manchmal auch nickenden Blüten unterscheidet und deren Kronblätter gelb gefärbt sind.

Wuchsform	krautig, aufrecht
Höhe	20 bis 60 cm
Blüten	rötlich gelb, einzeln
Blütezeit	Juni und Juli
Habitat	feuchte bis nasse, schattige Standorte
feuchte Standorte	

Silberfingerkraut   Potentilla argentea

Morphologie: Diese mehrjährige, rhizombildende, 10 bis 40 cm hohe Pflanze entwickelt aufrechte oder aufsteigende, an der Basis leicht verholzende Stämmchen, die ebenso wie die Blattstiele und Blattunterseiten mit einem weißen, seidenhaarigen Flaum überzogen sind. Die langgestielten Grundblätter sind handförmig in 5 verkehrt eiförmige, bis zu 2 cm lange Segmente geteilt, deren Ränder grob gezähnt sind. Die Stängelblätter sind stiellos und werden nach oben hin allmählich kleiner. An der Basis befinden sich 2 glattrandige Nebenblättchen (Stipeln). Die blassgelben Blüten stehen in lockeren Rispen am Ende der Blütenstängel. Sie setzen sich aus jeweils 5 oval verkehrt lanzettlichen Kelchblättern und 5 herzförmigen, am Saum ausgerandeten Kronblättern von 4 bis 7 mm Länge zusammen. Die Frucht besteht aus zahlreichen kleinen Achänen.

Wuchsform	krautig, aufrecht
Höhe	10 bis 40 cm
Blüten	gelb, in Rispen
Blütezeit	Juni bis August
Habitat	Trockenwiesen, auf sandigen, silikathaltigen Böden
Wiesen	

Habitat: Magerwiesen, sonnige Trockenrasen, vor allem auf silikathaltigen, sandigen Böden; bis 1200 m ü. d. M.

Ursprung und Verbreitung: Das Silberfingerkraut ist als Kosmopolit auf geeigneten Standorten überall häufig anzutreffen.

Ähnliche Arten: *Potentilla calabra* Ten. unterscheidet sich vom Silberfingerkraut vor allem durch die lanzettförmigen Stipeln und die auf der Oberseite weißfilzigen Blätter.

Aufrechtes Fingerkraut Potentilla recta

Wuchsform
krautig,
aufrecht

Höhe
30 bis 70 cm

Blüten
gelb,
in Rispen

Blütezeit
Juni und Juli

Habitat
Trockenwiesen,
Magerrasen

Wiesen

Morphologie: Krautige, mehrjährige, 30 bis 70 cm hohe Pflanze mit aufrechten, besonders im oberen Teil verzweigten Stängeln, die wie die Blätter mit langen Drüsenhaaren bedeckt sind. Die gestielten Grundblätter sind handförmig in 5 bis 7 linealisch lanzettliche Segmente geteilt, die eine Länge von 2 bis 5 cm erreichen und am Rand grob gezähnt sind. Die Stängelblätter sind sitzend und werden nach oben hin allmählich kleiner. An der Basis zeigen die Blätter 2 große Nebenblätter, die glattrandig oder gezähnt sein können. Die blassgelben Blüten stehen in lockeren Rispen am Ende der Blütenstängel. Die 5 borstig drüsigen Kelchblätter sind etwa 1 cm lang; die 5 verkehrt herzförmigen Kronblätter sind am Saum ausgerandet. Die Frucht besteht aus zahlreichen kleinen Achänen.

Habitat: Trockenwiesen, Magerrasen, vor allem auf kalkigem Substrat; bis auf 1200 m ü. d. M.

Ursprung und Verbreitung: Das aus Mittel- bzw. Südosteuropa stammende Aufrechte Fingerkraut ist in Europa zerstreut anzutreffen.

Ähnliche Arten: *Potentilla Wirta* L. kommt an denselben Standorten wie das Aufrechte Fingerkraut vor und weist einen rötlich überlaufenen Stängel auf. Es unterscheidet sich auch dadurch, dass seine Kronblätter etwas länger sind als die Kelchblätter.

Blutwurz Potentilla erecta

Weitere Namen
Ruhrwurz,
Tormentillwurzel, Heidecker

Wuchsform
krautig,
niederliegend
bis aufsteigend

Höhe
10 bis 30 cm

Blüten
gelb, in Rispen

Blütezeit
Juni bis August

Habitat
Wiesen, Heiden

Wiesen

Morphologie: Diese mehrjährige, 10 bis 30 cm hohe Pflanze ist mit einem verdickten, holzigen, innen rötlichen Rhizom ausgestattet und entwickelt niederliegende bzw. aufsteigende, weit verzweigte Stängel. Die bis zu 2 cm langen Stängelblätter sind sitzend und handförmig in 3 bis 5 Segmente geteilt, die am Rand grob gezähnt sind. Die Grundblätter sind langgestielt und fallen frühzeitig ab. An der Blattbasis befinden sich 2 gezähnte Stipeln. Die zitronengelben Blüten stehen in lockeren Rispen am Ende der Blütenstängel. Die aus 4 Petalen bestehende Krone ist am Saum ausgerandet. Die Frucht besteht aus zahlreichen rauen Achänen.

Habitat: Wiesen, Heiden, lichte Wälder, vor allem auf sauren Böden; bis 2400 m ü. d. M.

Ursprung und Verbreitung: Die Blutwurz ist eine in Europa und Asien häufig vorkommende Pflanze.

Synonyme: *Potentilla tormentilla* Stokes; *Tormentilla erecta.*

Kriechendes Fingerkraut Potentilla reptans

Morphologie: Diese ausdauernde, rhizombildende, 10 bis 20 cm hohe Pflanze entwickelt kriechende, an den Knoten wurzelnde Stängel, die bis zu 1 m lang werden können. Die langgestielten Blätter sind handförmig in 5 länglich ovale, bis zu 6 cm lange Teilblätter geteilt, die am Rand grob gezähnt sind. An der Blattbasis befinden sich zwei glattrandige oder gezähnte Stipeln. Die goldgelben Blüten werden von 5 bis 8 cm langen Blütenstielen getragen. Die 5 Kelchblätter werden zwischen 4 und 6 mm lang; die 5 verkehrt herzförmigen Kronblätter sind am Saum ausgerandet und erreichen eine Länge von etwa 1,5 cm. Die Frucht besteht aus zahlreichen körnig rauen Achänen.

Habitat: Wiesen Wegränder, Brachen, Böschungen, Hecken; bis auf 1600 m ü. d. M.

Weitere Namen
Fünffinger-kraut

Wuchsform
krautig, kriechend

Höhe
10 bis 20 cm

Blüten
gelb, einzeln

Blütezeit
Juni bis September

Habitat
Wiesen Wegränder, Brachen, Böschungen

Wiesen

Ursprung und Verbreitung: Das Kriechende Fingerkraut stammt aus Europa und Westasien und ist in ganz Europa häufig anzutreffen.

Deutscher Ginster Genista germanica

Morphologie: Ausdauernder, 10 bis 40 cm hoher Halbstrauch mit aufrechten oder niederliegenden, an der Basis verholzten Stämmchen mit einfachen oder verzweigten Dornen. Die Jungtriebe sind grün, gerieft, leicht behaart und dornenlos. Die 1 bis 1,5 cm langen Blätter sind lanzettlich bis schmal eiförmig oder elliptisch zugespitzt, leuchtend grün, behaart und am Rand bewimpert. Die Blüten stehen in kurzen Trauben und setzen sich aus einem behaarten, 5 mm langen Kelch mit lanzettlichen Kelchzähnen und gelber Krone mit schwach flaumig behaartem Schiffchen, Flügel und Fahne zusammen. Die Frucht, eine lanzettförmige Hülse, enthält 2 bis 4 Samen.

Habitat: Trockenwiesen, Zwergstrauchheiden und trockene Laubwälder, besonders auf sauren Böden; bis 1200 ü. d. M.

Ursprung und Verbreitung: Mitteleuropa, in den Alpen an der Nordseite zerstreut bis fehlend, am Südrand häufiger.

Wuchsform
aufrecht, Halbstrauch

Höhe
10 bis 40 cm

Blüten
gelb, in Trauben

Blütezeit
Mai und Juni

Habitat
Trockenwiesen, Strauchheiden, lichte, trockene Wälder

Wiesen

Ähnliche Arten: *Genista tinctoria* (L.), der Färberginster, tritt zwar in demselben Bereich auf, ist aber leicht an den immer dornenlosen Stämmchen zu erkennen.

Besenginster   Cytisus scoparius

Weitere Namen
Gemeiner
Besenginster,
Besenpfriem,
Brahm

Wuchsform
aufrecht,
Strauch

Höhe
50 bis 200 cm

Blüten
gelb, einzeln
oder zu zweit

Blütezeit
Mai und Juni

Habitat
Waldränder,
Strauchheiden,
Lichtungen

Wälder

Morphologie: Dieser 50 bis 200 cm hohe buschige Strauch entwickelt aufrechte, kahle, kantige, leicht geflügelte und reich verzweigte Äste. Die kurzgestielten unteren Blätter sind in 3 ovale Teilblättchen unterteilt, die kahl oder leicht behaart sein können. Die oberen Blätter sind ungeteilt, lanzettlich geformt und etwa 1 bis 2 cm lang. Die leuchtend gelben Blüten sitzen einzeln oder zu zweit in den Achseln der oberen Blätter. Der kahle Kelch wird 6 bis 7 mm lang; die Krone setzt sich aus einem abgestumpften Schiffchen von 2 bis 2,5 cm Länge und einer ebenso großen Fahne zusammen. Die Frucht ist eine braunschwarze, am Rand behaarte Hülse von 3 bis 5 cm Länge, die zahlreiche gelblich olivgrüne Samen enthält.

Habitat: Waldränder, Strauchheiden, Lichtungen, vor allem auf Silikatböden; bis 1400 m ü. d. M.

Ursprung und Verbreitung: Der Besenginster stammt ursprünglich aus Südeuropa, ist aber bis nach Südskandinavien überall recht häufig anzutreffen.

Synonym: *Sarothamnus scoparius* (L.) Koch

Mit seinen leuchtend gelben Blüten ist der Besenginster nicht nur für den passionierten Blumenliebhaber eine Augenweide.

Färberginster Genista tinctoria

Morphologie: Dieser 30 bis 60 cm hohe, dornenlose Halbstrauch besitzt aufrechte oder aufsteigende, kantige, vor allem nach oben hin leicht behaarte Zweige. Die glattrandigen, sitzenden Blätter können variabel oval länglich bis lanzettlich elliptisch geformt sein. Die Blüten sind von kräftiger gelber Farbe und stehen in endständigen Trauben. Der röhrige, gezähnte Kelch wird 3 bis 6 mm lang; die kahle Krone setzt sich aus einem ca. 1 cm langen Schiffchen und einer etwa gleich langen Fahne zusammen. Die Frucht ist eine 2 bis 3 cm lange, meist kahle Hülse, die zahlreiche dunkelgrüne Samen enthält.

Habitat: Lichte Wälder, Heiden, Lichtungen, Trockenwiesen, vor allem auf Silikatböden; bis 1700 m ü. d. M.

Ursprung und Verbreitung: Den Färberginster findet man vor allem in West- und Mitteleuropa, nördlich bis Südschweden, südlich bis Nordspanien.

Ähnliche Arten: *Genista januensis* Viv. ist eine viel seltener auftretende Spezies, die sich vor allem durch ihre kahlen geflügelten Zweige und Stängel vom Färberginster unterscheidet.

Wuchsform
aufrecht,
Halbstrauch

Höhe
30 bis 60 cm

Blüten
gelb,
in Trauben

Blütezeit
Mai bis Juli

Habitat
lichte Wälder,
Heiden,
Lichtungen,
Trockenwiesen

Wälder

Der vor allem in West- und Mitteleuropa verbreitete Färberginster wurde früher zur Herstellung von Färbetinkturen verwendet.

Echte Geißraute · Galega officinalis

Wuchsform
krautig,
buschig

Höhe
60 bis 120 cm

Blüten
bläulich weiß,
in Trauben

Blütezeit
Juni bis August

Habitat
Auengebüsch,
Ufer, Dämme

**Unkrautfluren,
Wegränder**

Morphologie: Diese ausdauernde, buschige Pflanze von 60 bis 120 cm Höhe entwickelt aufrechte oder aufsteigende, kahle und kantige Stängel, die an der Basis verholzend und im oberen Teil verzweigt sind. Die kurzgestielten Blätter setzen sich aus 11 bis 19 spitz eiförmigen, stumpf endenden Segmenten von 4 bis 6 cm Länge zusammen. Die Blüten stehen in aufrechten, länglichen Trauben, die in den oberen Blattachseln entspringen. Der glockenförmige Kelch mit Kelchzähnen wird 4 bis 5 mm lang; die Krone erreicht 1 cm Länge und ist blassblau oder weißlich gefärbt. Die Frucht ist eine lineal zylindrische kahle Hülse von 2 bis 4 cm Länge.

Habitat: Feuchte Standorte wie Auengebüsch, Ufer, Dämme; bis 1300 m ü. d. M.

Ursprung und Verbreitung: Die aus Osteuropa stammende Echte Geißraute ist hauptsächlich in Mitteleuropa anzutreffen.

Süßer Tragant · Astragalus glycyphyllos

Weitere Namen
Bärenschote,
Wildes Süßholz,
Erdmöhre,
Wolfsschote

Wuchsform
krautig,
niederliegend

Höhe
50 bis 120 cm

Blüten
gelbgrün,
in Trauben

Blütezeit
Mai bis Juli

Habitat
feuchte, schattige Wälder,
Lichtungen,
Gebüsche

Wälder

Morphologie: Diese krautige, ausdauernde, 50 bis 120 cm hohe Pflanze entwickelt biegsame, niederliegende oder aufsteigende, kahle Stängel, die besonders im oberen Teil leicht rötlich überlaufen sind. Die bis zu 20 cm langen Blätter sind unpaarig gefiedert und bestehen aus 11 bis 13 ovalen oder elliptischen Teilblättchen, die auf der Unterseite leicht behaart sein können. Die 8 bis 30 Blüten formen einen dichten traubigen Blütenstand, der etwa halb so lang wie die Blätter ist. Der röhrige Kelch wird 5 bis 6 mm lang; die gelblich grüne Krone erreicht eine Länge von 1,5 cm. Die Frucht ist eine linealisch lanzettliche Hülse von 3 bis 4 cm Länge, welche im Frühstadium behaart, zur Reifezeit hingegen kahl ist.

Habitat: Feuchte, schattige Wälder, Lichtungen und Gebüsche; von 100 bis 1400 m ü. d. M.

Ursprung und Verbreitung: Der Süße Tragant ist vor allem in Mitteleuropa und Südskandinavien verbreitet, in Südeuropa eher selten.

Vogelwicke *Vicia cracca*

Morphologie: Diese krautige, ausdauernde, 30 bis 100 cm hohe, rhizombildende Pflanze entwickelt kahle, biegsame Stängel, die aufrecht, aufsteigend oder auch rankend sein können. Die bis zu 10 cm langen Blätter bestehen aus 6 bis 20 länglich lanzettlichen oder linealischen Teilblättern, die auf der Unterseite leicht behaart sind. Die letzten 3 Segmente sind zu Ranken umgebildet. Der gestielte Blütenstand wird von einer aus 10 bis 30 Blüten bestehenden dichten Traube gebildet, die etwa so lang ist wie die Blätter. Der röhrige Kelch hat oben kurze, unten lange Zähnchen. Die Krone ist blauviolett gefärbt und weist eine 8 bis 12 mm lange Fahne auf. Die Frucht ist eine länglich rhombische Hülse von 1 bis 2,5 cm Länge, die nur wenige Samen enthält.

Habitat: Fettwiesen, Weiden, Schuttplätze; bis 1500 m ü. d. M.

Wuchsform	krautig, aufsteigend, rankend
Höhe	30 bis 100 cm
Blüten	blauviolett, in Trauben
Blütezeit	Juni bis August
Habitat	fette Wiesen, Weiden, Schuttplätze
Wiesen	

Ursprung und Verbreitung: Die aus dem eurasischen Raum stammende Vogelwicke ist heute weltweit verbreitet.

Ähnliche Arten: *Vicia incana* Gouan unterscheidet sich von der Vogelwicke vor allem durch die mit dichten rötlichen Härchen bedeckten Stängel und die größere Anzahl an Blattsegmenten (20 bis 40). Nach Ansicht mancher Autoren gehört diese Spezies zur Artengruppe *Vicia cracca* (Vogelwicke).

Zaunwicke *Vicia sepium*

Morphologie: Diese ausdauernde, 30 bis 60 cm hohe Pflanze entwickelt biegsame, aufrechte oder aufsteigende, manchmal leicht rankende Stängel, die auch Ausläufer bilden. Die Blätter haben Stipeln und bestehen aus 6 bis 14 oval länglichen Teilfiedern, die mit Ranken enden. Der aus 2 bis 5 Blüten bestehende traubige Blütenstand ist kurzgestielt, entspringt in der Blattachsel und ist kürzer als die Blätter. Der röhrige Kelch ist violett gefärbt, ca. 5 mm lang und weist ungleich lange Zähne auf. Die 12 bis 15 mm lange blauviolette Krone weist eine kahle Fahne auf. Die Frucht ist eine braunviolette Hülse von 2 bis 3,5 cm Länge und enthält 4 bis 7 Samen.

Weitere Namen	Gartenwicke
Wuchsform	krautig, aufrecht
Höhe	30 bis 60 cm
Blüten	violett, in Trauben
Blütezeit	Mai bis August
Habitat	Wälder, Hecken, schattige Wiesen, Waldränder
Wälder	

Habitat: Wälder, Gebüsche, Hecken, schattige Wiesen, Waldränder; bis 1500 m ü. d. M.

Ursprung und Verbreitung: Die aus Eurasien stammende Zaunwicke ist heute fast weltweit verbreitet.

Schwarze Platterbse   Lathyrus niger

Weitere Namen
Schwarzwerdende Platterbse, Dunkle Platterbse

Wuchsform
krautig, aufrecht

Höhe
30 bis 80 cm

Blüten
purpurn bis violett, in Trauben

Blütezeit
Mai bis Juli

Habitat
lichte Mischwälder

Wälder

Morphologie: Krautige, ausdauernde, 30 bis 80 cm hohe Pflanze mit dichtem Wurzelapparat und kahlen, aufrechten oder aufsteigenden, an der Basis leicht verholzenden, verzweigten Stängeln. Die Blätter setzen sich aus 8 bis 12 elliptischen bis eiförmigen Teilblättchen von 2 bis 3 cm Länge (ohne die Ranken) zusammen. Am Grund jedes Blattes zeigen sich Stipeln, die kürzer als der Blattstiel sind. Der aus 4 bis 8 Blüten bestehende traubige Blütenstand ist meist doppelt so lang wie das Tragblatt. Der behaarte Kelch wird 3 bis 4 mm lang und trägt untere Zähnchen, die kürzer sind als die Kronröhre. Die etwa 1 cm lange Krone ist purpurn bis violett gefärbt. Die Frucht ist eine längliche, etwa 3 bis 6 cm lange glatte Hülse.

Habitat: Lichte Wälder (vor allem Eichenwälder); bevorzugt auf leicht sauren Böden; bis 1000 m ü. d. M.

Ursprung und Verbreitung: Die aus Europa und dem Kaukasus stammende Schwarze Platterbse findet sich vor allem in Mitteleuropa bis nach Südskandinavien.

Synonym: *Orobus niger* L.

Waldplatterbse   Lathyrus sylvestris

Weitere Namen
Wilde Platterbse

Wuchsform
krautig, niederliegend bis aufsteigend

Höhe
90 bis 200 cm

Blüten
rosa bis purpurn, in Trauben

Blütezeit
Juli und August

Habitat
trockene Brachen, Böschungen, Hecken, Waldränder

trockene Standorte

Morphologie: Diese krautige, ausdauernde, 90 bis 200 cm hohe Pflanze entwickelt kahle, abgeplattete, niederliegende, aufsteigende oder kletternde Stängel, die 2 breite, randlich gesägte Flügel aufweisen. Die gefiederten, blaugrünen, 5 bis 20 cm langen Blätter sind linealisch oder lanzettlich und tragen am Ende Ranken. An der Basis jedes Blattes sitzen halbpfeilförmige Stipeln, die viel kürzer als der Blattstiel sind. Der aus 4 bis 10 gestielten Blüten bestehende lockere, traubige Blütenstand ist länger als die Blätter. Der röhrige, etwa 4 mm lange Kelch weist oben sehr kurze,

unten lange Zähnchen auf. Die 1,5 bis 2 cm lange Krone bildet eine spatelförmige Fahne, deren Saum ausgerandet ist; während das Schiffchen weißlich grün gefärbt ist. Die Frucht ist eine längliche Hülse von 4 bis 7 cm Länge, die 10 bis 12 Samen enthält.

Habitat: Trockene Waldränder, Brachen, Böschungen und Hecken; bis 1500 m ü. d. M.

Ursprung und Verbreitung: Die aus Europa und dem Kaukasus stammende Waldplatterbse ist in fast ganz Europa ziemlich häufig anzutreffen.

Ähnliche Arten: *Lathyrus latifolius* (Breitblättrige Platterbse) unterscheidet sich von der Waldplatterbse durch die viel kürzeren, abgerundeten Blätter, die größeren Kronen und die längeren Hülsenfrüchte.

Knollenplatterbse   Lathyrus tuberosus

Morphologie: Krautige, ausdauernde, 30 bis 100 cm hohe Pflanze mit horizontalem, kleine Knöllchen tragendem Rhizom und aufrechten oder aufsteigenden, glatten Stängeln. Die Blätter bestehen aus je einem Paar elliptischer oder lanzettlicher Fiederblättchen, die 2 bis 4 cm lang werden und Endranken aufweisen. An der Basis jedes Blattes sieht man linealische oder halbpfeilförmige Stipeln, die etwa gleich lang sind wie der Blattstiel. Die 2 bis 6 Blüten formen lockere traubige Blütenstände, die viel länger sind als das jeweils dazugehörige Tragblatt. Der röhrenförmige Kelch mit dreieckigen Zähnchen erreicht eine Länge von 4 mm; die rosaviolette Krone wird 1,5 bis 2 cm lang. Die Frucht ist eine geschwollene längliche, sichelförmig gekrümmte Hülse von 2 bis 3 cm Länge, die 3 bis 6 Samen enthält.

Habitat: Felder (besonders Getreidefelder), Hecken, Wegränder, bevorzugt kalkhaltige und lehmige Böden; bis 1200 m ü. d. M.

Ursprung und Verbreitung: Die Knollenplatterbse ist in fast ganz Europa und Teilen Asiens zerstreut anzutreffen.

Weitere Namen
Erdnussplatterbse

Wuchsform
krautig, aufrecht

Höhe
30 bis 100 cm

Blüten
rosaviolett, in Trauben

Blütezeit
Juni bis September

Habitat
Getreidefelder, Wegränder, Hecken

Äcker und Felder

Die Knollenplatterbse gehört zu den sogenannten Ackerunkräutern, ist aber nicht wie die meisten dort anzutreffenden Unkräuter einjährig, sondern mehrjährig. Sie wird trotz Herbizideinsatzes oft nicht erfasst, weil sie ziemlich spät austreibt.

Gelbe Hauhechel   Ononis natrix

Wuchsform
krautig,
buschig

Höhe
20 bis 50 cm

Blüten
gelb,
in Trauben

Blütezeit
Mai bis August

Habitat
steinige,
trockene,
sonnige Wiesen

**trockene
Standorte**

Morphologie: Diese krautige, ausdauernde, buschige, 20 bis 50 cm hohe Pflanze entwickelt dicht drüsig behaarte und verzweigte Stängel mit unangenehmem Geruch. Die gestielten Blätter sind meist dreiteilig, wobei die Teilblätter ziemlich lang sind und eine oval lanzettliche Form haben sowie am Rand gezähnt sind. An der Basis zeigen sich zwei lanzettliche, glattrandige Stipeln, die kürzer sind als der Blattstiel. Die nickenden Blüten stehen in lockeren, endständigen, beblätterten Trauben. Der 6 bis 12 mm lange Kelch weist 5 lanzettliche Kelchzähne auf, die drei- bis viermal so lang sind wie die Kronröhre. Die gelbe Krone der Schmetterlingsblüte ist 1 bis 2 cm lang und hat häufig eine rot oder violett gesprenkelte Fahne. Die Frucht, eine hängende, länglich zusammengepresste Hülse, enthält zahlreiche Samen.

Habitat: Sonnige, trockene Wiesen, steinige Brachen, Straßenränder; bis 1200 m ü. d. M.

Ursprung und Verbreitung: Die Gelbe Hauhechel ist in Mitteleuropa und in den westlichen Teilen Südeuropas heimisch.

Unterarten: Von der Art *Ononis natrix* (Gelbe Hauhechel) sind zahlreiche Unterarten beschrieben, die sich vor allem durch ihre niederliegenden oder aufrechten, mehr oder weniger verzweigten Stängel bzw. durch ihre unterschiedlich großen Kronen unterscheiden.

Dornige Hauhechel   Ononis spinosa

Weitere Namen
Heudorn,
Hechelkraut

Wuchsform
Halbstrauch,
buschig

Höhe
20 bis 70 cm

Blüten
rosaviolett,
einzeln oder
paarweise in
Trauben

Blütezeit
Mai
bis
September

Habitat
Trockenwiesen,
steinige Weiden

Wiesen

Morphologie: 20 bis 70 cm hoher Halbstrauch mit verholzten, aufrechten, stark verzweigten, im oberen Teil leicht drüsig zottig behaarten und an der Spitze dornigen Ästen. Die unteren Blätter sind gestielt, meist dreigeteilt mit verkehrt eiförmigen oder länglichen, randlich gezähnten Segmenten. Die oberen Blätter sind oft als einfache Tragblätter ausgebildet. Am Blattansatz sitzen zwei halb eiförmige, gezähnte Nebenblättchen (Stipeln). In den oberen Blattachseln sitzen meist einzelne, selten zwei Blüten. Alle Blüten stehen in einem beblätterten, traubigen Blütenstand. Der 8 bis 10 mm lange, behaarte Kelch weist 5 linealisch lanzettliche Kelchzähne auf, die etwa doppelt so lang sind wie die Kronröhre. Die Krone der Blüte ist violettrosa und etwa doppelt so lang wie der Kelch. Die Frucht, eine ovale, drüsenhaarige Hülse, enthält 2 bis 4 Samen.

Habitat: Trockenwiesen, trockene Weiden, steinige Substrate; bis 1400 m ü. d. M.

Ursprung und Verbreitung: In großen Teilen der Bergregionen Europas verbreitet, in den Alpen häufig.

Ähnliche Arten: Entsprechend der aktuellen taxonomischen Klassifizierung zählt diese Art zur gleichnamigen Gruppe, die weitere Arten mit ähnlichen morphologischen Charakteristika und Standortansprüchen umfasst. Sehr ähnlich ist beispielsweise *Ononis repens* L., die Kriechende Hauhechel, die jedoch meist einfache Blätter hat.

Weißer Steinklee Melilotus alba

Morphologie: Diese krautige, ein- bis zweijährige, 30 bis 120 cm hohe Pflanze entwickelt einen typischen Duft nach Waldmeister (Cumarin). Ihre kahlen, kantigen Stängel sind aufrecht oder aufsteigend und meist stark verzweigt. Die kurzgestielten Blätter sind dreizählig, wobei die einzelnen Segmente 1 bis 1,5 cm lang, verkehrt eiförmig und am Rand gezähnt sind. Die Blattstipeln haben eine linealische Form. Der 3 bis 6 cm lange, achselständige Blütenstand ist eine Traube aus 40 bis 80 geruchlosen Blüten, deren glockenförmiger Kelch 5 linealisch lanzettliche Kelchzähne aufweist, die etwa so lang wie die Kronröhre sind. Die Krone der Schmetterlingsblüte ist 2 bis 4 mm lang und gelblich weiß gefärbt. Die Frucht ist eine eiförmige, kahle Hülse von 2 bis 3 mm Länge, die sich zur Reifezeit schwarz verfärbt.

Habitat: Brachen, Unkrautfluren, Straßen- und Wegränder; bis 1200 m ü. d. M.

Ursprung und Verbreitung: Der aus dem eurasischen Raum stammende Weiße Steinklee ist heute nahezu weltweit verbreitet.

Weitere Namen	Bucharaklee, Riesenklee, Wunderklee
Wuchsform	krautig, aufrecht
Höhe	30 bis 120 cm
Blüten	weiß, in Trauben
Blütezeit	Juli bis September
Habitat	Unkrautfluren, Straßen- und Wegränder

Unkrautfluren, Wegränder

Echter Steinklee Melilotus officinalis

Morphologie: Diese krautige, ein- bis zweijährige, 30 bis 120 cm hohe Pflanze entwickelt einen typischen Duft nach Waldmeister (Cumarin) und entwickelt kahle, aufrechte oder aufsteigende, stark verzweigte Stängel. Die kurzgestielten Blätter bestehen aus 3 bis 1,5 cm langen Segmenten, die verkehrt eiförmig bis elliptisch geformt und am Rand buchtig gezähnt sind. An jeder Blattbasis befinden sich 2 kahle, lanzenförmige, glattrandige Nebenblättchen (Stipeln). Der 4 bis 10 cm lange, achselständige, schlanke Blütenstand bildet eine Traube aus 30 bis 70 hängenden, leicht

duftenden Blüten, deren Flügel länger sind als die Schiffchen und deren glockenförmige Kelche 5 linealisch lanzettliche Kelchzähne aufweisen, deren Länge etwa der Kronröhre entspricht. Die Krone der Schmetterlingsblüte ist gelb gefärbt und wird zwischen 2 und 4 mm lang. Die Frucht ist eine ovale, kahle, 2,5 bis 3,5 mm lange Hülse mit Querrunzeln, die zur Reife grünlich gefärbt ist.

Habitat: Brachen, Wege, sonnige Unkrautfluren, Straßenränder; bis 1500 m ü. d. M.

Ursprung und Verbreitung: Der aus Europa und Asien stammende Echte Steinklee ist mittlerweile weltweit verbreitet.

Synonyme: *Melilotus petitpierreana* Willd.; *Melilotus arvensis* Wallr.

Weitere Namen	Gewöhnlicher Steinklee, Gelber Steinklee
Wuchsform	krautig, aufrecht
Höhe	30 bis 120 cm
Blüten	gelb, in Trauben
Blütezeit	Juni bis September
Habitat	sonnige Unkrautfluren, Schuttplätze

Unkrautfluren, Wegränder

Luzerne *Medicago sativa*

Weitere Namen
Saatluzerne,
Alfalfa,
Schneckenklee

Wuchsform
krautig,
aufrecht

Höhe
30 bis 80 cm

Blüten
blau bis violett,
in köpfchenar-
tigen Trauben

Blütezeit
Juni bis
September

Habitat
trockene
Wiesen, Wege

Wiesen

*Die Luzerne
wurde – obwohl
schon seit dem
Altertum bekannt
– erst vor etwa
200 Jahren in
Mitteleuropa als
Futterpflanze
wiederentdeckt.*

Morphologie: Diese krautige, ausdauernde, 30 bis 80 cm hohe Pflanze entwickelt kahle oder leicht flaumig behaarte, aufrechte oder aufsteigende Stängel, die ab und an auch verzweigt sein können. Die Blätter mit Stipeln sind dreizählig und weisen 1,5 bis 2 cm lange, verkehrt lanzettliche, randlich gezähnte und spitz endende Segmente auf. Die traubigen, köpfchenartigen Blütenstände stehen achselständig an Stielen. Der röhrige Kelch wird ca. 6 mm lang und weist längliche Kelchzähnchen auf; die Fahne der blauvioletten Krone wird 8 bis 12 mm lang. Die Frucht ist eine gedrehte, meist kahle Hülse, die zahlreiche Samen enthält.

Habitat: Trockene Wiesen, Magerrasen, Wege; bis 1200 m ü. d. M.

Ursprung und Verbreitung: Die aus dem eurasischen Raum stammende Saatluzerne ist heute in fast ganz Europa, im Norden bis Südskandinavien verbreitet. Sie wird häufig als Futterpflanze angebaut, tritt aber auch verwildert auf.

Unterarten: Die Sichelluzerne (*Medicago sativa* L. ssp. *falcata* (L.) Arcang.) unterscheidet sich vor allem durch die kleinere, gelb oder weiß gefärbte Krone sowie die sichelig gebogene Hülsenfrucht.

Weißklee   Trifolium repens

Morphologie: Diese krautige, mehrjährige, 10 bis 20 cm hohe Pflanze entwickelt kahle, kriechende Ausläufer bildende Stängel, die sich an den Knoten bewurzeln. Die langgestielten Blätter bestehen aus drei 1,5 bis 2 cm langen Segmenten, die verkehrt eiförmig, am Rand fein gezähnt sind und in der Mitte eine gekrümmte weißliche Zeichnung aufweisen. Die dichten, kugeligen Blütenköpfchen werden ca. 2 cm breit und stehen endständig auf dem glatten, unbelaubten Blütenschaft. Der 4 bis 5 mm lange Kelch weist eine kurze Röhre und ungleich lange, lanzenförmige Kelchzähne auf. Die 8 bis 10 mm lange Krone ist meist weiß oder leicht rosa gefärbt, wird aber gegen Ende der Blütezeit bräunlich. Die Frucht ist eine kleine, hängende Hülse, die 2 bis 4 kugelige Samen enthält.

Habitat: Nährstoffreiche Wiesen und Weiden, Park- und Gartenrasen, Wegränder, Brachen; bis 2000 m ü. d. M.

Ursprung und Verbreitung: Der aus dem eurasischen und nordafrikanischen Raum stammende Weißklee ist mittlerweile weltweit verbreitet. Er wird häufig ausgesät, kommt aber auch verwildert vor.

Ähnliche Arten: *Trifolium pallescens* Schreber unterscheidet sich durch seine niederliegenden bis aufsteigenden, nicht wurzelnden Stängel und die gelblich weißen Blüten.

Weitere Namen	Kriechklee
Wuchsform	krautig, kriechend
Höhe	10 bis 20 cm
Blüten	weißlich, in Köpfchen
Blütezeit	Mai bis September
Habitat	nährstoffreiche Wiesen, Fettweiden, Parkrasen

Wiesen

Feldklee   Trifolium campestre

Morphologie: Einjährige, 10 bis 20 cm hohe Pflanze mit aufrechten oder aufsteigenden, behaarten einfachen Stängeln, die auch verzweigt sein können. Die wechselständigen, kurzgestielten Blätter haben voneinander große Abstände und sind dreizählig. Am Blattgrund befinden sich 2 ovale, oben spitze, unten verbreiterte Stipeln, die kürzer als der Blattstiel sind. Die etwa 0,5 bis 1 cm langen Teilblättchen sind verkehrt eiförmig, keilförmig oder elliptisch, wobei das mittlere Teilblättchen deutlich länger gestielt ist als die seitlichen. Die mehr oder weniger achselständigen, eiförmigen Blütenköpfchen werden zwischen 7 und 10 mm breit und bestehen aus 20 bis 30 Blüten, deren Kelche aus einer kurzen Röhre mit ungleich langen Zähnchen bestehen und deren 4 bis 6 mm lange Kronen anfangs gelb, später rötlich braun gefärbt sind. Die Frucht ist eine kleine Hülse.

Habitat: Trockenwiesen, sonnige, steinige Böschungen, Brachland, Wegränder, Straßenränder; bis 800 m ü. d. M.

Ursprung und Verbreitung: Der aus dem eurasischen und nordafrikanischen Raum stammende Feldklee ist heute zerstreut überall in unseren Breiten anzutreffen.

Synonyme: *Trifolium procumbens* L.; *Trifolium agrarium* p.p.

Ähnliche Arten: *Trifolium aureum* Pollich (Goldklee) unterscheidet sich vom Feldklee grundsätzlich durch die größeren Blütenköpfchen (10 bis 15 mm) und die am Grund nicht verbreiterten Stipeln.

Weitere Namen	Gelber Ackerklee, Himmelhopfen
Wuchsform	krautig, aufsteigend
Höhe	10 bis 20 cm
Blüten	gelb, in Köpfchen
Blütezeit	Juni bis September
Habitat	steinige Trockenwiesen, Wege, Brachland

Wiesen

Hasenklee   Trifolium arvense

Weitere Namen
Hasenpfote,
Hasenfuß,
Katzenklee,
Mäuseklee,
Ackerklee

Wuchsform
krautig,
aufrecht

Höhe
10 bis 30 cm

Blüten
weiß bis rosa,
in Köpfchen

Blütezeit
Juni bis
September

Habitat
Trockenwiesen,
Brachen,
Böschungen,
Feldränder

Wiesen

Morphologie: Krautige, einjährige oder zweijährige, 10 bis 30 cm hohe, dicht behaarte Pflanze mit aufrechten, meist verzweigten Stängeln. Die mit Stipeln versehenen Blätter sind dreizählig, wobei die lanzettlich geformten Segmente 1,5 bis 2 cm lang werden und graugrün bis rötlich überlaufen sind. Die langgestielten end- oder seitenständigen Blütenköpfchen sind anfangs oval, später zylindrisch geformt. Der stark zottige Kelch wird 5 bis 6 mm lang und besteht aus einer kurzen Röhre mit lanzenförmigen Kelchzähnen. Die anfangs weiße, später rosaviolette Krone ist etwas kürzer als der Kelch. Die Frucht ist eine kleine Hülse, die nur einen einzigen Samen enthält.

Habitat: Trockenwiesen, Brachland, Böschungen, Feldränder; bis 1500 m ü. d. M.

Ursprung und Verbreitung: Der ursprünglich in Südeuropa, Teilen Asiens und Nordafrika verbreitete Hasenklee ist heute in ganz Europa vertreten.

Wiesenklee   Trifolium pratense

Weitere Namen
Rotklee

Wuchsform
krautig,
aufsteigend

Höhe
10 bis 40 cm

Blüten
rötlich,
in Köpfchen

Blütezeit
Juni bis
Oktober

Habitat
Wiesen,
Weiden,
Weg- und
Feldränder

Wiesen

Morphologie: Diese ausdauernde, 10 bis 40 cm hohe, rhizombildende Pflanze entwickelt kriechende oder aufsteigende, mehr oder weniger verzweigte Stängel. Die dreizähligen Blätter setzen sich aus oval elliptischen Blättchen zusammen, wobei die unteren verkehrt eiförmig und leicht behaart sein können und immer eine weißliche Zeichnung in Form eines V zeigen. Am Blattgrund befinden sich zwei lanzettliche Stipeln mit bewimperter Grannenspitze. Die 2 bis 4 cm breiten, kugeligen Blütenköpfchen entspringen einzeln oder paarweise in den Blattachseln. Der 5 bis 8 mm lange Kelch bildet eine kurze, behaarte Röhre mit ungleichen länglichen, ebenfalls behaarten Kelchzähnchen. Die rötliche Krone erreicht eine Länge von 1 bis 1,5 cm. Die Frucht ist eine kleine Hülse mit einem einzigen Samen.

Habitat: Trockene Wiesen, Weiden, Weg- und Feldränder; bis 2500 m ü. d. M.

Ursprung und Verbreitung: Der aus Eurasien stammende Wiesenklee kommt heute in ganz Europa natürlich wachsend vor, wird aber in der Landwirtschaft häufig auch ausgesät.

Ähnliche Arten: *Trifolium medium* (Zickzackklee) unterscheidet sich vom Wiesenklee durch den zickzackförmigen Stängel und die kahle Kelchröhre. Auch zeigen die schmäleren Blättchen die V-förmige Zeichnung nicht.

Wundklee   Anthyllis vulneraria

Morphologie: Ausdauernde, selten ein- oder zweijährige, 8 bis 15 cm hohe Pflanze. Die behaarten,
rötlichen, kriechenden oder aufsteigenden Stängel
sind an der Basis leicht verholzt. Die Grundblätter
sind unpaarig gefiedert mit 2 bis 3 Paaren von Blättchen. Das Endblättchen ist dabei meist deutlicher
ausgebildet als die viel kleineren Seitenblättchen,
die manchmal fehlen oder stark reduziert sind. Die
oberen Stängelblätter sind in 3 bis 6 Paar länglich
linealische Blättchen geteilt, das Endblättchen ist
etwa 2 cm lang, die seitlichen etwa 1 cm. Der Blütenstand, ein 3 bis 4 cm großes Köpfchen, ist von
handförmig geteilten Tragblättern umgeben. Der
zweilappige Kelch ist bauchig und filzig, die goldgelbe schmetterlingsblütige Krone etwa 1,5 cm lang.
Die Frucht ist eine behaarte Hülse, welche 1 oder
2 glatte Samen enthält. Die Beschreibung bezieht
sich auf die Subspezies *A. v. alpestris* (Kit.) Asch. & Gr.

Weitere Namen
Gelber Klee, Bärenklee, Tannenklee
Wuchsform
aufrecht, krautig
Höhe
8 bis 15 cm
Blüten
gelb, in Köpfchen
Blütezeit
Juli und August
Habitat
Wiesen, Weiden
Wiesen

Habitat: Wiesen und Weiden, auf kalkigem Substrat; bis 2500 m ü. d. M.

Ursprung und Verbreitung: In den Gebirgsregionen Mittel- und Südeuropas verbreitet, in den Alpen häufig.

Ähnliche Arten: Nach der aktuellen Klassifizierung zählt die Subspezies *Anthyllis
vulneraria alpestris* zu einer Gruppe von eng verwandten Unterarten mit ähnlichen
morphologischen Charakteristika, die im Alpenraum beheimatet sind.

Bunte Kronwicke   Coronilla varia

Morphologie: Diese krautige, ausdauernde, kahle, 30 bis 80 cm hohe Pflanze entwickelt niederliegende oder aufsteigende Stängel, die kantig, hohl und meist stark
verzweigt sind. Die unteren Blätter sind kurzgestielt, die oberen sitzend. Die 15 bis
25 elliptischen Teilblättchen werden ca. 1 cm lang. Die 1 bis 1,5 cm langen, langgestielten Blüten stehen in 10- bis 20-blütigen Dolden. Der mit kurzen Zähnchen
versehene Kelch wird 2 bis 3 mm lang; die ca. 1 cm lange Krone besitzt eine rosa bis
rötliche Fahne und eine violette Schiffchenspitze. Die Frucht ist eine viereckige
Hülse von 3 bis 6 cm.

Weitere Namen
Giftwicke
Wuchsform
krautig, aufsteigend
Höhe
30 bis 80 cm
Blüten
rosaviolett, in Dolden
Blütezeit
Juni bis August
Habitat
trockene Wie-sen, steinige Böschungen, Wege
trockene Standorte

Habitat: Trockene Wiesen, sonnige,
steinige Böschungen, Straßen-
und Wegränder; bis 1200 m ü. d. M.

Ursprung und Verbreitung: Die
Bunte Kronwicke ist in Mittel- und
Südeuropa sowie in Westasien
zerstreut anzutreffen.

Ähnliche Arten: *Coronilla cretica*
L., eine ein- oder zweijährige
Pflanze, unterscheidet sich von
der Bunten Kronwicke hauptsächlich durch die lichtere Dolde
(3 bis 6 Blüten) und die nur 4 bis
7 mm lange Krone.

Gemeiner Hornklee Lotus corniculatus

Weitere Namen
Gewöhnlicher
Hornklee

Wuchsform
krautig,
niederliegend

Höhe
10 bis 40 cm

Blüten
gelb,
in Köpfchen

Blütezeit
Mai bis
September

Habitat
Wiesen
und Weiden,
steiniges
Gelände

Wiesen

Morphologie: Ausdauernde, 10 bis 40 cm hohe Pflanze mit dichtem Wurzelgeflecht und niederliegenden oder aufsteigenden, am Grund leicht verholzten Stängeln. Die Blätter sind unpaarig gefiedert, mit 5 verkehrt lanzettförmigen oder elliptischen Blättchen. Die beiden Grundblättchen sind meist kleiner und manchmal als Stipeln ausgebildet, die 3 obersten sind größer und annähernd eiförmig. Der Blütenstand ist ein Köpfchen, die Blüten, 2 bis 7, stehen gemeinsam an einem Stiel, der länger ist als die Blätter. Der Kelch ist 6 bis 7 mm lang und gleichförmig gezähnt, die Kelchzähne sind gleich lang wie die Kronröhre. Die Schmetterlingsblüte ist etwa 1 bis 1,5 cm lang, gelb, manchmal orangerot überlaufen, das Schiffchen rechtwinklig aufsteigend. Die Frucht ist eine zylindrische braune oder rötliche Hülse.

Habitat: Wiesen, Weiden, trockene, steinige Böden und Äcker; bis 2000 m ü. d. M.

Ursprung und Verbreitung: Im europäischen Raum verbreitet, überaus häufig.

Ähnliche Arten: Entsprechend der aktuellen Klassifizierung zählt die beschriebene Spezies zur gleichnamigen Gruppe mit etwa 5 weiteren eng verwandten Arten. Auf feuchten Böden bis in 800 m ü. d. M. findet man oft die größere und reicher blühende Art *L. uliginosus* Schkuhr. In höheren Lagen (1800 bis 2700 m) wächst die kleinere Art *L. alpinus* (DC) Schleicher mit Blütenköpfchen von 1 bis 3 Blüten, die meist bräunlich überlaufen sind. *Lotus corniculatus* könnte ab und an auch mit *Coronilla vaginalis* Lam. verwechselt werden.

Der verbreitet vorkommende Gemeine Hornklee wird gelegentlich auch als Futterpflanze angebaut.

Strauchige Kronwicke · Coronilla emerus

Morphologie: Dieser 50 bis 200 cm hohe Halbstrauch entwickelt aufrechte, kantige Stängel, die holzig und meist stark verzweigt sind. Die gestielten, aus 5 bis 9 verkehrt eiförmigen, 1 bis 2 cm langen Teilblättchen bestehenden und unpaarig gefiederten Blätter weisen an der Basis kurze Stipeln auf. Die goldgelben Blüten stehen paarweise oder zu dritt in achselständigen, langgestielten Dolden. Der ca. 4 mm lange Kelch besteht aus einer kurzen Röhre mit abgestutzten Zähnchen. Die Krone weist eine 1,5 bis 2 cm lange Fahne mit einem fast um 90 Grad zurückgebogenen Saum auf. Die Frucht ist eine hängende, zusammengedrückt zylindrische Hülse, die 5 bis 10 mm lang wird.

Habitat: Sonnige Gebüsche, Wälder, Lichtungen; wärmeliebend; bis 1500 m ü. d. M.

Ursprung und Verbreitung: Die Strauchige Kronwicke ist in Mittel- und speziell in Südeuropa anzutreffen, dort jedoch nicht selten.

Wuchsform
halbstrauch-
artig, aufrecht

Höhe
50 bis 200 cm

Blüten
gelb,
in Dolden

Blütezeit
April und Mai

Habitat
Gebüsche,
Wälder,
Lichtungen

Wälder

Die in Mittel- und speziell in Südeuropa anzutreffende Strauchige Kronwicke entwickelt goldgelbe Blüten, deren Fahnen häufig einen roten Saum aufweisen.

Schmetterlingsblütler (Fabaceae) 91

Saatesparsette   Onobrychis viciaefolia

Weitere Namen
Futter-
esparsette

Wuchsform
krautig,
aufsteigend

Höhe
30 bis 60 cm

Blüten
rosarot,
in Trauben

Blütezeit
Mai bis Juli

Habitat
magere
Wiesen,
Wegränder,
Böschungen

Wiesen

Morphologie: Ausdauernde, 30 bis 60 cm hohe, krautige Pflanze mit bogig aufsteigenden oder aufrechten Stängeln, die oft an der Basis verholzt und oben verzweigt sind. Die langgestielten, unpaarig gefiederten Blätter setzen sich aus 13 bis 27 länglich eiförmigen Segmenten zusammen, die meist auf der Unterseite leicht behaart sind. Am Blattgrund befinden sich zwei lanzettförmige Stipeln. Die rosaroten Blüten stehen in dichten, pyramidenförmigen Trauben. Der behaarte Kelch ist etwa 5 bis 6 mm lang und weist lanzenförmige Zähnchen auf, die deutlich länger als die Kelchröhre sind; das Schiffchen der Krone ist etwa gleich lang wie die Fahne. Die Frucht ist eine halbrunde, etwa 6 bis 8 mm lange Hülse, die am Rücken einen Kamm aufweist und einen wollig stacheligen Überzug hat.

Habitat: Magere Wiesen, Wegränder, Böschungen; bis 2000 m ü. d. M.

Ursprung und Verbreitung: Die aus Südeuropa stammende Futteresparsette ist heute in fast ganz Europa verbreitet.

Synonyme: *Onobrychis viciifolia*; *Onobrychis sativa* Lam.

Waldsauerklee   Oxalis acetosella

Weitere Namen
Hainklee,
Hasenklee

Wuchsform
krautig,
aufrecht

Höhe
8 bis 15 cm

Blüten
weiß,
einzeln

Blütezeit
Mai und Juni

Habitat
schattige
Mischwälder

Wälder

Morphologie: Diese krautige, ausdauernde, 8 bis 15 cm hohe Pflanze entwickelt ein zartes, kriechendes und verzweigtes Rhizom. Die Blätter, die von 5 bis 8 cm langen Stielen getragen werden, sind kleeähnlich, dreizählig mit verkehrt herzförmigen Teilblättchen, sie sind alle grundständig und werden etwa 2 cm lang. Die auf 5 bis 10 cm hohen Stielen stehenden Einzelblüten sind weiß mit feiner violetter Aderung. Die 5 Kelchblätter sind elliptisch und werden etwa 4 mm lang; die 5 Kronblätter sind spatelförmig und erreichen eine Länge von etwa 1 cm. Die Frucht ist eine ovale Kapsel, die sich zur Reifezeit öffnet und dabei die Samen weit hinausschleudert.

Habitat: Humusreiche, schattige Mischwälder, etwas saure Böden; bis 2000 m ü. d. M.

Ursprung und Verbreitung: Der Waldsauerklee ist in den kühlen und gemäßigten Klimazonen Europas, Asiens und Nordamerikas beheimatet und dort häufig anzutreffen.

Nickender Sauerklee Oxalis pes-caprae

Morphologie: Krautige, ausdauernde, stammlose, 20 bis 40 cm hohe rhizombildende Pflanze mit unterirdischen Tochterknöllchen, aus denen sich alljährlich ein Spross entwickelt, der dann wiederum Tochterknöllchen bildet. Die in einer dichten Grundrosette stehenden Blätter stehen an bis zu 20 cm hohen Stielen und sind in drei verkehrt herzförmige, bis zu 2 cm lange Blättchen geteilt. Am Ende des behaarten, blattlosen Blütenschaftes steht eine Dolde aus 6 bis 12 Blüten, die als Knospe nickend, in erblühter Form aufrecht sind und etwa 2,5 cm lang werden. Der trichterförmige Kelch besteht aus 5 elliptischen, ca. 7 mm langen Sepalen, während die ebenfalls trichterförmige Krone sich aus 5 spatelförmigen, ca. 2 cm langen Petalen zusammensetzt, die leuchtend gelb gefärbt sind. Die Frucht ist eine eiförmige Kapsel, die sich in unserem Klima jedoch selten ausbildet. Die Pflanze vermehrt sich vorwiegend über ihre Tochterknollen.

Wuchsform	krautig, aufrecht
Höhe	20 bis 40 cm
Blüten	gelb, in Dolden
Blütezeit	November bis Mai
Habitat	Unkrautfluren, Felder, Gärten

Unkrautfluren, Wegränder

Habitat: Unkrautfluren, Felder, Gärten; bis 600 m ü. d. M.

Ursprung und Verbreitung: Diese Spezies stammt ursprünglich aus Südafrika und ist heute im gesamten Mittelmeergebiet vor allem in den Küstengebieten anzutreffen.

Synonym: *Oxalis cernua* Thunb.

Waldstorchschnabel Geranium sylvaticum

Morphologie: Diese krautige, mehrjährige, 30 bis 60 cm hohe Pflanze entwickelt aufrechte, verzweigte, besonders im oberen Teil drüsig behaarte Stängel, die an den Knoten verdickt sind. Die 2 bis 3 cm lang gestielten Grundblätter sind handförmig gelappt und bestehen aus 7 bis 9 Lappen, die breit rhombisch geformt und am Rand eingeschnitten oder gesägt sind. Die Stängelblätter sehen ähnlich aus wie die Grundblätter, sind jedoch ungestielt. Am Blattgrund befinden sich 2 ovale oder lanzettliche Stipeln. Am Ende der Stängel stehen die Blütenstände mit je 2 rotvioletten Blüten. Die Kelchblätter sind behaart, zugespitzt und etwa 1 cm lang; die 5 Kronblätter sind verkehrt eiförmig, vorne leicht eingebuchtet und am Grund gewimpert.

Wuchsform	krautig, aufrecht
Höhe	30 bis 60 cm
Blüten	rot- oder blauviolett, in Dolden
Blütezeit	Juni bis August
Habitat	Fettwiesen, Hochstaudenfluren, feuchte Wälder

Wiesen

Habitat: Fettwiesen, Hochstaudenfluren, feuchte, humusreiche Wälder, bis 2300 m ü. d. M.

Ursprung und Verbreitung: Der Waldstorchschnabel ist in fast ganz Europa und weiten Teilen Asiens verbreitet.

Ähnliche Arten: *Geranium rivulare* Vill. ist kleiner als der Waldstorchschnabel, besitzt keine Drüsenhaare und trägt weiße Blüten.

Rundblättriger Storchschnabel

Geranium rotundifolium

Wuchsform
krautig,
aufsteigend

Höhe
10 bis 30 cm

Blüten
rosarot,
Blütenstände
mit paarigen
Blüten

Blütezeit
Mai bis Oktober

Habitat
Unkrautfluren,
Felder,
Weinberge,
Mauern

Unkrautfluren,
Wegränder

Morphologie: Einjährige oder zweijährige, krautige, 10 bis 30 cm hohe Pflanze mit niederliegendem oder aufsteigendem, rötlich überlaufenem Stängel, der dicht behaart und stark verzweigt ist. Die glanzlosen, kurzgestielten, weichhaarigen Blätter sind fingerförmig in 5 rundliche Lappen geteilt, die ihrerseits eingeschnitten bzw. dreigezähnt sind. Die kurzgestielten Blüten sind rosarot, gelegentlich auch weißlich gefärbt. Die behaarten Kelchblätter erreichen eine Länge von 1,5 mm; die 5 glattrandigen Kronblätter sind vorne abgerundet und etwa 4 mm lang. Die Frucht ist eine Achäne mit kurzem, bogigem Haken.

Habitat: Unkrautfluren, Felder, Weinberge, Wegränder und Mauern; liebt trockene und sonnige Standorte; bis 1200 m ü. d. M.

Ursprung und Verbreitung: Der Rundblättrige Storchschnabel ist eine eurasiatische Art, die an geeigneten Standorten nicht selten anzutreffen ist.

Ruprechtskraut *Geranium robertianum*

Weitere Namen
Ruprechts-
storchschnabel,
Stinkender
Storchschnabel

Wuchsform
krautig,
aufsteigend

Höhe
15 bis 50 cm

Blüten
rosa, in
zweiblütigen
Blütenständen

Blütezeit
Mai bis Oktober

Habitat
schattige
Mauern,
Schuttplätze

Ruderalfluren

Morphologie: Diese krautige, ein- oder zweijährige, 15 bis 50 cm hohe Pflanze verströmt einen charakteristischen unangenehmen Geruch und entwickelt niederliegende oder aufsteigende rötliche Stängel, die dicht mit abstehenden Drüsenhaaren bedeckt sind. Die auf einem 5 bis 8 cm langen Stiel stehenden drei- bis fünfeckigen Blätter setzen sich aus 3 bis 5 Lappen zusammen, die ihrerseits eingeschnitten oder fiederspaltig sind. Die kurzgestielten Blüten treten meist paarweise oder in wenigblütigen Trauben auf. Die behaarten Kelchblätter sind 6 bis 8 mm lang. Die 5 rosaroten Kronblätter sind glattrandig, vorne abgerundet und werden zwischen 9 und 13 mm lang. Die Frucht ist eine leicht behaarte Achäne mit etwa 1,5 cm langem Haken.

Habitat: Schattige Mauern, Schuttplätze, Ränder von Laub-, Misch- und Nadelwäldern; bis 1600 m ü. d. M.

Ursprung und Verbreitung: Das Ruprechtskraut ist in weiten Teilen der Erde verbreitet; in Europa ist es häufig anzutreffen.

Gewöhnlicher Reiherschnabel

Erodium cicutarium

Morphologie: Diese krautige, einjährige, gelegentlich auch zwei- oder mehrjährige Pflanze von 10 bis 40 cm Höhe entwickelt ein dichtes Wurzelgeflecht und niederliegende oder aufsteigende, rauhaarige Stängel, die meist reich verzweigt sind. Die langgestielten Blätter sind etwa 3 bis 5 cm lang und in 9 bis 11 ovale Fiedern unterteilt, die nochmals geteilt sind und mit schmalen, spitzen Zipfeln enden. Am Blattgrund sitzen 2 spitze Stipeln. Der Blütenstand ist eine langgestielte Dolde aus 2 bis 9 rosa- oder lilafarbenen Blüten. Die behaarten Kelchblätter sind 5 bis 6 mm lang und oval lanzettförmig; die 5 glattrandigen Kronblätter sind etwa 7 mm lang und außen abgerundet und an der Basis behaart. Die Frucht zeigt zur Reifezeit eine Schnabelform und zerfällt in 5 korkenzieherartige Teilfrüchte.

Habitat: Trockene Wege, Unkrautfluren, Weinberge, oft auf unbebautem Boden; bis 1300 m ü. d. M.

Ursprung und Verbreitung: Der Gewöhnliche Reiherschnabel stammt wahrscheinlich aus dem Mittelmeergebiet und ist heute in Europa ziemlich häufig anzutreffen.

Weitere Namen	Schierlings-reiherschnabel, Gemeiner Reiherschnabel
Wuchsform	krautig, aufsteigend bis niederliegend
Höhe	10 bis 40 cm
Blüten	rosa oder lila, in Dolden
Blütezeit	April bis September
Habitat	trockene Wege, Unkrautfluren, Weinberge
Unkrautfluren, Wegränder	

Zarter Lein   Linum tenuifolium

Morphologie: Dieser buschige Halbstrauch von 20 bis 40 cm Höhe entwickelt aufsteigende, an der Basis verholzende Stängel, die im oberen Teil verzweigt sind. Die glatten, 1 bis 2 cm langen Blätter sind linealisch oder fadenförmig geformt, nur 1 bis 2 mm breit, mit nur einem einzigen zentralen Längsnerv und haben zurückgebogene Ränder. Die nichtblühenden (sterilen) Stängel sind im unteren Teil dicht belaubt, während die blühenden nur wenige, weit auseinanderstehende Blätter tragen. Die bläulich weißen oder rosafarbenen Blüten stehen in lockeren, wenigblütigen Dolden. Der Kelch besteht aus 5 Sepalen, die etwa 6 mm lang, lanzettlich geformt und am Rand drüsig behaart sind, sowie nur eine zentrale Ader aufweisen. Die Krone setzt sich aus 5 spatelförmigen Petalen zusammen, die zwei- bis dreimal so lang sind, wie die Kelchblätter. Die Frucht ist eine halbkugelige Kapsel, die kürzer als der Kelch ist.

Wuchsform	Halbstrauch
Höhe	20 bis 40 cm
Blüten	bläulich weiß bis rosa, in Dolden
Blütezeit	Mai bis September
Habitat	Kalkmagerrasen
Wiesen	

Habitat: Böschungen, steinige Böden, Kalkmagerrasen; wärmeliebend; bis 1500 m ü. d. M.

Ursprung und Verbreitung: Der Zarte Lein ist vor allem in Südeuropa häufig anzutreffen.

Ähnliche Arten: Linum suffruticosum L. unterscheidet sich vom Zarten Lein durch die dreinervigen Kelchblätter und die am Grund dunkleren Kronblätter, die drei- bis viermal so lang wie die Kelchblätter sind.

Einjähriges Bingelkraut   Mercurialis annua

Weitere Namen
Schutt-
bingelkraut

Wuchsform
krautig,
aufrecht

Höhe
10 bis 40 cm

Blüten
gelblich grün,
in Knäueln
bzw. Ähren

Blütezeit
Juni bis
Oktober

Habitat
Äcker, Wege,
Schuttplätze,
Weinberge

**Unkrautfluren,
Wegränder**

Morphologie: Diese krautige, einjährige, zweihäusige, 10 bis 40 cm hohe Pflanze entwickelt aufrechte, kahle, vierkantige Stängel, die reich verzweigt sind. Die sehr kurzgestielten, gegenständigen Blätter sind länglich oval geformt, 2 bis 5 cm lang und am Rand stumpf gesägt. Die gelblich grünen, eingeschlechtigen Blüten entwickeln sich auf verschiedenen Pflanzen; während die Blüten der männlichen Pflanze vielblütige, länglich ährige Knäuel bilden, stehen die weiblichen in sehr kurzgestielten, blattachselständigen Knäueln. Die Frucht ist eine kleine behaarte Kapsel.

Habitat: Äcker, Wege, Schuttplätze, Weinberge, Gärten; bis
1300 m ü. d. M.

Ursprung und Verbreitung: Das
Einjährige Bingelkraut stammt
ursprünglich aus Südeuropa, ist
aber heute in fast ganz Europa
verbreitet.

Ähnliche Arten: *Mercurialis ambigua* L. fil. unterscheidet sich von
der oben beschriebenen Art dadurch, dass sie einhäusig ist,
d. h. die männlichen und weiblichen Blüten sitzen gemeinsam
auf einer Pflanze.

Süße Wolfsmilch   Euphorbia dulcis

Wuchsform
krautig,
aufrecht

Höhe
20 bis 50 cm

Blüten
gelbgrün,
in Dolden

Blütezeit
April bis Juni

Habitat
Laubwälder,
Mischwälder,
Hecken

Wälder

Morphologie: Krautige, mehrjährige, 20 bis 50 cm hohe Pflanze mit rhizomatösen Wurzeln und aufrechten oder aufsteigenden, zylindrischen, leicht behaarten Stängeln. Die sitzenden oder kurzgestielten, wechselständigen Blätter sind verkehrt lanzettlich oder elliptisch geformt, 2 bis 4 cm lang und am Rand glatt oder fein gezähnt. Der Blütenstand, eine dichotom verzweigte, meist drei- bis vierteilige Dolde, ist von 2 dreieckigen Hochblättern und einem Involucrum (Hüllbecher) umgeben, welches anfangs gelbgrün, später rotbraun gefärbt ist. Die Frucht ist eine 2 bis 3 mm breite dreifurchige Kapsel, die mit halbkugeligen Warzen bedeckt ist. Die gesamte Pflanze enthält einen weißen, giftigen Milchsaft.

Habitat: Laubwälder, Mischwälder,
Hecken, auf kalkhaltigen Böden; bis
1800 m ü. d. M.

Ursprung und Verbreitung: Die Süße Wolfsmilch ist in Mittel- und Südeuropa zerstreut anzutreffen; ihr Verbreitungsgebiet reicht südlich bis Mittelitalien und auf den Balkan.

Sonnwendwolfsmilch Euphorbia helioscopia

Morphologie: Krautige, einjährige, 10 bis 40 cm hohe Pflanze mit aufrechten oder aufsteigenden, an der Basis verzweigten, meist im oberen Teil behaarten Stängeln. Die wechselständigen Blätter sind 1 bis 2,5 cm lang, verkehrt eiförmig bis keilförmig und an der Spitze fein gezähnt. Der Blütenstand ist eine fünfstrahlige Trugdolde, wobei jede der Blüten von gelbgrünen verkehrt eiförmigen Hochblättern umgeben und von einem drüsigen, gelblich weißen, rundlich ovalen Hüllbecher (Involucrum) umhüllt ist. Die Frucht ist eine glatte, tief dreigefurchte kugelige, grünliche oder rötliche Kapsel von 3 mm Länge, die winzige raue, eiförmige Samen enthält. Die gesamte Pflanze enthält einen weißen, giftigen Milchsaft.

Wuchsform
krautig, aufrecht
Höhe
10 bis 40 cm
Blüten
gelbgrün, in Trugdolden
Blütezeit
April bis November
Habitat
Äcker, Gärten, Weinberge, Schuttplätze
Unkrautfluren, Wegränder

Habitat: Unkrautbestände auf Äckern, in Gärten und Weinbergen; Schuttplätze; bis 1200 m ü. d. M.

Ursprung und Verbreitung: Die Sonnwendwolfsmilch ist in ganz Europa häufig anzutreffen.

Zypressenwolfsmilch Euphorbia cyparissias

Morphologie: Diese krautige, mehrjährige, 15 bis 35 cm hohe, Ausläufer bildende Pflanze mit rhizomatösen Wurzeln entwickelt aufrechte, dicht belaubte Stängel, die im oberen Teil einfach oder verzweigt sein können. Die dicht stehenden wechselständigen, hellgrünen Blätter sind schmal lineal und 1 bis 2 cm lang, wobei die nichtblühenden Triebe fast seidenartig beblättert sind. Die Trugdolde ist 9- bis 15-strahlig. Jede der Scheinblüten ist mit ovalen bis nierenförmigen, hellgelben Hochblättern umgeben, die zur Reifezeit rot werden. Das Involucrum (Blütenhülle) trägt halbmondförmige, zweihörnige Drüsen. Die Frucht ist eine halbkugelige, dreifurchige Kapsel von 3 mm Länge, die winzige grauweiße ovale Samen enthält. Die ganze Pflanze enthält einen weißen, giftigen Milchsaft.

Wuchsform
krautig, aufrecht
Höhe
15 bis 35 cm
Blüten
gelbgrün, in Trugdolden
Blütezeit
April bis Juni
Habitat
Trockenrasen, Brachen, Wege, Böschungen
Wiesen

Habitat: Trockenrasen, Brachen, Wege, Böschungen; bis 1500 m ü. d. M.

Ursprung und Verbreitung: Die Zypressenwolfsmilch ist in Mittel- und Südeuropa beheimatet und oft anzutreffen.

Diptam   Dictamnus albus

Weitere Namen
Weißer Diptam

Wuchsform
Halbstrauch,
aufrecht

Höhe
60 bis 120 cm

Blüten
weiß bis rosa,
in Trauben

Blütezeit
Mai und Juni

Habitat
sonnige, stei-
nige Hänge,
Gebüsch,
Lichtungen

trockene
Standorte

Morphologie: Dieser duftende, 60 bis 120 cm hohe Halbstrauch entwickelt unverzweigte, aufrechte Stängel, die an der Basis verholzt und im oberen Teil drüsig behaart sind. Die unteren Blätter sind meist einfach und verkehrt eiförmig, die oberen sind hingegen unpaarig gefiedert und bestehen aus 7 bis 11 oval lanzettlichen Teilblättchen von 2 bis 6 cm Länge, die am Rand gesägt sind. Die zweiseitig symmetrischen (zygomorphen) Blüten stehen in großen endständigen Trauben und verströmen einen starken, angenehmen Duft. Der Kelch besteht aus 5 lanzettlichen Kelchblättern von 2 bis 6 mm Länge; die Krone setzt sich aus 5 lanzettlich spatelförmigen Kronblättern von 2 bis 3 cm Länge zusammen, die rosa gefärbt und rotviolett geädert sind. Meist sind die 4 oberen Kronblätter aufgerichtet, während das unterste nach unten gebogen ist. Die Frucht ist eine etwa 1 cm breite, sternförmige Kapsel, die nach der Reife aufspringt und dabei die Samen verbreitet.

Habitat: Sonnige, steinige Hänge, trockenes Gebüsch, Waldlichtungen; kalkliebend; bis 800 m ü. d. M.

Ursprung und Verbreitung: Der Diptam ist in Mittel- und Südeuropa beheimatet, aber mittlerweile leider selten anzutreffen.

Der Diptam entwickelt beim Zerreiben der Blätter einen aromatischen Duft nach Zitrone. Er enthält ätherische Öle, die an heißen Tagen so stark verdunsten können, dass man sie entzünden kann. Daher ist der Diptam auch als „Brennender Busch" bekannt.

Drüsiges Springkraut Impatiens glandulifera

Morphologie: Diese krautige, einjährige, 50 bis 200 cm hohe, kahle Pflanze entwickelt aufrechte, hohle und fleischige, oft rot überlaufene Stängel, die an den Knoten verdickt sind. Die gegen- bzw. quirlständigen, gestielten Blätter sind oval lanzettförmig, 18 bis 20 cm lang und zugespitzt, wobei der Blattrand scharf gezähnt ist. An den Zähnen und am Blattstiel befinden sich gestielte Drüsen. Der Blütenstand ist eine Traube mit 5 bis 12 zygomorphen Blüten von 3 bis 4 cm Länge. Die Kronblätter sowie die Kelchblätter, die ebenfalls ein kronblattähnliches Aussehen haben, sind rosaviolett gefärbt, gelegentlich auch weißlich rosa. Das untere Kelchblatt ist zu einem kurzen konischen Sporn verlängert, der nach unten gekrümmt ist. Die Frucht ist eine behaarte Kapsel von 2 bis 2,5 cm Länge, die sich zur Reifezeit explosionsartig öffnet und dabei die Samen weit hinausschleudert.

Habitat: Ufer, Auwälder, Schuttplätze, schattige, feuchte Standorte, Gärten; bis 1000 m ü. d. M.

Ursprung und Verbreitung: Das ursprünglich aus Ostindien stammende Drüsige Springkraut ist heute in unseren Breiten eingebürgert. Es kommt sowohl als Zierpflanze als auch verwildert vor, wobei es sich ständig weiter ausbreitet.

Synonym: *Impatiens roylei* Walpers.

Ähnliche Arten: *Impatiens balfourii* (Balfours Springkraut).

Weitere Namen	Indisches Springkraut
Wuchsform	krautig, aufrecht
Höhe	50 bis 200 cm
Blüten	rosaviolett, in Trauben
Blütezeit	Juli und August
Habitat	Ufer, Auwälder, Schuttplätze
feuchte Standorte	

Echtes Springkraut Impatiens noli-tangere

Morphologie: Diese krautige, einjährige, kahle, 30 bis 80 cm hohe Pflanze entwickelt aufrechte, hohle, schlanke Stängel, die an den Knoten verdickt sind. Die an 1 bis 3 cm langen Stielen stehenden, wechselständigen Blätter mit eiförmig lanzettlicher Spreite werden 4 bis 7 cm lang, wobei deren Rand stumpf gezähnt ist. Der Blütenstand, eine achselständige Traube, besteht aus 2 bis 6 zygomorphen, 2 bis 3,5 cm langen Blüten. Die Kronblätter sind goldgelb gefärbt und innen mit roten Punkten versehen. Das hintere Kelchblatt ist zu einem gekrümmten Sporn verlängert. Die Frucht ist eine hängende, spindelförmige fünfklappige Kapsel von 1,5 bis 2,5 cm Länge, die zur Reifezeit bei Berührung explosionsartig aufspringt und dabei die Samen weit wegschleudert.

Habitat: Auwälder, feuchte Laubwälder; schattige Standorte; von 300 bis 1500 m ü. d. M.

Ursprung und Verbreitung: Das in Eurasien beheimatete Echte Springkraut ist in fast ganz Europa häufig anzutreffen. Im Süden ist es bis Mittelitalien verbreitet.

Ähnliche Arten: *Impatiens parviflora* DC. (Kleinblütiges Springkraut) unterscheidet sich vom Großen Springkraut durch die kleineren Blüten (6 bis 18 mm lang), den geraden Sporn sowie die aufrechte, nicht hängende keulenförmige Fruchtkapsel.

Weitere Namen	Rührmichnichtan
Wuchsform	krautig, aufrecht
Höhe	30 bis 80 cm
Blüten	goldgelb, in Trauben
Blütezeit	Juli und August
Habitat	Auwälder, feuchte Laubwälder
Wälder	

Wilde Malve   Malva sylvestris

Weitere Namen
Große
Käsepappel

Wuchsform
krautig,
aufrecht

Höhe
40 bis 120 cm

Blüten
rosaviolett,
einzeln

Blütezeit
Juni bis
September

Habitat
Wege,
Brachen,
Wälder,
Schuttplätze,
Bahndämme

**Unkrautfluren,
Wegränder**

Morphologie: Diese krautige, mehrjährige, manch- mal auch ein- oder zweijährige, 40 bis 120 cm hohe strauchförmige Pflanze entwickelt aufrechte oder aufsteigende Stängel, die an der Basis verholzt und stark verzweigt sind. Die langgestielten, an der Basis herzförmigen Blätter sind handförmig gelappt, 2 bis 4 cm breit und weisen 5 bis 7 randlich gesägte, abgerundete Lappen auf. Die gestielten, rosavioletten Blüten zeigen eine deutlich dunklere Streifung und stehen einzeln oder paarweise in den Achseln der oberen Blätter. Der Kelch besteht aus einem Wirtel von 5 inneren und einem Wirtel von 2 bis 3 äußeren Kelchblättern, Letztere sind leicht filzig. Die Krone setzt sich aus 5 ca. 2 cm langen, verkehrt herzförmig spate- ligen Kronblättern zusammen, die außen zweilappig enden. Die Früchte sind Achänen, die leicht behaart sind und eine abgeflachte Scheibe bilden.

Habitat: Wege, trockene Wälder, Schuttplätze, Bahndämme, trockene Ruderalstellen; bis 1600 m ü. d. M.

Ursprung und Verbreitung: Die in Eurasien heimische Wilde Malve ist in ganz Europa anzutreffen.

Ähnliche Arten: *Malva nicaeensis* All. kommt an denselben Standorten vor und unterscheidet sich von der Wilden Malve durch die kleineren, weißlich blauen Blüten, die keine Zeichnung aufweisen.

Echter Eibisch   Althaea officinalis

Weitere Namen
Weiße Malve

Wuchsform
krautig,
aufrecht

Höhe
50 bis 120 cm

Blüten
rötlich violett,
einzeln oder zu
zweien

Blütezeit
Juni bis
September

Habitat
feuchte Grä-
ben, Brachland

**feuchte
Standorte**

Morphologie: Diese krautige, buschige, mehrjährige, 50 bis 120 cm hohe Pflanze entwickelt aufrechte, graufilzige Stän- gel, die einfach oder etwas verzweigt sind. Die dicht behaarten, fast samtigen Blätter stehen auf 1 bis 3 cm langen Stielen, sind drei- bis fünflappig, etwa 6 bis 10 cm breit und am Rand gezähnt. Die gestielten, rötlich violetten Blüten zeigen dunklere Streifenzeichnung und stehen einzeln oder zu zweien in der Blattachsel der oberen Blätter. Der Kelch besteht aus einem Quirl von 5 inneren und einem weiteren von 5 bis 13 äußeren Sepalen; Erstere sind oval, Letztere lineal lanzettlich geformt. Die Krone setzt sich aus 5 verkehrt eiförmigen, etwa 1,5 bis 2 cm langen und am Ende ausgerandeten Petalen zusammen. Die Früchte sind dorsal leicht behaarte Achänen, die eine abgeflachte Scheibe bilden.

Habitat: Feuchte Gräben, Brachland; bis 1200 m ü. d. M.

Ursprung und Verbreitung: Der in Eurasien beheimatete Echte Eibisch ist eine beliebte Arzneipflanze und ist mittlerweile in weiten Teilen der Welt verbreitet.

Gewöhnliche Kreuzblume · Polygala vulgaris

Morphologie: Diese krautige, buschige, mehrjährige, kahle oder leicht behaarte Pflanze von 10 bis 30 cm Höhe entwickelt niederliegende oder aufsteigende, an der Basis verholzende und verzweigte Stängel. Die wechselständigen, 1 bis 2 cm langen Blätter sind glattrandig, linealisch und am Ende zugespitzt. Der Blütenstand ist eine endständige Traube aus 10 bis 40 blauvioletten Blüten. Die zygomorphe (zweiseitig symmetrische), schmetterlingsblütenartige Blüte besteht aus zwei verkehrt eiförmigen Sepalen von 4 bis 7 mm Länge, welche die „Flügel" darstellen. Der Kronensaum des unteren Kronblattes ist leicht ausgefranst. Die Frucht ist eine seitlich zusammengedrückte Kapsel.

Habitat: Trockene Wiesen, Heiden, Wegränder, vor allem auf saurem Substrat; bis 2000 m ü. d. M.

Ursprung und Verbreitung: Die aus dem eurasischen Raum stammende Gewöhnliche Kreuzblume ist in Mitteleuropa häufig anzutreffen.

Weitere Namen
Gemeines
Kreuzblümchen

Wuchsform
krautig,
buschig

Höhe
10 bis 30 cm

Blüten
blauviolett

Blütezeit
Mai bis August

Habitat
trockene
Wiesen,
Heiden,
Wegränder

Wiesen

Hundsveilchen · Viola canina

Morphologie: Diese krautige, mehrjährige, kahle, 5 bis 15 cm hohe, rhizombildende Pflanze entwickelt aufrechte oder aufsteigende Stängel, die einfach oder verzweigt sein können. Die langgestielten, derben Blätter sind oval lanzettlich geformt mit herzförmigem Grund. An der Blattbasis befinden sich zwei lanzettlich linealische Stipeln, die gezähnt oder ausgefranst sind. Die geruchlosen, etwa 1,5 bis 2,5 cm breiten Blüten stehen einzeln an langen Stängeln und sind blauviolett gefärbt. Die Kelchblätter sind scharf zugespitzt; die 5 Kronblätter sind ungleich lang, wobei das unterste mit einem feinen geraden Sporn versehen ist, der gelb oder grünlich gefärbt ist. Die Frucht ist eine meist glatte, verlängert eiförmige Kapsel.

Wuchsform
krautig,
aufrecht

Höhe
5 bis 15 cm

Blüten
blauviolett,
einzeln

Blütezeit
April bis Juni

Habitat
Trockenrasen,
Gebüsch- und
Waldränder,
sandige,
kalkarme
Böden

Wiesen

Habitat: Trockenrasen, Magerweiden, Waldränder, Gebüsch auf sandigen, kalkarmen Böden; bis 2200 m ü. d. M.

Ursprung und Verbreitung: Das Hundsveilchen ist nahezu im gesamten eurasischen Raum recht häufig anzutreffen.

Duftveilchen   Viola odorata

Weitere Namen
Wohlriechen-
des Veilchen,
Märzveilchen

Wuchsform
krautig,
buschig

Höhe
5 bis 10 cm

Blüten
dunkelviolett,
selten weiß
oder rosa,
einzeln

Blütezeit
März und April

Habitat
Waldränder,
Wiesen,
Gebüsche,
Wege

Wälder

Morphologie: Diese krautige, mehr-jährige, behaarte, 5 bis 10 cm hohe Pflanze entwickelt feine, oberirdisch kriechende und wurzelnde Ausläufer, die erst im zweiten Jahr Blüten tragen. Die langstieligen, in einer grundständigen Rosette stehenden Blätter sind rundlich bis nierenförmig und am Rand gekerbt. Am Blattgrund zeigen sich drüsige, eiförmige Stipeln. Die 1 bis 2,5 cm breiten Blüten sitzen endständig auf langen Stielen und verströmen einen angenehmen Duft. Der Kelch besteht aus 5 ovalen Kelchblättern; die zygomorphe Krone setzt sich aus 5 ungleich langen, dunkelvioletten, seltener auch weiß oder rosa gefärbten Kronblättern zusammen. Der Sporn ist gleichfarbig, gerade und ca. 6 mm lang. Die Frucht ist eine halbkugelige Kapsel mit leicht behaarter Oberfläche.

Habitat: Waldränder, Wiesen und trockene Gebüsche, Wegränder; bis 1200 m ü. d. M.

Ursprung und Verbreitung: Das Duftveilchen stammt aus Südeuropa, ist heute aber in fast ganz Europa verbreitet.

Das Duftveilchen ist meist dunkelviolett gefärbt, seltener (oben) auch weiß, und liebt stickstoffhaltige Böden.

Wildes Stiefmütterchen · Viola tricolor

Morphologie: Diese ein-, zwei-, oder mehrjährige, 10 bis 40 cm hohe Pflanze entwickelt aufrechte oder aufsteigende, verzweigte Stängel, die kahl oder leicht behaart sind. Die Blätter der Grundrosette haben eine eiförmige oder rundliche Spreite, die am Rand gesägt ist, während die Stängelblätter linealisch oder lanzettlich geformt sind. Die Stipeln bzw. Nebenblätter sind gefingert und weisen einen lanzettlichen Mittellappen auf. Die zygomorphen Blüten sind 1 bis 2,5 cm breit und stehen einzeln an langen Stielen. Sie können violett, weiß, gelb oder auch dreifarbig sein. Der Kelch zeigt lanzettliche Sepalen; die Krone besitzt 5 ungleich lange Petalen, das unterste mit einem Sporn von 3 bis 6 mm Länge.

Die Unterart Viola tricolor subalpina ist besonders in höheren Lagen anzutreffen.

Habitat: Wiesen, Äcker, Gärten, Wegränder; bis 2100 m ü. d. M.

Ursprung und Verbreitung: Das Wilde Stiefmütterchen ist in Europa und Asien weit verbreitet und häufig.

Unterarten: Im Gebirge trifft man die Unterart *Viola tricolor subalpina* Gaudin, die zwei- oder mehrjährig ist und duftende Blüten hervorbringt. In tieferen Lagen findet man die einjährige Unterart *V. t. tricolor*, welche kleinere und geruchlose Blüten besitzt.

Weitere Namen	Ackerveilchen
Wuchsform	krautig, buschig
Höhe	10 bis 40 cm
Blüten	violett, weiß und gelb oder gemischt, einzeln
Blütezeit	Mai bis Oktober
Habitat	Wiesen, Äcker, Gärten, Wegränder

Wiesen

Die Blüten des Wilden Stiefmütterchens sind sehr variabel: Neben dunkelviolett, weiß und gelb können sie auch dreifarbig auftreten.

Sonnenröschen Helianthemum nummularium

Weitere Namen
Gemeines Sonnenröschen, Gewöhnliches Sonnenröschen

Wuchsform
Halbstrauch, buschig

Höhe
20 bis 40 cm

Blüten
gelb oder rot, in Trugdolden

Blütezeit
Mai bis August

Habitat
Trockenrasen, steinige Böden

Wiesen

Morphologie: Buschig wachsender Halbstrauch von 20 bis 40 cm Höhe mit aufsteigenden, verholzten, am Grund rauen und behaarten Sprossen. Die Blätter sind schmal eiförmig bis linealisch, gewöhnlich oberseits graugrün und auf der Unterseite weiß filzig mit leicht umgerolltem Rand und weisen Nebenblätter auf. Die größeren Blätter sind 2 bis 3,4 cm lang, mit 2 bis 4 mm langem Stiel. Der Blütenstand, eine Trugdolde, trägt 4 bis 7 Blüten an leicht gekrümmten Stielen. Die Krone besteht aus 5 verkehrt herzförmigen bis spatelförmigen, gelben bzw. mehr oder weniger rosafarbenen, selten jedoch weißen Kronblättern.

Habitat: Trockenrasen, steinige Böden, vorzugsweise auf kalkreichem Substrat; bis 2500 m ü. d. M.

Ursprung und Verbreitung: In großen Teilen Europas, im Kaukasus sowie in den Alpen verbreitet.

Synonyme: *Helianthemum chamaecistus* Miller; *H. vulgare* Gärtner.

Subspezies: Von *H. nummularium* wurden mehrere Subspezies beschrieben, die sich hauptsächlich durch die Behaarung der Blätter sowie durch die Größe und Farbe der Blüten unterscheiden. Ein Beispiel dafür ist *Helianthemum nummularium grandiflorum* (Scop.) Sch. und Th. mit großen Blüten aus gelben, 12 bis 15 mm langen Kronblättern und beidseitig behaarten Blättern.

Blutweiderich   Lythrum salicaria

Morphologie: Diese krautige, mehrjährige, 50 bis 120 cm hohe Pflanze besitzt ein robustes Rhizom und entwickelt aufrechte, vierkantige, besonders unten abstehend behaarte Stängel, die einfach oder locker verzweigt sein können. Die sitzenden, lanzettförmigen, am Grund abgerundeten Blätter sind gekreuzt gegenständig, gelegentlich auch quirlständig, und erreichen eine Länge von 4 bis 7 cm. Die achselständig an kleinen Hochblättern sitzenden rosa bis rosavioletten Blüten sind quirlig in einer endständigen langen Ähre angeordnet. Der röhrig glockenförmige Kelch ist purpurrot gefärbt und mit abwechselnd kurzen und langen Zähnchen ausgestattet. Die Krone setzt sich aus 6 lanzettförmigen Petalen zusammen. Die Frucht ist eine eiförmige Kapsel.

Habitat: Ufer, Feucht- und Nasswiesen, Moore; bis 1200 m ü. d. M.

Ursprung und Verbreitung: Den Blutweiderich trifft man in fast ganz Europa an geeigneten Standorten häufig an.

Ähnliche Arten: Die viel seltenere Art *Lythrum virgatum* L. (Rutenweiderich) unterscheidet sich vom Blutweiderich durch verschmälerte, nicht abgerundete und viel dichter stehende Blätter und den Umstand, dass die Kelchzähne alle gleich lang sind. Darüber hinaus ist die ganze Pflanze kleiner.

Wuchsform	krautig, aufrecht
Höhe	50 bis 120 cm
Blüten	rosa bis rotviolett, in Ähren
Blütezeit	Juni bis September
Habitat	Ufer, Nasswiesen, Moore
feuchte Standorte	

Die leuchtendroten Blütenkerzen des Blutweiderichs trifft man vor allem auf feuchten Wiesen, aber auch an Ufern und entlang von Gräben. Der Name Weiderich bezieht sich auf die weidenblattartigen Blätter.

Gemeine Nachtkerze Oenothera biennis

Weitere Namen Gewöhnliche Nachtkerze
Wuchsform krautig, aufrecht
Höhe 50 bis 100 cm
Blüten gelb, in Trauben
Blütezeit Juni bis August
Habitat Bahndämme, Schuttplätze, Böschungen
Unkrautfluren, Wegränder

Morphologie: Diese krautige, zweijährige, 50 bis 100 cm hohe Pflanze entwickelt aufrechte, meist auch unverzweigte Stängel. Die gegenständigen, 15 bis 20 cm langen Blätter sind lanzettförmig, am Ende scharf zugespitzt und am Rand unregelmäßig gezähnt. Die glatte oder leicht behaarte Blattoberfläche weist eine rötliche Nervatur auf. Die zitronengelben Blüten stehen achselständig an Hochblättern in einer endständigen, dichten Traube. Die reguläre Krone setzt sich aus 4 spateligen Petalen von 2 bis 5 cm Länge zusammen. Die Frucht ist eine keulenförmige Kapsel mit einer Länge von 2,5 bis 3,5 cm.

Habitat: Bahndämme, Schuttplätze, Böschungen, sandige, trockene Plätze; bis 1200 m ü. d. M.

Ursprung und Verbreitung: Die ursprünglich aus Nordamerika stammende Gemeine Nachtkerze ist heute nahezu weltweit verbreitet.

Waldsanikel Sanicula europaea

Wuchsform krautig, aufrecht
Höhe 20 bis 50 cm
Blüten weiß, in Köpfchen tragenden Dolden
Blütezeit Mai bis Juli
Habitat Laub- und Mischwälder
Wälder

Morphologie: Diese krautige, mehrjährige, 20 bis 50 cm hohe Pflanze entwickelt aufrechte, kahle, an der Basis verholzende Stängel, die einfach oder wenig verzweigt sein können. Die auf 8 bis 15 cm langen Stielen stehenden, glänzenden Grundblätter haben eine abgerundet fünfeckige, etwa 4 bis 7 cm breite Spreite, die handförmig bis zur Basis in 5 keilförmige, lappig gezähnte, verkehrt eiförmige Abschnitte geteilt ist. Die oberen, fast stiellosen Stängelblätter sind eher spärlich und werden nach oben hin allmählich kleiner. Der Blütenstand ist eine schirmförmige Dolde, die aus mehreren weißen, blassrosa oder gelblichen Blütenköpfchen besteht. An der Basis des Blütenstandes befindet sich ein Involucrum aus 4 bis 8 linealischen, spitz endenden Hüllblättchen. Die eiförmig kugelige Frucht, eine Achäne, ist dicht mit hakigen Stacheln besetzt.

Habitat: Laubwälder (vor allem Eichen- und Buchenwälder), Mischwälder; von 500 bis 1500 m ü. d. M. (seltener bis 1700 m).

Ursprung und Verbreitung: Diese aus dem eurasischen Raum stammende Spezies ist in fast ganz Europa ziemlich häufig anzutreffen.

Feldmannstreu   *Erynginm campestre*

Morphologie: Diese krautige, mehrjährige, 15 bis 50 cm hohe, sparrig ästige, stachelige Pflanze entwickelt einen aufrechten, kahlen, fein gefurchten, an der Basis verholzten Stängel, der im oberen Drittel reich verzweigt ist. Die kurzgestielten, lederigen Grundblätter sind 9 bis 10 cm lang und handförmig in drei Teilfiedern geteilt, die ihrerseits in randlich stachelige und gezähnte Segmente unterteilt sind. Die oberen, weißlich grünen Blätter sind kleiner, sitzend und stängelumfassend mit zwei stacheligen Öhrchen an der Basis. Der weißlich grüne Blütenstand ist eine 4 bis 6 cm lange, fast kugelige Dolde mit 3 bis 4 linealischen, stachelig gezähnten Hüllblättern von 2 bis 3 cm Länge. Die Frucht ist eine eiförmige, dicht mit Stacheln besetzte Achäne.

Habitat: Trockenrasen, Wegränder, trockene, steinige, sonnige Standorte; bis 1500 m ü. d. M.

Ursprung und Verbreitung: Der Feldmannstreu ist vor allem in Südeuropa beheimatet, aber leider selten anzutreffen.

Weitere Namen	Brachdistel
Wuchsform	krautig, aufrecht
Höhe	15 bis 50 cm
Blüten	weißlich grün, in Köpfchen
Blütezeit	Juli bis September
Habitat	Trockenrasen, Wegränder, trockene, steinige, sonnige Standorte
Weiden	

Wiesenkerbel   *Anthriscus sylvestris*

Morphologie: Diese krautige, mehrjährige, häufig auch zweijährige Pflanze von 50 bis 130 cm Höhe entwickelt einen scharfen, aromatischen Geruch. Die gerieften Stängel stehen aufrecht, sind hohl und im oberen Teil meist verzweigt. Die langgestielten, 20 bis 30 cm langen Basalblätter sind zwei- bis dreifach gefiedert und in oval lanzettliche, tief gezähnte, zugespitzte Segmente geteilt. Die Stängelblätter sind ähnlich geformt und werden nach oben hin allmählich kleiner. Die kleinen weißen Blüten stehen auf einer 7- bis 10-strahligen schirmförmigen Dolde, die von 4 bis 8 breit lanzettlichen, am Rand gewimperten Hüllblättchenblättern umgeben ist. Die Frucht ist eine 7 mm lange braungrüne Achäne.

Habitat: Fettwiesen, Hecken, Wald- und Wegränder, bevorzugt nährstoffreiche, lockere Böden; bis 1500 m ü. d. M.

Ursprung und Verbreitung: Der eurasiatische Wiesenkerbel ist in Europa sehr häufig anzutreffen.

Synonyme: *Chaerophyllum sylvestris* L.; *Cerefolium sylvestris* Besser.

Ähnliche Arten: *Anthriscus cerefolium* **(L.) Hoffm.** (Gartenkerbel) ist eine einjährige Spezies, die sich vom Wiesenkerbel durch den kleineren Wuchs, die 2 bis 5 dicht flaumhaarigen Doldenstrahlen und die im Reifezustand dann glänzend schwarzen Achänen unterscheidet.

Weitere Namen	Waldkerbel
Wuchsform	krautig, aufrecht
Höhe	50 bis 130 cm
Blüten	weiß, in schirmförmigen Dolden
Blütezeit	April bis Juli
Habitat	Fettwiesen, Hecken, Wald- und Wegränder
Wiesen	

Echter Haarstrang   Peucedanum officinale

Morphologie: Diese krautige, mehrjäh-rige, 30 bis 150 cm hohe Pflanze entwi-ckelt aufrechte, drehrunde, stark ver-zweigte kannelierte Stängel. Die 20 bis 40 cm langen Basalblätter sind fieder-spaltig in schmal lanzettliche, fast faden-förmige Blattabschnitte von nur 1,5 mm Breite geteilt. Der Blütenstand besteht aus einer 12- bis 40-strahligen Dolde, die wenige oder gar keine Hüllblätter aufweist. Die Krone besteht aus 5 gelben Petalen. Die Frucht ist eine abgeplat-tete, elliptische, 5 bis 10 mm lange, flache Achäne mit erhabenen Rippen, aber ohne Flügel.

Habitat: Halbtrockenrasen, steinige Böschungen, Brachen, Waldränder; bis auf 1000 m ü. d. M.

Ursprung und Verbreitung: Der eurosibirische Echte Haarstrang ist nur noch selten in unseren Breiten anzutreffen.

Ähnliche Arten: Die Meisterwurz, *Peucedanum ostruthium* (L.) Koch, auch Kaiser-wurz genannt, wurde früher als Gewürz- und Heilpflanze angebaut und unter-scheidet sich vom Echten Haarstrang hauptsächlich durch die oval lanzettlichen, 2 bis 7 cm breiten Blattabschnitte.

Pastinak   Pastinaca sativa

Morphologie: Zweijährige, 30 bis 100 cm hohe Pflanze mit verdickten Wurzeln und einem aufrechten oder aufsteigenden, hohlen Stängel, der behaart und im oberen Teil doldig verzweigt ist. Die gestielten Blätter sind unpaarig ein- bis zweifach gefiedert und weisen 5 bis 15 ovale oder rhombenför-mige, gelappte oder grob gezähnte Fiedern von etwa 5 cm Länge auf. Die fast sitzenden Stängelblätter sind ähnlich geformt und werden zur Spitze hin allmählich kleiner. Die Blüten stehen in einer Dolde aus 5 bis 15 unglei-chen Strahlen, Hülle und Hüllblättchen feh-len. Die Krone setzt sich aus 5 gelben Petalen zusammen, die oft nach innen eingerollt sind. Die Frucht ist eine zusammengedrückte, eiförmige, breit geflügelte Achäne von 5 bis 8 mm Länge.

Habitat: Brachen, Wege, Fettwiesen, Schuttplätze, schattige, feuchte Standorte; bis 1000 m ü. d. M.

Ursprung und Verbreitung: Der in Eurasien beheimatete Gewöhnliche Pastinak ist heute weltweit verbreitet.

Waldengelwurz   Angelica sylvestris

Morphologie: Diese krautige, mehrjährige, scharf riechende, 50 bis 150 cm hohe Pflanze entwickelt dicke, fleischige, später holzige Wurzeln sowie einen aufrechten, runden, violettrötlichen Stängel, der im oberen Teil doldenartig verzweigt ist. Die Grundblätter sind mit langen, rinnigen Stielen zwei- oder dreifach fiederspaltig, mit oval lanzettlichen Segmenten, die am Rand gesägt sind. Die Stiele der sehr ähnlich geformten Stängelblätter sind am Grund mit einer 3 bis 6 cm langen, bauchig aufgeblasenen, stängelumfassenden Scheide ausgestattet. Der Blütenstand ist eine zusammengesetzte schirmförmige Dolde aus 20 bis 40 flaumig zottigen Strahlen, mit nur wenigen fadenförmigen oder gänzlich fehlenden Hüllblättern. Die Blüte setzt sich aus 5 weiß oder rosa gefärbten Petalen zusammen. Die Frucht ist eine ovale Achäne von 3 bis 4 mm Länge, mit 3 deutlich erhabenen Rippen und 2 membranösen Flügeln.

Habitat: Feuchte Wiesen, Auwälder, Ufer, auf nährstoffreichen Böden; bis auf 1600 m ü. d. M.

Ursprung und Verbreitung: Die eurosibirische Waldengelwurz ist in fast ganz Europa verbreitet.

Ähnliche Arten: *Angelica archangelica* L. (Echte Engelwurz) ist eine häufig zur Likörerzeugung verwendete kultivierte Pflanze, die aber auch verwildert vorkommt. Sie unterscheidet sich von der Waldengelwurz durch das Grün ihrer Stängel, die zylindrischen Blattstiele, die gelblich weißen Kronblätter und die korkigen Flügel ihrer Früchte.

Weitere Namen
Waldbrustwurz

Wuchsform
krautig,
aufrecht

Höhe
50 bis 150 cm

Blüten
weiß,
in Dolden

Blütezeit
Juli bis
September

Habitat
feuchte
Wiesen,
Auwälder, Ufer

**feuchte
Standorte**

Die Waldengelwurz, auch Waldbrustwurz genannt, ist eine bewährte Heilpflanze, die in der Volksmedizin vor allem bei Verdauungsstörungen, Blähungen und Appetitlosigkeit verwendet wird.

Wilde Möhre *Daucus carota*

Wuchsform
krautig,
aufrecht

Höhe
30 bis 80 cm

Blüten
weiß,
in Dolden

Blütezeit
Juni bis
September

Habitat
Trockenrasen,
Wegraine,
Schuttplätze

Wiesen

Morphologie: Krautige, zweijährige oder auch einjährige, 30 bis 80 cm hohe Pflanze mit dicken Wurzeln und aufrechten, gefurchten, steif behaarten Stängeln, die im oberen Teil verzweigt sind. Die lanzettförmigen, 8 bis 15 cm langen Basalblätter sind zwei- bis dreifach fiederteilig, mit lanzettlichen, am Rand gezähnten Segmenten. Die Stängelblätter sind meist zweifach gefiedert, mit Blättchen, die linealisch geformt und scharf zugespitzt sind. Die aus 20 bis 40 Strahlen bestehende Schirmdolde weist eine Hülle aus 7 bis 10 linealischen Hüllblättern auf. Zur Blütezeit sind die Dolden gewölbt, zur Reife senken sie sich vogelnestförmig ein. Die Krone setzt sich aus 5 weißen, seltener auch rosaroten oder gelblichen Petalen zusammen, die am Ende abgerundet und oft ungleich lang sind. Die Frucht ist eine ovale, abgeflachte gerippte und mit Häkchen bedeckte Achäne.

Habitat: Trockenrasen, Wegraine, Schuttplätze; bis 1400 m ü. d. M.

Ursprung und Verbreitung: Die aus dem eurasischen Raum stammende Wilde Möhre ist in ganz Europa häufig anzutreffen.

Ähnliche Arten: Die Wilde Möhre, von der die verschiedenen, heute angebauten Möhrenarten abstammen, kommt in der Natur in zahlreichen Unterarten vor. Wegen der großen natürlichen Vielfalt und der Möglichkeit von Hybridisierung gilt die Artbezeichnung *Daucus carota* bei manchen Autoren als Sammelname für die ganze vielgestaltige Gruppe.

Die Wilde Möhre ist eine sehr häufig auftretende, wärmeliebende Art, von der die aus unserem Speiseplan nicht mehr wegzudenkende Karotte abstammt.

Wiesenbärenklau   Heracleum sphondylium

Morphologie: Diese krautige, mehrjährige, 50 bis 150 cm hohe Pflanze entwickelt robuste rhizomatöse Wurzeln und aufrechte dicke, steife und haarige Stängel, die kantig gefurcht sind. Die gestielten, 20 bis 50 cm langen, gefiederten Grundblätter sind vollkommen in 3 bis 5 gelappte oder geteilte Segmente zerlegt. Die Stängelblätter weisen am Grund eine Blattscheide auf; sie werden zwischen 10 und 15 cm lang. Der Blütenstand ist eine Dolde aus 15 bis 30 Strahlen, deren Hüllblätter lanzettlich oder linealisch geformt sind und frühzeitig abfallen. Die Blüte setzt sich aus 5 sehr ungleich langen Petalen von weißer oder grüngelber Farbe zusammen. Die Frucht ist eine verkehrt eiförmige, gerippte Achäne von 7 bis 11 mm, die geflügelt ist.

Habitat: Fettwiesen, Weiden, Auwälder, Ufer, Brachen mit stickstoffhaltigen Böden; bis 2500 m ü. d. M.

Ursprung und Verbreitung: Der Wiesenbärenklau ist in fast ganz Europa sehr häufig anzutreffen.

Ähnliche Arten: *Heracleum mantegazzianum* Sommier et Levier, das Herkuleskraut, stammt aus dem Kaukasus und ist eine beliebte Zierpflanze, die immer häufiger auch verwildert auftritt. Diese Spezies erreicht eine Höhe von bis zu 4 m und entwickelt besonders ausladende Dolden. Beide Arten enthalten eine Substanz, die auf der Haut Entzündungen hervorrufen kann.

Weitere Namen	Gemeiner Bärenklau
Wuchsform	krautig, aufrecht
Höhe	50 bis 150 cm
Blüten	weiß bis grünlich gelb, in Dolden
Blütezeit	Juni bis September
Habitat	Fettwiesen, Weiden, Auwälder, Ufer
Wiesen	

Strahlenbreitsame   Orlaya grandiflora

Morphologie: Diese krautige, einjährige, 10 bis 50 cm hohe Pflanze entwickelt aufrechte, kantige, kahle Stängel, die einfach oder am Ende verzweigt sein können. Die ovalen bis dreieckigen, 5 bis 15 cm langen Grundblätter sind zwei- oder dreifach lineale Blättchen, mit spitzen Zipfeln gefiedert. Die Stängelblätter sind ganzrandig oder fiederspaltig, manchmal auch reduziert zu einer einfachen Scheide. Die 4- bis 12-strahlige Dolde weist eine Hülle aus 5 lanzettlich linealischen Hüllblättern auf. Der Kelch trägt kleine Zähnchen; die Krone besteht aus 5 weißen Petalen, wobei die 1 bis 1,5 cm langen Kronblätter der Randblüten tief in 2 Lappen geteilt sind. Die Frucht ist eine braune, abgeflachte Achäne von 5 bis 7 mm Länge, mit 2 bis 3 Stachelreihen.

Habitat: Trockenrasen, steiniges Brachland, Getreidefelder, kalkliebend; bis auf 800 m ü. d. M.

Ursprung und Verbreitung: Der Strahlenbreitsame ist vor allem in Mittel-, Süd- und Südosteuropa anzutreffen.

Synonyme: *Daucus grandiflorus* Scop.; *Caucalis grandiflorus* L.

Weitere Namen	Großblütige Strahlendolde
Wuchsform	krautig, aufrecht
Höhe	10 bis 50 cm
Blüten	weiß, in Dolden
Blütezeit	Juni bis August
Habitat	Trockenrasen, Brachland
Unkrautfluren, Wegränder	

Schneeheide   Erica carnea

Weitere Namen
Frühlings-
glockenheide

Wuchsform
Zwergstrauch,
buschig

Höhe
20 bis 40 cm

Blüten
rosa,
in Trauben

Blütezeit
Februar bis Juni

Habitat
lichte Wälder,
Heiden,
Gebüsche,
auf steinigen
Böden

Wälder

Morphologie: Ausdauernder Zwergstrauch von 20 bis 40 cm Höhe mit reich verzweigten, niederliegenden Grundachsen und aufstrebenden, meist glatten Zweigen. Die immergrünen Blätter mit glänzender Oberseite sind schmal linealisch bis nadelig und bilden Wirteln zu 3 bis 5. Die Blattränder sind so weit umgerolllt, dass sie die Unterseite vollständig bedecken. Die kurzgestielten Blüten stehen in einer endständigen, einseitswendigen Traube. Der Kelch ist halb so lang wie die Krone und viergeteilt. Die rosafarbene, seltener purpurrote oder weiße Krone ist eiförmig, 4 bis 5 mm lang und fällt nach der Blüte nicht ab. Die bräunlichen Staubbeutel ragen aus der Blüte heraus.

Habitat: Trockene Heiden, trockene lichte Wälder, vor allem Nadelwälder, Krummholzgebüsche und felsige Standorte, vorzugsweise auf kalkreichem Untergrund; bis in 2500 m ü. d. M.

Ursprung und Verbreitung: Bergregionen Mittel- und Südeuropas, in den Ostalpen verbreitet, häufig. In den Westalpen selten.

Synonym: *Erica herbacea* L.

Heidekraut   Calluna vulgaris

Weitere Namen
Besenheide

Wuchsform
Zwergstrauch,
buschig

Höhe
20 bis 100 cm

Blüten
rosaviolett,
in Trauben

Blütezeit
August bis
November

Habitat
Heideland,
lichte Wälder,
Zwergstrauch-
fluren,
felsige Böden

**trockene
Standorte**

Morphologie: Ausdauernder Zwergstrauch von bis zu 1 m Höhe, mit verholzten, niederliegenden Stämmchen und aufsteigenden, meist glatten Zweigen. Die gegenständigen, 2 bis 3 mm langen und lanzettlich schuppenartigen Blätter sind dachziegelartig in 4 Zeilen angeordnet. Der Blütenstand, eine endständige, einseitswendige Traube, wird an der Spitze zumeist von einem Stück der belaubten Triebspitze überragt. Der Kelch besteht aus 4 kronblattartigen Kelchblättern, welche die rosa bis violette, selten weiße, glockige und 3 bis 4 mm lange Krone überragen. Die Blüte ist am Grund von 6 bis 8 Hüllblättchen umgeben, die etwa halb so lang sind wie der Kelch. Die Frucht ist eine Kapsel mit kleinen eiförmigen Samen.

Habitat: Trockene Weiden, lichte Wälder, besonders Nadelwälder, Zwergstrauchheiden, stets auf sauren, humosen Böden; bis 2500 m ü. d. M.

Ursprung und Verbreitung: Kühle und kühl-gemäßigte Klimazonen Eurasiens und Nordamerikas, in den Alpen verbreitet, häufig.

Ähnliche Arten: *Erica carnea* L., die Schneeheide, hat längere Blätter.

Echte Schlüsselblume   Primula veris

Morphologie: Ausdauernde, 15 bis 30 cm hohe Pflanze mit robustem Rhizom, aus dem sich auf der Oberseite behaarten Blätter entwickeln, die einen 3 bis 8 cm langen Stiel aufweisen und in einer Grundrosette zusammenstehen. Die Blattspreite ist oval spatelförmig, apikal abgerundet, am Rand grob geschweift und gezähnt sowie 5 bis 8 cm lang. Aus der Mitte der Rosette entwickelt sich ein Blütenschaft, der gewöhnlich länger ist als die Blätter und eine dichte endständige Dolde aus 5 bis 15 Blüten trägt. Die duftenden, abstehenden bis nickenden Blüten stehen an 1 bis 2 cm langen Stielen und bestehen aus einem Kelch mit oval dreieckigen Zähnen und einer trichterigen gelben Krone mit orange gepunktetem Schlund. Der Kronensaum ist platt oder konkav, besteht aus 5 ausgerandeten Lappen und misst 1 bis 2 cm im Durchmesser.

Habitat: Trockene Wälder, Magerrasen und Trockengebüsche; bis 2300 m ü. d. M.

Ursprung und Verbreitung: Eurasien, in den Alpen ziemlich verbreitet.

Synonym: *Primula officinalis* (L.) Hill.

Weitere Namen
Frühlings-schlüsselblume, Wiesen-schlüssel-blume, Himmels-schlüssel

Wuchsform
aufrecht, Rosette

Höhe
15 bis 30 cm

Blüten
gelb, in Dolden

Blütezeit
April und Mai

Habitat
Waldränder, Wiesen, Gebüsche

Wälder

Die Wiesen-schlüsselblume (Primula veris) mit ihren leuchtend gelben Blüten ist einer der auffälligsten Frühlingsboten.

Stängellose Schlüsselblume Primula vulgaris

Weitere Namen
Stängellose
Primel, Schaft-
lose Primel

Wuchsform
krautig,
büschelig

Höhe
5 bis 15 cm

Blüten
gelb, in Dolden

Blütezeit
März

Habitat
Wiesen,
Gebüsche

Wiesen

Morphologie: Krautige, mehrjährige, 5 bis 15 cm hohe Pflanze mit robustem Rhizom, aus dem sich die in einer Grundrosette stehenden Blätter entwickeln. Sie sind verkehrt länglich eiförmig, am Rand unregelmäßig gekerbt bzw. gezähnt und zur Blütezeit etwa 5 bis 9 cm lang, wobei sie auf der Oberseite kahl und auf der Unterseite leicht flaumig behaart sind; nach der Blüte werden sie länger. In der Mitte der Blattrosette entwickeln sich zahlreiche, praktisch geruchlose Blüten, die ungestielt sind oder an wollig behaarten 4 bis 7 cm langen Stielen stehen. Der Kelch bildet eine etwa 1 cm lange Röhre, die fast bis zur Mitte gespalten ist und 5 lanzettlich linealische Zähnchen aufweist. Die blassgelbe Krone besteht aus einer etwa 2 cm langen Kronröhre, die Kronscheibe wird von 5 ca. 1 bis 1,5 cm langen, ausgerandeten Kronlappen gebildet. Die Frucht ist eine eiförmige Kapsel, die etwa gleich lang ist wie die Kelchröhre.

Habitat: Wiesen, Wälder (besonders Laubwälder), lichte Gebüsche; bis 1200 m ü. d. M.

Ursprung und Verbreitung: Die Stängellose Primel ist vor allem in Nord- und Mitteleuropa, vor allem auch in den Alpen verbreitet.

Synonyme: *Primula acaulis* (L.) Hill; *Primula grandiflora* Lam.

Die Stängellose Schlüsselblume ist eine typische Frühlingsblume, die schon sehr zeitig, nämlich im März, ihre Blüten öffnet.

Echtes Alpenveilchen Cyclamen purpurascens

Morphologie: Ausdauernde, 5 bis 15 cm hohe Pflanze mit graubraunen, kugeligen, an der Oberseite abgeplatteten bis konkaven Knollen. Die grundständigen Blätter stehen auf einem flaumig behaarten, rötlichen, 3 bis 8 cm langen Stiel. Die Spreite ist etwa 2 bis 6 cm breit, rundlich bis elliptisch mit herzförmigem Grund und schwach gekerbtem Rand. Die Blattoberseite ist dunkelgrün mit silbriger Zeichnung, die Unterseite weinrot gefärbt. Die zart duftenden Blüten stehen an rosafarbenen, flaumig behaarten, 5 bis 12 cm langen Stielen. Der Kelch ist fünflappig, die Krone besteht aus einer etwa 6 mm langen Röhre und 5 nach oben zurückgeschlagenen, bis zu 2 cm langen, meist purpurrosafarbenen Kronlappen, die gelben Antheren und der Stempel ragen aus der Krone heraus.

Habitat: Wälder, hier besonders Buchenwälder; bis 1900 m ü. d. M.

Ursprung und Verbreitung: Bergregionen Südosteuropas und nordöstliche mediterrane Regionen, in den südlichen Bereichen der Ostalpen verbreitet, selten.

Weitere Namen	Waldalpenveilchen
Wuchsform	krautig, in kleinen Büscheln
Höhe	5 bis 15 cm
Blüten	purpurrosa, einzeln
Blütezeit	August und September
Habitat	Wälder
Wälder	

Cyclamen purpurascens *wächst bevorzugt in Laubwäldern und im Gebüsch; das Alpenveilchen steht jedoch unter Naturschutz.*

Pfennigkraut *Lysimachia nummularia*

Weitere Namen
Pfennig-
gilbweiderich

Wuchsform
krautig, krie-
chend

Höhe
5 bis 15 cm,
Länge bis
60 cm

Blüten
gelb,
einzeln

Blütezeit
Mai bis August

Habitat
feuchte
Niederungen,
Auwälder,
Gräben

**feuchte
Standorte**

Die Bezeichnung „Pfennigkraut" verdankt die Pflanze ihren rundlichen, an Münzen erinnernden Blättern.

Morphologie: Diese krautige, mehrjährige, 5 bis 15 cm hohe Pflanze entwickelt kantige, niederliegende oder kriechende, bis 60 cm lange Stängel, die an den Knoten wurzeln. Die kurzgestielten Blätter sind gegenständig und haben eine verkehrt eiförmige, stumpf endende Spreite mit 1,5 bis 2 cm Länge. Die von 1 bis 2 cm langen Stielen getragenen Blüten stehen einzeln in den Blattachseln. Der Kelch wird von lanzettlich herzförmigen Kelchblättern gebildet. Die 5 goldgelben Kronblätter sind etwa doppelt so lang wie die Kelchblätter. Auf der Unterseite der Laub- und Kronblätter zeigen sich bräunlich schwärzliche Drüsen. Die Frucht ist eine kugelförmige Kapsel.

Habitat: Feuchte Gebüsche, Auwälder, Gräben; bis 1000 m ü. d. M.

Ursprung und Verbreitung: Das Pfennigkraut ist in fast ganz Europa und im Kaukasus häufig anzutreffen.

Ähnliche Arten: *Lysimachia nemorum* L. (Haingilbweiderich) unterscheidet sich vom Pfennigkraut hauptsächlich durch die größeren, eiförmigen, am Ende zugespitzten Blätter und durch das Fehlen der Drüsen.

Gilbweiderich   Lysimachia vulgaris

Morphologie: Krautige, mehrjährige, 50 bis
150 cm hohe Pflanze mit kriechendem Rhizom,
eckigen und aufrechten, behaarten Stängeln,
die für gewöhnlich im oberen Teil stark verzweigt
sind. Die kurz gestielten, gegenständigen oder
quirlständigen Blätter haben eine oval lanzettliche, randlich gewellte Spreite mit einer Länge
von bis zu 15 cm. Die gestielten Blüten stehen
in einer großen endständigen, an der Basis
belaubten Rispe. Der Kelch ist fünfteilig mit 3
bis 4 mm langen spitzen Kelchzähnchen, die
rötlich berandet und drüsig bewimpert sind;
die glatte Krone besteht aus einer kurzen Kronröhre und 5 goldgelben, elliptischen, am Rand
kahlen Kronlappen, die bis zu 1 cm lang werden.
Die Frucht ist eine kugelige, fünfteilige Kapsel.

Habitat: Nasse Gräben, Sumpfwiesen, Auwälder; bis 1200 m ü. d. M.

Ursprung und Verbreitung: Der Gewöhnliche Gilbweiderich ist besonders im Norden
Europas und in den Alpen häufig anzutreffen.

Ähnliche Arten: Der Drüsige Gilbweiderich, auch Tüpfelstern *(Lysimachia punctata)*
genannt, unterscheidet sich vom Gewöhnlichen Gilbweiderich durch die achselständig in Büscheln angeordneten Blüten, durch die grünen Kelchzähne und durch
die spitze, drüsig bewimperte, im Zentrum orangegelbe Krone.

Weitere Namen
Gewöhnlicher
Gilbweiderich,
Gemeiner
Gilbweiderich

Wuchsform
krautig,
aufrecht

Höhe
50 bis 150 cm

Blüten
gelb,
in Rispen

Blütezeit
Juni bis August

Habitat
Gräben,
Sumpfwiesen,
Auwälder

**feuchte
Standorte**

Ackergauchheil   Anagallis arvensis

Morphologie: Diese krautige, einjährige, 5 bis 20 cm hohe Pflanze entwickelt vierkantige, niederliegende oder aufsteigende Stängel, die oft stark verzweigt sind.
Die 8 bis 15 cm langen Grundblätter sind gegenständig, die oberen zu dreien
quirlständig. Sie sitzen alle stiellos am Stängel und haben eine oval lanzettliche
Spreite mit einer Länge von 8 bis 15 mm. Die von 1 bis 3 cm langen Stielen getragenen
Blüten stehen einzeln in den Blattachseln der oberen Blätter. Der Kelch besteht
aus 5 lanzettlich zugespitzten Kelchzipfeln von 3 mm Länge; die drehrunde Krone
setzt sich aus einer sehr kurzen Röhre und 5 übereinandergreifenden, bis zu 6 mm
breiten Kronblättern zusammen, die am Ende ganzrandig oder schwach gekerbt
und mit Drüsenhaaren versehen sind. Sie sind meist miniumrot mit purpurrotem
Schlund oder auch bläulich gefärbt. Die Frucht ist eine kugelige Kapsel.

Habitat: Hackfrucht- und Getreideäcker, Gärten,
Schuttplätze, Straßenränder; bis 1200 m ü. d. M.

Ursprung und Verbreitung: Der weltweit verbreitete Ackergauchheil stammt ursprünglich aus
Südeuropa.

Synonym: *Anagallis phoenicea* Scop.

Ähnliche Arten: Der Blaue Gauchheil (*Anagallis
foemina* Miller; *Anagallis coerulea* L.) unterscheidet sich vom Ackergauchheil durch immer blau gefärbte, nicht übereinandergreifende Kronblätter.

Weitere Namen
Roter
Gauchheil,
Nebelpflanze

Wuchsform
krautig,
niederliegend

Höhe
5 bis 20 cm

Blüten
miniumrot,
selten bläulich,
einzeln

Blütezeit
Juni bis Oktober

Habitat
Äcker, Gärten,
Schuttplätze,
Straßenränder

**Unkrautfluren,
Wegränder**

Lungenenzian · Gentiana pneumonanthe

Wuchsform
krautig, aufrecht

Höhe
15 bis 50 cm

Blüten
blau, einzeln

Blütezeit
Juli bis September

Habitat
Feuchtwiesen, Flachmoore, torfige, saure Böden

feuchte Standorte

Morphologie: Krautige, ausdauernde, 15 bis 50 cm hohe Pflanze mit verholzten Wurzeln und aufrechten oder aufsteigenden, gelegentlich geflügelten Stängeln, die einfach oder wenig verzweigt sind. Die gegenständigen, 3 bis 4,5 cm langen sitzenden Blätter sind halb stängelumfassend linealisch lanzettlich geformt, einnervig eben oder am Rand umgerollt und enden stumpf. Die nicht sehr zahlreichen sitzenden oder kurzgestielten Blüten stehen an der Spitze des Blütenschaftes und in den Blattachseln der oberen Blätter. Der röhrig glockenförmige Kelch weist linealische Zähnchen auf, die etwa so lang oder etwas länger als die Kronröhre sind. Die intensiv azurblaue Krone besteht aus einer engen glockenförmigen Kronröhre von 2,5 bis 4 cm, die sich am Ende in 5 spitze Kronlappen teilt. Im Inneren der Kronröhre lassen sich 5 grün punktierte Streifen erkennen. Die Frucht ist eine Kapsel, die ungeflügelte Samen enthält.

Habitat: Feuchtwiesen, Flachmoore, meist auf torfigen, leicht kalkhaltigen und sauren Böden; bis 1200 m ü. d. M.

Ursprung und Verbreitung: Der Lungenenzian ist in Europa ziemlich selten.

Kreuzenzian · Gentiana cruciata

Wuchsform
krautig, aufrecht

Höhe
15 bis 50 cm

Blüten
blau, in Büscheln

Blütezeit
Juli und August

Habitat
Gebüsche, Kalkmagerrasen, Waldränder, bevorzugt auf Kalkböden

Wiesen

Morphologie: Krautige, ausdauernde, glatte 15 bis 50 cm hohe Pflanze mit robustem, faserigem Rhizom und unverzweigten, aufrechten oder aufsteigenden Stängeln. Die gegenständigen, lanzettlichen, am Ende rundlichen oder abgestumpften Blätter weisen 3 parallele Nerven auf und sind scheidig, halb stängelumfassend. Sie erreichen eine Länge von 3 bis 8 cm und werden nach oben hin allmählich kleiner. Die ungestielten Blüten sitzen in Büscheln in den oberen Blattachseln und am Stängelende. Der röhrig glockige Kelch weist am Ende 4 dreieckige Zipfel auf. Die blaue Krone setzt sich aus einer glockigen Röhre und 4 eiförmig dreieckigen Lappen zusammen.

Habitat: Gebüsche, Kalkmagerrasen, Waldränder, besonders auf kalkhaltigem Substrat; von 200 bis 1600 m ü. d. M.

Ursprung und Verbreitung: Den eurasiatischen Kreuzenzian findet man vorwiegend in Mitteleuropa, im Süden nur in den Gebirgen.

Kleines Immergrün   Vinca minor

Morphologie: Diese krautige, ausdauernde, 10 bis 20 cm hohe Pflanze entwickelt kriechende, an den Knoten wurzelnde Stängel, die bis zu 1 m lang werden. Die kurzgestielten, immergrünen Blätter sind ledrig und zeigen auf der Blattunterseite eine deutliche netzartige Nervatur. Die Spreite ist lanzettlich oder elliptisch geformt, stumpf endend sowie glattrandig und wird 2 bis 3,5 cm lang. Die auf 9 bis 15 mm langen Stielen stehenden Blüten entspringen einzeln in den Blattachseln. Der etwa 3 mm lange Kelch ist in 5 dreieckig lanzettliche Zipfel geteilt; die 2,5 bis 3 cm breite Krone ist blauviolett gefärbt, seltener rosa oder weiß. Sie besteht aus einer ca. 1 cm langen Kronröhre und 5 spateligen, stumpfwinkelig endenden Lappen. Die Frucht ist eine zweiteilige zylindrische Balgfrucht, die zahlreiche längliche Samen enthält.

Wuchsform	krautig, kriechend
Höhe	10 bis 20 cm
Blüten	blauviolett, einzeln
Blütezeit	April und Mai
Habitat	Laub- und Mischwälder
Wälder	

Habitat: Laub- und Mischwälder, lockere, lehmige Böden; bis 1300 m ü. d. M.

Ursprung und Verbreitung: Das Kleine Immergrün ist in großen Teilen Mittel- und Südeuropas sowie im Kaukasus und in Nordamerika zerstreut anzutreffen.

Ähnliche Arten: *Vinca major* L. (Großes Immergrün) ist von größerem Wuchs und entwickelt breitere eiförmige Blätter sowie eine 3 bis 5 cm breite Krone. Darüber hinaus sind die Kelchzipfel dieser Art randlich behaart.

Das Kleine Immergrün ist nicht nur wild wachsend in Laubwäldern anzutreffen, sondern wird auch gerne in Gärten und auf Friedhöfen angepflanzt.

Waldmeister Galium odoratum

Weitere Namen
Wohlriechen-
des Labkraut,
Leberkraut

Wuchsform
krautig,
aufrecht

Höhe
10 bis 30 cm

Blüten
weiß, in Dolden

Blütezeit
Mai und Juni

Habitat
Laub- und
Mischwälder

Wälder

Morphologie: Diese krautige, ausdauernde, 10 bis 30 cm hohe Pflanze entwickelt besonders im getrockneten Zustand ihren typischen Duft. Aus dem unterirdischen Rhizom entwickeln sich aufrechte, vierkantige, einfache oder wenig verzweigte Stängel. Die unteren Blätter sind verkehrt eiförmig geformt und sitzen zu viert oder sechst in Wirteln, während die oberen lanzettlich oder lineal spatelig geformt, 2 bis 5 cm lang sind und zu sechst oder acht in Wirteln sitzen. Die Blätter weisen unterhalb jedes Wirtels einen kleinen, haarigen Ring auf. Die kurzgestielten Blüten stehen in endständigen Dolden. Die meist weiße Krone weist eine Kronröhre und 4 Kronlappen von 3 bis 4 mm Länge auf. Die Frucht besteht aus 2 Teilfrüchtchen mit Widerhaken.

Habitat: Laub- und Mischwälder, besonders Buchenwälder, schattige Orte; von 500 bis 1600 m ü. d. M.

Ursprung und Verbreitung: Der im eurasischen Raum beheimatete Waldmeister ist in fast ganz Europa häufig anzutreffen.

Synonym: *Asperula odorata* L.

Echtes Labkraut Galium verum

Weitere Namen
Bettstroh,
Stillkraut

Wuchsform
krautig,
aufrecht

Höhe
20 bis 70 cm

Blüten
gelb in Rispen

Blütezeit
Juni bis
September

Habitat
Magerwiesen,
Wegränder,
Föhrenwälder

Wiesen

Morphologie: Diese krautige, ausdauernde, 20 bis 70 cm hohe Pflanze entwickelt aufrechte, rundliche bis leicht kantige Stängel, die an den Knoten verdickt sind und einfach oder verzweigt sein können. Die zu 8 bis 12 in Quirlen stehenden Blätter sind linealisch und am Rand umgerollt. An der Oberseite sind sie kahl und glänzend, an der Unterseite matt und flaumig behaart. Die kurzgestielten Blüten stehen in endständigen, reichblütigen Rispen. Der Kronsaum der kahlen, meist gelben Krone ist fast gleich lang wie die Kronröhre und in 4 spitze Kronzipfel von 2 bis 3 mm Länge geteilt. Die Frucht besteht aus zwei kleinen, kahlen oder leicht behaarten Teilfrüchtchen.

Habitat: Magerwiesen, Wegränder, Föhrenwälder, trockene Kalkböden; bis 1700 m ü. d. M.

Ursprung und Verbreitung: Das aus dem eurasischen Raum stammende Echte Labkraut ist in Europa häufig anzutreffen.

Ähnliche Arten: Nach Ansicht einiger Autoren bildet *Galium verum* eine eigene Artengruppe, die aus zwei Spezies und mehreren Unterarten sowie den dazugehörigen Hybridformen besteht. Diese sind einander sehr ähnlich und an bestimmte geographische Areale gebunden.

Wiesenlabkraut   Galium mollugo

Morphologie: Krautige, ausdauernde, 30 bis 90 cm hohe Pflanze mit langen unterirdischen Ausläufern und vierkantigen, niederliegenden oder aufsteigenden, meist verzweigten Stängeln. Die zu 6 bis 8 in Quirlen sitzenden Blätter sind hellgrün, lederig und 1 bis 3 cm lang, von linealisch elliptischer bis länglich lanzettlicher Form und enden spitz. Die kurzgestielten Blüten bilden pyramidenförmige Rispenblütenstände. Die kahle, meist weiße oder elfenbeinfarbene Krone ist in vier grannenartig zugespitzte Kronzipfel geteilt. Die Frucht setzt sich aus 2 kleinen, glatten oder leicht rauen Teilfrüchtchen zusammen.

Habitat: Wiesen, Wald- und Wegränder, Gebüsch; bis 1600 m ü. d. M.

Ursprung und Verbreitung: Das im eurasischen Raum heimische Wiesenlabkraut ist in Europa häufig anzutreffen.

Ähnliche Arten: *Galium mollugo* ist nach Ansicht mancher Autoren eine Sammelbezeichnung, zu der auch *Galium album* Miller zählt, eine Spezies, die eine sehr ähnliche Morphologie wie das Wiesenlabkraut aufweist.

Weitere Namen	Weißes Waldstroh, Grasstern
Wuchsform	krautig, aufsteigend
Höhe	30 bis 90 cm
Blüten	weiß oder elfenbeinfarben, in Rispen
Blütezeit	Mai bis August
Habitat	Wiesen, Wald- und Wegränder, Gebüsche
Wiesen	

Klettenlabkraut   Galium aparine

Morphologie: Diese krautige, ausdauernde, 60 bis 130 cm hohe Pflanze entwickelt kantige, behaarte, an den Knoten verdickte Stängel, die mit Hilfe von hakigen Klimmhaaren klettern. Die zu 6 bis 9 in Quirlen vereinten Blätter sind linealisch geformt, 3 bis 5 cm lang und enden stumpf. Sie sind auf der Oberseite borstig, auf der Unterseite kahl und am Rand sowie entlang der Hauptader mit hakigen Klimmhaaren

versehen. Die kurzgestielten Blüten stehen in den Blattachseln. Die meist weiß oder grünlich weiß gefärbte Krone hat einen 1,5 bis 1,7 mm breiten Kronsaum, der in 4 Zipfel unterteilt ist. Die Frucht besteht aus 2 kleinen, hakig borstigen Teilfrüchtchen.

Habitat: Äcker, Brachen, Schuttplätze, Wälder, Straßenränder; bis 1700 m ü. d. M.

Ursprung und Verbreitung: Das aus dem eurasischen Raum stammende Klettenlabkraut ist in ganz Europa verbreitet.

Ähnliche Arten: *Galium spurium* L. (Kleinfrüchtiges Klettenlabkraut), das auf den gleichen Standorten wie das Klettenlabkraut gedeiht, unterscheidet sich von diesem durch die nicht verdickten Stängel, die kleineren Blüten und Früchte.

Weitere Namen	Zaunkraut
Wuchsform	krautig, kletternd
Höhe	60 bis 130 cm
Blüten	weiß, achselständig
Blütezeit	Juni bis September
Habitat	Äcker, Brachen, Schuttplätze, Waldränder
Unkrautfluren, Wegränder	

Thymianseide Cuscuta epithymum

Weitere Namen
Quendelseide

Wuchsform
krautig,
windend

Höhe
10 bis 60 cm

Blüten
weiß bis rötlich,
in Knäueln

Blütezeit
Juli und August

Habitat
Unkrautfluren

**Äcker und
Felder**

Morphologie: Diese krautige, einjährige, 10 bis 60 cm hohe Vollschmarotzerpflanze entwickelt fadenartig dünne, rötliche, sich windende Stängel, mit denen sie die Wirtspflanze umschlingt und ihr mit speziellen Saugwurzeln (Haustorien) Nährstoffe entzieht. Die Blätter sind zu kleinen Schüppchen reduziert. Die etwa 3 bis 4 mm breiten Blüten sitzen in dichten, köpfchenförmigen Knäueln. Der glockenförmige Kelch mit ovalen Zähnchen umgibt teilweise die Kronröhre. Die meist weißrosa gefärbte Krone besteht aus einer kurzen Röhre und 5 spitzen Kronzipfeln. Die Frucht ist eine kugelige Kapsel.

Habitat: Unkrautfluren (auf Thymian, Ginster und Heidekraut schmarotzend); bis 1500 m ü. d. M.

Ursprung und Verbreitung: Die aus Eurasien stammende Thymianseide ist in Europa verbreitet anzutreffen.

Die Thymianseide ist, wie übrigens alle Arten der Gattung Cuscutaceae *(Seidengewächse) eine Vollschmarotzerpflanze (rechts). Oben: Die eher unauffälligen Blüten der Pflanze.*

Zaunwinde Calystegia sepium

Morphologie: Diese krautige, ausdauernde, rhizombildende Pflanze entwickelt
sehr dünne, kahle, 1 bis 3 m lange, rechtswindende Stängel. Die an 1 bis 3 cm langen
Stielen stehenden Blätter weisen eine pfeil- bzw. herzförmige, etwa 6 bis 9 cm
lange Spreite auf und sind wechselständig. Die langgestielten Blüten stehen einzeln in den Blattachseln. Der etwa 1 cm lange Kelch weist oval lanzettliche, vorne
spitze Zipfel auf, die teilweise von zwei 1,5 bis 1,8 cm langen, herzförmig ovalen
Hochblättern eingeschlossen sind. Die 5 bis 7 cm lange und ca. 4 cm breite, trichterförmige Krone ist weiß, seltener rosa gefärbt. Die Frucht ist eine kugelige Kapsel.

Habitat: Feuchte Gebüsche, Gartenzäune, Auwälder, Ufer; bis 1400 m ü. d. M.

Ursprung und Verbreitung: Die aus
dem eurasischen Raum stammende
Zaunwinde ist heute in Europa sehr
häufig anzutreffen.

Synonym: *Convolvulus sepium* L.

Ähnliche Arten: *Calystegia sylvatica*
(Kit.) Griseb. unterscheidet sich von
der oben beschriebenen Art durch
die den Kelch vollständig umhüllenden, 2 bis 3,5 cm langen Hochblätter.
Diese Spezies ist aber eher im Mittelmeerraum beheimatet.

Weitere Namen
Uferzaunwinde

Wuchsform
krautig,
windend

Höhe
1 bis 3 m

Blüten
weiß, einzeln

Blütezeit
Juni bis
September

Habitat
feuchte
Gebüsche,
Auwälder,
Ufer, Zäune

feuchte
Standorte

Ackerwinde Convolvulus arvensis

Morphologie: Diese krautige,
ausdauernde, rhizombildende
Pflanze entwickelt kahle, links-
windende Stängel von 20 bis
80 cm Länge. Die unteren, von
2 bis 3 cm langen Stielen getragenen Blätter zeigen eine herz-
bis pfeilförmige und etwa 3 bis
5 cm lange Spreite, während die
Spreite der oberen Blätter zur
Spitze hin eher lanzettlich geformt bzw. fast linealisch sind.
Die langgestielten Blüten stehen
einzeln in den Achseln der
medianen Blätter. Der glocken-

förmige, etwa 4 bis 5 mm lange Kelch weist ovale, vorne abgerundete Kelchzipfel
auf. Die weit trichterförmige Krone ist 1,5 bis 2 cm lang, etwa 2,5 cm breit und weiß
oder rosa gefärbt. Die Frucht ist eine kugelige Kapsel.

Habitat: Äcker, Straßen- und Wegränder, Gärten, Brachen, Schuttplätze; bis 1500 m
ü. d. M.

Ursprung und Verbreitung: Die Ackerwinde stammt aus dem eurasischen Raum und
ist in ganz Europa verbreitet. Sie zählt zu den gefürchteten Unkräutern, die sich nur
schwer von einem Standort vertreiben lassen.

Wuchsform
krautig,
windend

Höhe
20 bis 80 cm

Blüten
rosa-weiß,
einzeln

Blütezeit
Juni bis
Oktober

Habitat
Äcker, Wege,
Gärten, Schutt-
plätze, Brachen

Unkrautfluren,
Wegränder

Blauer Natternkopf · Echium vulgare

Weitere Namen
Gewöhnlicher
Natternkopf

Wuchsform
krautig,
aufrecht

Höhe
30 bis 80 cm

Blüten
azurblau,
in Trauben

Blütezeit
Juni bis
September

Habitat
trockene,
sonnige
Schuttplätze,
Wege

**Unkrautfluren,
Wegränder**

Morphologie: Diese zweijährige, seltener auch einjährige, 30 bis 80 cm hohe Pflanze entwickelt aufrechte oder aufsteigende Stängel, die einfach oder verzweigt sein können. Die gesamte Pflanze ist dicht mit borstigen, abstehenden Haaren und längeren, abstehenden Seidenhaaren besetzt. Die unteren, gestielten, 6 bis 10 cm langen Blätter sind linealisch spatelig geformt und stehen in einer dichten, dem Boden anliegenden, grundständigen Rosette, die Stängelblätter sind ähnlich geformt, werden jedoch zur Spitze hin allmählich kleiner. Die azurblauen, seltener weiß gefärbten Blüten sitzen traubig in den Blattachseln der oberen Stängelhälfte. Der unregelmäßige Kelch ist in 5 Zipfel unterteilt. Die ebenfalls unregelmäßige Krone kann bis zu doppelt so lang wie der Kelch werden. Die Staubgefäße ragen fast immer über den Kronensaum hinaus.

Habitat: Steinige, sonnige Standorte wie Schuttplätze, Kiesgruben, Wege und trockene Unkrautfluren; bis 1700 m ü. d. M.

Ursprung und Verbreitung: Der Blaue Natternkopf ist in Europa und Westasien häufig anzutreffen.

Gemeiner Beinwell · Symphytum officinale

Weitere Namen
Beinwurz,
Wallwurz

Wuchsform
krautig,
buschig

Höhe
30 bis 100 cm

Blüten
blauviolett
oder gelblich
weiß, in Trug-
dolden

Blütezeit
Mai bis Juli

Habitat
feuchte und
schattige
Standorte

Wälder

Morphologie: Krautige, ausdauernde, 30 bis 100 cm hohe Pflanze mit robustem Rhizom und aufrechten oder aufsteigenden, breit geflügelten Stängeln, die einfach oder verzweigt sind. Die gesamte Pflanze ist dicht mit borstigen, kurzen, zurückgebogenen Haaren bedeckt. Die unteren, gestielten Blätter haben eine schmal-lanzettliche Form, sind am Rand gekerbt und am Ende zugespitzt. Die oberen Blätter sind herablaufend, d. h., die Ränder des Blattes laufen bis zum vorhergehenden Blatt am Stängel herab und bilden so charakteristische Flügel. Die nickenden Blüten stehen endständig in einer dichten Trugdolde an der Spitze der Stängel. Der röhrige Kelch zeigt 5 lanzenförmige Zähnchen; die schmalglockige Krone ist 1 bis 2 cm lang, rotviolett, seltener gelblich weiß gefärbt. Die Früchte sind oval dreieckige, glatte und glänzende Achänen.

Habitat: Feuchte und schattige Standorte wie Feuchtwiesen, Gräben, Ufer, Auwälder; bis 1300 m ü. d. M.

Ursprung und Verbreitung: Der in Europa und dem Kaukasus heimische Gemeine Beinwell ist in fast ganz Europa häufig anzutreffen.

Ähnliche Arten: Der Knotenbeinwell *(Symphytum tuberosum* L.*)* hat ein knollig verdicktes Rhizom, immer gelb gefärbte Blüten und oval längliche, kaum herablaufende, nur einseitig oder nicht beflügelte Blätter.

Echtes Lungenkraut   Pulmonaria officinalis

Morphologie: Buschige, krautige, ausdauernde, 10 bis 30 cm hohe, rhizombildende, drüsige, haarige Pflanze mit aufsteigenden oder aufgerichteten Stängeln. Die Grundblätter stehen auf 10 bis 15 cm langen, geflügelten Stielen. Die Spreite ist oval geformt und erreicht eine Länge von 7 bis 16 cm, darüber hinaus ist sie am Grund herz-eiförmig und endet zugespitzt. Alle Blätter sind an der Oberseite drüsig behaart und weiß gefleckt. Die oberen Blätter ähneln den unteren, sind im Gegensatz zu diesen jedoch stängelumfassend. Die Blüten stehen in lockeren Dolden, welche an der Basis von Hochblättern umgeben sind. Der 9 bis 11 mm lange röhrige Kelch weist 5 Zähnchen auf; die 13 bis 20 mm lange trichterförmige Krone ist am Schlund behaart und in 5 Kronzipfel gespalten. Sie ist zuerst rosa, am Ende der Blütezeit blau gefärbt. Die Frucht ist eine leicht zusammengedrückte ovale Achäne.

Habitat: Laubwälder, Waldränder, Gebüsche, Hecken; bis 1500 m ü. d. M.

Ursprung und Verbreitung: Das Echte Lungenkraut ist in fast ganz Europa und im Kaukasus häufig anzutreffen.

Weitere Namen
Lungenwurz

Wuchsform
krautig,
buschig

Höhe
10 bis 30 cm

Blüten
zuerst rosa,
später blau,
in Dolden

Blütezeit
März bis Mai

Habitat
Laubwälder,
Waldränder,
Gebüsche

Wälder

Das Echte Lungenkraut besitzt eine kräftigende und hustenlösende Wirkung und wird in der Volksmedizin bei verschiedenen Erkrankungen der Lunge eingesetzt.

Borretsch Borago officinalis

Weitere Namen
Gurkenkraut

Wuchsform
krautig,
aufrecht

Höhe
20 bis 60 cm

Blüten
azurblau,
in Trauben

Blütezeit
Juni bis
September

Habitat
Schuttplätze,
Brachland,
Wegränder,
Gärten

**Unkrautfluren,
Wegränder**

Morphologie: Diese krautige, einjährige, 20 bis 60 cm hohe Pflanze hat einen sehr kurzen Entwicklungszyklus und bildet aufrechte oder aufsteigende, meist im oberen Teil verzweigte Stängel aus. Die gesamte Pflanze ist mit langen, abstehenden, leicht stacheligen Borstenhaaren bedeckt. Die unteren, gestielten Blätter haben eine eiförmig elliptische Spreite, sind 8 bis 15 cm lang und randlich leicht gewellt, während die oberen Blätter lanzettlich geformt sind und nach oben hin allmählich kleiner werden. Die leicht nickenden Blüten stehen traubig an der Spitze der Stängel. Der Kelch ist in 5 linealische Zipfel unterteilt; die intensiv azurblaue Krone, die 2 bis 3 cm breit wird, besteht aus einer sehr kurzen Kronröhre, die sich in 5 abstehende, am Ende zugespitzte Kronlappen verbreitert. Der Kronensaum hat einen Durchmesser von ca. 2 cm. Die Frucht ist eine länglich dreieckige Achäne.

Habitat: Schuttplätze, Brachland, Wegränder, Gärten; bis 1000 m ü. d. M.

Ursprung und Verbreitung: Der aus dem Mittelmeerraum stammende Borretsch ist vor allem in den gemäßigten Klimazonen anzutreffen und wird häufig als Gewürzpflanze angepflanzt.

Echte Hundszunge Cynoglossum officinale

Weitere Namen
Gemeine
Hundszunge

Wuchsform
krautig,
aufrecht

Höhe
20 bis 80 cm

Blüten
violett bis
braunrot,
in Trauben

Blütezeit
Juni bis August

Habitat
Wälder,
Hecken,
Straßenränder

Wälder

Morphologie: Zweijährige, 20 bis 80 cm hohe Pflanze mit aufrechten oder aufsteigenden Stängeln, die meist im oberen Teil verzweigt sind. Die Pflanze ist samtig bis graufilzig behaart und verströmt im Wurzelbereich einen unangenehmen Geruch. Die unteren, langgestielten Blätter haben eine elliptisch bis lanzettlich geformte, vorne zugespitzte und etwa 9 bis 12 cm lange Spreite. Die oberen, stiellosen Blätter haben eine linealisch lanzettliche Form und sind stängelumfassend bzw. etwas herablaufend. Die violett bis rotbraun gefärbten Blüten stehen in einer langen endständigen Traube. Der Kelch hat 5 ovale Zähne; die trichterförmige Krone besteht aus einer kurzen Röhre, die in ausgebreitete, abgerundete Kronzipfel übergeht. Die Frucht besteht aus 4 flachen oder konvexen Achänen, die mit hakigen Stacheln besetzt sind.

Habitat: Hecken, Straßenränder; bis 1300 m ü. d. M.

Ursprung und Verbreitung: Sie ist in ganz Europa sowie in Westasien anzutreffen.

Ähnliche Arten: Die Waldhundszunge (*Cynoglossum germanicum* Jacq.), die in Kahlschlägen und krautreichen Mischwäldern gedeiht, ist eher selten. Sie hat an der Oberseite kahle, glänzende Blätter.

Gewöhnliche Ochsenzunge   Anchusa officinalis

Morphologie: Diese krautige, zwei- oder mehrjährige, 30 bis 80 cm hohe Pflanze entwickelt aufrechte oder aufsteigende, geflügelte Stängel, die oben locker verzweigt sind. Die gesamte Pflanze ist dicht mit weichen Haaren bedeckt. Die gestielten Grundblätter sind linealisch oder lanzettlich geformt und fallen früh ab. Die oberen, sitzenden oder halb stängelumfassenden Blätter werden 3 bis 6 cm lang, sind lanzettlich geformt und randlich gewellt-gezähnt. Die blauvioletten oder purpurnen Blüten stehen in dichten Trauben an der Spitze des Stängels. Der röhrige Kelch ist mit 5 spitz lanzenförmigen Zähnchen ausgestattet. Die 8 mm breite, röhrig glockige Kronröhre endet in 5 Kronlappen und ist von eiförmigen Schlundschuppen erschlossen. Die Früchte sind eiförmige, raue Achänen.

Habitat: Brachen, warme, sandige oder steinige Standorte wie Unkrautfluren, Dämme, Wege und Schuttplätze; bis 1500 m ü. d. M.

Ursprung und Verbreitung: Die aus Osteuropa und Kleinasien stammende Gewöhnliche Ochsenzunge ist heute in fast ganz Europa verbreitet.

Weitere Namen
Gemeine Ochsenzunge

Wuchsform
krautig, aufrecht

Höhe
30 bis 80 cm

Blüten
blauviolett, in Trauben

Blütezeit
Mai bis September

Habitat
Brachen, Schuttplätze, Äcker an warmen, trockenen Standorten

Unkrautfluren, Wegränder

Italienische Ochsenzunge   Anchusa italica

Morphologie: Diese krautige, ausdauernde, 20 bis 70 cm hohe Pflanze entwickelt aufrechte oder aufsteigende Stängel, die einfach oder verzweigt sind. Die gesamte Pflanze ist dicht mit abstehenden, steifen Haaren bedeckt. Die unteren, gestielten Blätter haben eine oval lanzettliche oder spatelig geformte und vorne zugespitzte Spreite. Die oberen, sitzenden Blätter werden 8 bis 15 cm lang und haben eine linealisch lanzettliche Form. Die hellblau bis violett gefärbten Blüten stehen in dichten Trauben am Ende der Stängel. Der röhrige Kelch weist 5 lanzettlich linealische Zipfel auf; die 9 bis 15 mm breite Krone setzt sich aus einer 0,5 bis 1 cm langen Kronröhre sowie 5 Kronzipfeln zusammen und ist mit behaarten Schlundschuppen versehen. Die Früchte sind aufrechte, längliche Achänen mit rauer, netzartiger Oberfläche.

Habitat: Brachen, Schuttplätze, Unkrautfluren, Bahndämme; bis 1200 m ü. d. M.

Ursprung und Verbreitung: Die im Mittelmeerraum beheimatete Italienische Ochsenzunge ist vor allem in Südeuropa, gelegentlich aber auch in Mitteleuropa, anzutreffen.

Wuchsform
krautig, aufrecht

Höhe
20 bis 70 cm

Blüten
hellblau bis violett, in Trauben

Blütezeit
April bis Juli

Habitat
Schuttplätze, Unkrautfluren, Bahndämme

Unkrautfluren, Wegränder

Ackervergissmeinnicht · Myosotis arvensis

Wuchsform
krautig,
aufrecht oder
aufsteigend

Höhe
10 bis 40 cm

Blüten
himmelblau,
endständig

Blütezeit
April bis
September

Habitat
Äcker, trockene
Wiesen, Wald-
schläge, Wege

Weiden

Morphologie: Diese einjährige, selten zweijährige, krautige Pflanze ist dicht mit kurzen, grauen anliegenden Härchen bedeckt und entwickelt aufrechte oder aufsteigende, reich verzweigte Stängel von 10 bis 40 cm Höhe. Die unteren, fast sitzenden Blätter werden 2 bis 6 cm lang und sind oval lanzettlich geformt, während die oberen Blätter zwar ähnlich geformt sind, jedoch stiellos am Stängel sitzen und nach oben hin allmählich kleiner werden. Die gestielten himmelblauen Blüten, mit gelbem Schlund, stehen in hochblattlosen Trauben an der Spitze der Stängel. Der röhrig glockige Kelch ist 2 bis 3 mm lang; die ca. 3 mm breite Krone besteht aus einer kurzen Kronröhre und einem leicht konkaven Kronensaum mit 5 ovalen oder abgerundeten Kelchzipfeln.

Habitat: Äcker, trockene Wiesen, Waldschläge, Wege; bis 1400 m ü. d. M.

Ursprung und Verbreitung: Das Ackervergissmeinnicht ist in ganz Europa und Westasien häufig anzutreffen.

Synonym: *Myosotis intermedia* Link.

Ähnliche Arten: *Myosotis scorpioides* L. (Sumpfvergissmeinnicht, Bild rechts) ist eine mehrjährige Spezies, die bevorzugt auf Nass- und Sumpfwiesen gedeiht. Sie unterscheidet sich vom Ackervergissmeinnicht durch den größeren Wuchs, die größere Krone (4 bis 8 mm) und den nicht konkaven, sondern ebenen Kronensaum.

Eisenkraut · Verbena officinalis

Weitere Namen
Gewöhnliches
Eisenkraut,
Echtes Eisen-
kraut

Wuchsform
krautig,
aufsteigend

Höhe
20 bis 60 cm

Blüten
blasslila bis
rötlich violett,
in Ähren

Blütezeit
Juni bis
September

Habitat
Wege, Dämme,
Mauern

Unkrautfluren,
Wegränder

Morphologie: Krautige, mehrjährige, 20 bis 60 cm hohe Pflanze mit niederliegenden oder aufsteigenden, vierkantigen Stängeln, die an der Basis verholzt und im oberen Teil reich verzweigt sind. Die unteren Blätter sind 3 bis 6 cm lang und spitz eiförmig bis lanzettlich, wobei die mittleren Blätter dreispaltig und mit einem großen Endblättchen erscheinen. Die oberen Blätter sind gegenständig, glatt-randig und werden zur Spitze hin allmählich kleiner. Die sitzenden Blüten bilden lange endständige Ähren. Der röhrige Kelch weist 4 bis 6 zugespitzte Zähnchen auf; die Krone ist doppelt so lang wie der Kelch, blasslila bis rötlich violett gefärbt und besteht aus einer kurzen, gekrümmten Kronröhre, die sich zu einem 4 bis 5 mm breiten Kronensaum mit 5 abgerundeten Lappen verbreitert. Die Frucht ist eine kleine, gestreifte Achäne.

Habitat: Brachen, Ruderalflächen, Wege, Bahndämme, Mauern; bis 1200 m ü. d. M.

Ursprung und Verbreitung: Das aus dem eurasischen Raum stammende Gewöhnliche Eisenkraut ist heute weltweit häufig anzutreffen.

Ähnliche Arten: *Verbena supina* L. tritt viel seltener auf und ist eine einjährige Art. Sie unterscheidet sich vom Gewöhnlichen Eisenkraut dadurch, dass sie kleiner ist, nur eine einzige, viel kürzere Blütenähre aufweist und dass Kelch und Krone gleich lang sind.

Kriechender Günsel   Ajuga reptans

Morphologie: Diese krautige, mehrjährige, 15 bis 30 cm hohe Pflanze entwickelt kriechende, an den Knoten wurzelnde Ausläufer sowie viereckige, aufrechte Blütenstängel, die flaumig behaart sind. Die langgestielten unteren Blätter sind 8 bis 10 cm lang und stehen in einer dichten Grundrosette. Die Blattspreite ist länglich spatelförmig und leicht gekerbt. Die gegenständigen Stängelblätter sind fast sitzend, ähnlich geformt wie die Grundblätter und werden zur Spitze hin allmählich kleiner. Die in dichten, endständigen Scheinquirlen in den Blattachseln stehenden Blüten sind mit ovalen, manchmal violett gefärbten Deckblättern versehen. Die Röhre des 4 bis 6 mm langen, filzigen Kelches ist etwa gleich lang wie die Kelchzähnchen. Die blauviolette, weißlich überlaufende Krone ist 1 bis 1,5 cm lang und besteht aus einer behaarten Röhre und einer dreilappigen Unterlippe, wobei der mittlere Lappen größer und verkehrt herzförmig ist. Die Oberlippe fehlt. Die blauen Staubgefäße ragen ganz aus dem Kronenschlund heraus. Die Frucht ist eine Achäne mit netzartig rauer Oberfläche.

Wuchsform	krautig, rasenbildend
Höhe	15 bis 30 cm
Blüten	blauviolett, in Scheinquirlen
Blütezeit	Mai bis Juli
Habitat	Wiesen, Wege, Waldränder
Wiesen	

Habitat: Wiesen, Wege, Lichtungen; bis 1500 m ü. d. M.

Ursprung und Verbreitung: Der in Europa und dem Kaukasus beheimatete Kriechende Günsel ist in fast ganz Europa häufig anzutreffen.

Ähnliche Arten: *Ajuga genevensis* L., der Heidegünsel, unterscheidet sich vom Kriechenden Günsel durch die fehlenden Ausläufer und durch eine sehr kurze Oberlippe.

Edelgamander   Teucrium chamaedrys

Morphologie: Dieser 15 bis 30 cm hohe, rhizombildende, buschige Halbstrauch entwickelt aufsteigende oder aufrechte, behaarte Stängel, die im unteren Teil verholzt sind. Die ebenfalls behaarten, kurzgestielten Blätter sind keil- bis spatelförmig, 13 bis 25 mm lang und auf der Oberseite glänzend dunkelgrün und randlich gekerbt. Die zu zweit bis sechst in Quirlen vereinten Blüten sitzen in den oberen Achseln von Hochblättern, die kleinen Laubblättern ähneln. Der manchmal rötlich getönte Kelch weist eine 4 bis 5 mm lange Kelchröhre mit unterschiedlich langen, zugespitzten, auseinander strebenden Zähnchen auf. Die zygomorphe, 1 bis 1,5 cm lange, rosafarbene Krone besteht aus einer leicht zurückgebogenen Kronröhre, aus der die fünflappige Unterlippe hervorgeht. Dabei ist der mittlere Lappen größer, verkehrt eiförmig und wellig bis gekerbt. Die Oberlippe fehlt.

Weitere Namen	Schafkraut
Wuchsform	Halbstrauch, buschig
Höhe	15 bis 30 cm
Blüten	rosa bis purpurrot, in Quirlen
Blütezeit	Juli bis September
Habitat	trockene Wiesen, Gebüsche, Waldlichtungen
Wiesen	

Habitat: Trockenrasen, Gebüsche, Waldlichtungen, steinige, sonnige Hänge; bis 1700 m ü. d. M.

Ursprung und Verbreitung: Der Edelgamander kommt vor allem in Mittel- und Südeuropa vor.

Rote Taubnessel · Lamium purpureum

Weitere Namen
Purpurrote
Taubnessel

Wuchsform
krautig,
büschelig

Höhe
10 bis 30 cm

Blüten
rosa bis
purpurrot,
in Quirlen

Blütezeit
April bis Oktober

Habitat
Äcker, Gärten,
Unkrautfluren

**Äcker und
Felder**

Morphologie: Diese krautige, einjährige, 10 bis 30 cm hohe buschige Pflanze entwickelt vierkantige, niederliegende oder aufsteigende bis aufrechte Stängel, die einfach oder verzweigt sind und manchmal an den Knoten wurzeln. Die Spreite der kreuzgegenständigen, langgestielten Blätter ist ei- bis herzförmig, 1 bis 4 cm lang und am Rand unregelmäßig gekerbt. Die in kurzen, endständigen Quirlen stehenden Blüten weisen herzförmige, violettfarbene Deckblätter auf und stehen in den oberen Blattachseln. Der 5 bis 6 mm lange, behaarte Kelch weist 5 schmale Zähnchen auf. Die rosa bis purpurfarbene Krone besteht aus einer schmalen Kronröhre, die etwa gleich lang ist wie der Kelch, sowie einer konkaven Oberlippe und aus einer dreilappigen Unterlippe, wobei deren Mittellappen größer und verkehrt herzförmig ist. Die Frucht ist eine kleine Achäne.

Habitat: Äcker, Gärten, Wiesen, Unkrautfluren; bis 1500 m ü. d. M.

Ursprung und Verbreitung: Die Rote Taubnessel ist in fast ganz Europa und Westasien häufig anzutreffen.

Ähnliche Arten: *Lamium hybridum* Vill., die Bastardtaubnessel, deren geographische Verbreitung sehr eingeschränkt ist, unterscheidet sich von der Roten Taubnessel durch die gelblich grün gefärbten Blüten und die eiförmigen Deckblätter. Die Weiße Taubnessel *(Lamium album* L.*)* wiederum hat weiße Blüten und eine helmartige Oberlippe.

Schwarznessel · Ballota nigra

Weitere Namen
Schwarzer
Gottvergess

Wuchsform
krautig,
aufrecht

Höhe
30 bis 100 cm

Blüten
rosaviolett,
in Scheinquirlen

Blütezeit
Juni bis
September

Habitat
Wege,
Schuttplätze,
Hecken, Mauern

**Unkrautfluren,
Wegränder**

Morphologie: Diese krautige, mehrjährige, 30 bis 100 cm hohe Pflanze verströmt einen typischen, unangenehmen Geruch und entwickelt aufrechte oder aufsteigende, vierkantige Stängel, die leicht behaart und am Grund verholzt sind. Die kreuzgegenständigen, gestielten Blätter sind 2 bis 5 cm lang, weichhaarig, an der Basis herzeiförmig und am Rand unregelmäßig gesägt bis gekerbt. Der Blütenstand setzt sich aus 15 bis 30 Blüten zusammen, die in Scheinquirlen in den Achseln der oberen und mittleren Blätter sitzen. Der drüsenhaarige, trichterförmige Kelch wird ca. 1 cm lang und ist je nach Varietät mit 5 unterschiedlich geformten Zähnchen ausgestattet. Die rosaviolette zweilippige Krone besteht aus einer helmartigen Oberlippe und einer dreilappigen, weiß gesprenkelten Unterlippe. Die Früchte sind kleine, glatte Achänen.

Habitat: Brachen, Wege, Schuttplätze, Hecken, Mauern, bevorzugt stickstoffreiche Böden; bis 1300 m ü. d. M.

Ursprung und Verbreitung: Die Schwarznessel ist eine in Europa und Westasien häufig anzutreffende Spezies.

Heilziest   Stachys officinalis

Morphologie: Krautige, mehrjährige, 20 bis 70 cm hohe Pflanze mit aufrechten oder aufsteigenden Stängeln, die einfach oder verzweigt sind, im oberen Teil leicht behaart und an der Basis verholzt. Die kreuzgegenständigen, langgestielten unteren Blätter sind 6 bis 7 cm lang, auf der Oberseite rau behaart und dunkelgrün gefärbt. Die Blattspreite ist lanzettlich eiförmig, wobei deren Rand unregelmäßig gezähntgekerbt ist. Die oberen Blätter sind ähnlich geformt, aber sitzend und werden nach oben hin allmählich kleiner und zarter. Die Blüten, die in einer quirlartigen, endständigen Scheinähre vereint sind, weisen ovale Deckblätter und lanzettlich linealische Vorblättchen auf. Der 4 bis 5 mm lange Kelch hat eine röhrig glockige Form und ist mit 5 borstigen Zähnchen ausgestattet; die rotviolette, 10 bis 12 mm lange Krone besteht aus einer Kronröhre ohne Haarring und einer geraden, zweizähnigen Oberlippe. Die Staubgefäße sind viel kürzer als die Kronlippe.

Habitat: Magerwiesen, Weiden, lichte Wälder, Rodungen, krautreiches Gelände; bis 1800 m ü. d. M.

Ursprung und Verbreitung: Der Heilziest ist in Europa und dem Kaukasus heimisch und dort fast überall häufig anzutreffen.

Synonyme: *Betonica officinalis* L.; *Stachys betonica* Bentham.

Weitere Namen
Gemeine Betonie, Heilbatunge

Wuchsform
krautig, aufrecht

Höhe
20 bis 70 cm

Blüten
rosa bis violett, in Ähren

Blütezeit
Juni bis August

Habitat
Magerwiesen, lichte Wälder, krautreiches Gelände

Wiesen

Der Heilziest enthält Gerbstoffe und wird seit dem Altertum als Arzneipflanze verwendet.

Waldziest   Stachys sylvatica

Wuchsform
krautig,
aufrecht

Höhe
30 bis 100 cm

Blüten
purpurrot,
in Ähren

Blütezeit
Juni bis
September

Habitat
Laubwälder,
Lichtungen,
Waldränder

Wälder

Morphologie: Diese krautige, mehrjährige, rhizombildende, 30 bis 100 cm hohe Pflanze verströmt einen eher unangenehmen Geruch und entwickelt aufrechte oder aufsteigende, leicht behaarte und im oberen Teil verzweigte Stängel. Die gegenständigen, langgestielten unteren Blätter sind 7 bis 10 cm lang und auf der Oberseite flaumig behaart. Die Blattspreite ist oval herzförmig und am Rand grob und spitz gezähnt. Die Stängelblätter sind ähnlich geformt, fast sitzend und werden zur Spitze hin nach und nach kleiner, wobei sie allmählich eine lanzettliche Form annehmen. Die in einer quirlartigen, endständigen Ähre stehenden purpurroten Blüten weisen schmal lanzettliche oder lineealische Deckblätter und Vorblätter auf. Der röhrige Kelch ist mit lanzettlichen Zähnchen ausgestattet. Die purpurrote, manchmal weiß gesprenkelte Krone wird 14 bis 16 mm lang und ist mit drüsigen Haaren besetzt. Ihre Unterlippe ist fast doppelt so lang wie die Oberlippe.

Habitat: Laub- und Mischwälder, schattige Lichtungen und Waldränder; bis auf 1700 m ü. d. M.

Ursprung und Verbreitung: Der Waldziest ist in Mittel- und Nordeuropa recht häufig anzutreffen, im Süden hingegen kommt er jedoch nur noch im Gebirge vor.

Gewöhnliche Brunelle   Prunella vulgaris

Weitere Namen
Kleine Brunelle,
Kleine Braunelle

Wuchsform
krautig,
aufsteigend

Höhe
10 bis 25 cm

Blüten
violett,
in Ähren

Blütezeit
Juni bis
September

Habitat
Wiesen,
Rodungen,
Weiden

Wiesen

Morphologie: Diese mehrjährige, 10 bis 25 cm hohe Pflanze mit kriechend wachsendem Rhizom entwickelt aufsteigende, einfache oder verzweigte Stängel. Die gestielten, gegenständigen Blätter sind 3 bis 6 cm lang, die Spreite ist lanzettlich geformt, der Blattrand unregelmäßig gekerbt. Die violetten oder purpurfarbenen Blüten stehen endständig in einem dichten, ährenartigen Blütenstand, der 4 bis 5 cm lang wird. An der Basis sind sie von zwei normalen Stängelblättern und von herzförmigen Deckblättern umgeben. Der Kelch ist langzähnig und rau-flaumig behaart; die Oberlippe der 12 bis 15 mm langen Krone ist helmartig geformt und mit 3 kurzen Zähnchen ausgestattet, während die Unterlippe aus 3 Lappen besteht. Die Früchte sind gerippte, glatte Achänen.

Habitat: Wiesen, Rodungen, Weiden; bis 2000 m ü. d. M.

Ursprung und Verbreitung: Die Gewöhnliche Brunelle ist in ganz Europa und in vielen Teilen der Welt häufig anzutreffen.

Ähnliche Arten: Die Große Brunelle, *Prunella grandiflora* (L.) Scholl, auch unter dem Namen Großblütige Braunelle bekannt, ist hauptsächlich im mitteleuropäischen Raum verbreitet.

Ysop Hyssopus officinalis

Morphologie: Dieser ausdauernde, 30 bis 50 cm hohe, buschige Halbstrauch verströmt einen äußerst intensiven aromatischen Geruch und entwickelt aufrechte oder aufsteigende, leicht behaarte Stängel, die an der Basis verholzt und nach oben verzweigt sind. Die kurzgestielten, gegenständigen, 2 bis 3 cm langen Blätter sind fast kahl, die Spreite ist linealisch lanzettlich geformt, ganzrandig und am Rand nach unten umgerollt. Der Blütenstand ist eine achselständige, quirlartige Ähre aus 4 bis 6 Blüten. Der 5 bis 6 mm lange röhrige Kelch ist behaart und weist 5 lanzenförmige Zähnchen auf. Die 7 bis 9 mm lange Krone ist blauviolett, purpurrot, oder seltener auch rosaweiß gefärbt und besteht aus einer zweilappigen, ausgerandeten Oberlippe und einer dreilappigen, deutlich längeren Unterlippe. Die Staubblätter ragen weit heraus.

Habitat: Steinige, trockene Orte, Wiesen, warme, trockene Kalkböden; von 200 bis 1300 m ü. d. M.

Ursprung und Verbreitung: Der Ysop ist vor allem in Südeuropa und Westasien zu finden, wenn auch eher selten.

Weitere Namen
Echter Ysop

Wuchsform
halbstrauchartig, buschig

Höhe
30 bis 50 cm

Blüten
blauviolett, in quirlartigen Ähren

Blütezeit
Juli bis September

Habitat
steinige Wiesen, trockene, felsige Standorte

trockene Standorte

Der Ysop ist schon seit dem Mittelalter in Europa als Heilpflanze bekannt. In der Volksmedizin gilt er noch immer als beliebte Arzneipflanze, die bei Erkrankungen der Atemwege eingesetzt wird.

Wilder Majoran　Origanum vulgare

Weitere Namen
Gewöhnlicher
Dost, Wilder
Dost, Oregano,
Dorant

Wuchsform
krautig,
aufrecht

Höhe
30 bis 60 cm

Blüten
rosa bis
purpurrot,
in Rispen

Blütezeit
Juli bis Oktober

Habitat
Trockenwiesen
und trockene
Waldränder,
Böschungen,
Hecken

**trockene
Standorte**

Morphologie: Diese krautige, mehrjährige, 30 bis 60 cm hohe Pflanze verströmt einen typischen, stark aromatischen Duft. Aus dem Wurzelapparat entwickeln sich aufrechte oder aufsteigende, behaarte, häufig rot überlaufene Stängel, die reich verzweigt sind. Die Spreite der kreuzgegenständigen, kurzgestielten Blätter ist 2,5 bis 4 cm lang, oval lanzettlich geformt, randlich fein gezähnt und auf der Blattunterseite drüsig behaart. Die in kugeligen, dichten Rispen stehenden Blüten werden von violetten Deckblättern umhüllt und stehen an der Spitze des Stängels. Der 2 bis 3 mm lange, röhrig glockenförmige Kelch weist oval lanzettliche Zähnchen und einen behaarten Schlund auf. Die Oberlippe der 5 bis 6 mm langen, rosa bis purpurrot gefärbten Krone ist ausgerandet, die Unterlippe ist dreilappig.

Habitat: Trockenwiesen und trockene Waldränder, Böschungen, Hecken; bis 1300 m ü. d. M.

Ursprung und Verbreitung: Der Wilde Majoran ist in Europa und Westasien beheimatet und kommt beinahe in ganz Europa häufig vor.

Ähnliche Arten: *Origanum heracleoticum* L. ist vor allem im Mittelmeeraum anzutreffen und unterscheidet sich vom Wilden Majoran durch die drüsigen, meist grünen Deckblätter und den noch stärkeren aromatischen Duft. Die Blätter und Blüten dieser Spezies sind in getrockneter Form als weithin beliebtes Gewürz im Handel erhältlich.

Der Wilde Majoran ist nicht nur ein beliebtes Küchengewürz, die Pflanze wird auch in der Volksmedizin, vor allem bei Husten, Durchfall und Entzündungen, eingesetzt.

Gewöhnlicher Thymian Thymus vulgaris

Morphologie: Dieser buschige, 10 bis 40 cm hohe Halbstrauch verströmt ein sehr charakteristisches, würziges Aroma. Er entwickelt aufrechte oder bogig aufsteigende, behaarte, am Grund verholzte Stängel, die reich verzweigt sind. Die gegenständigen, sitzenden Blätter sind 7 bis 9 mm lang, auf der Unterseite drüsig behaart und weisen eine linealisch oder schmal lanzettlich geformte Spreite auf, deren Rand nach unten eingerollt ist. Der Blütenstand ist eine kugelige Dolde, die in den Achseln von lanzettlichen Tragblättern sitzt. Der 3 bis 4 mm lange, behaarte Kelch ist an der Basis leicht kropfig und weist eine Oberlippe mit 3 kurzen sowie eine Unterlippe mit 2 kurzen, schmalen Zähnchen auf. Die 5 bis 6 mm lange Krone kann weißlich, lila oder hellrosa gefärbt sein. Die Staubgefäße ragen aus der Krone hervor.

Habitat: Trockenrasen, Zwergstrauchheiden; wärmeliebend; bevorzugt kalkhaltige Böden; bis 900 m ü. d. M.

Ursprung und Verbreitung: Der Gewöhnliche Thymian kommt wild wachsend vor allem im westlichen Mittelmeerraum vor. Er wird aber auch gerne im Garten angepflanzt.

Ähnliche Arten: *Thymus striatus* Vahl unterscheidet sich vom Gewöhnlichen Thymian durch niederliegende, kriechende Stängel und größere, randlich nicht umgerollte Blätter.

Weitere Namen
Gartenthymian, Römischer Quendel, Kudelkraut

Wuchsform
Halbstrauch, buschig

Höhe
10 bis 40 cm

Blüten
weiß bis hellrosa, in Dolden

Blütezeit
Mai bis Juli

Habitat
Trockenrasen, Zwergstrauchheiden

trockene Standorte

Uferwolfstrapp Lycopus europaeus

Morphologie: Krautige, mehrjährige, 20 bis 80 cm hohe Pflanze mit langen, rhizomatösen Wurzeln und Ausläufern. Die aufrechten oder aufsteigenden Stängel sind borstig und reich verzweigt. Die kreuzgegenständigen unteren Blätter sind kurzgestielt, 5 bis 10 cm lang und weisen eine oval lanzettlich geformte sowie tief gelappte und gezähnte Spreite auf, während die oberen Blätter kleiner und nur grob gezähnt sind. Die sitzenden Blüten sind zu dichten Knäueln quirlartig in den Achseln der oberen Blätter vereint und sind von kleinen Deckblättern umgeben. Der 1,5 bis 3 mm lange Kelch ist glockenförmig und zeigt eiförmig lanzettliche Zähne. Die 2,5 bis 3 mm lange weiße oder rosafarbene Krone ist glocken- bis trichterförmig und weist 4 rundliche Lappen auf.

Habitat: Feuchte Orte, wie Gräben, Ufer, Auengebüsch; bis 1000 m ü. d. M.

Ursprung und Verbreitung: Der aus den gemäßigten Klimazonen Europas und Asiens stammende Uferwolfstrapp ist nicht nur in Europa, sondern fast weltweit ziemlich häufig anzutreffen.

Ähnliche Arten: *Lycopus exaltatus* L. f. ist eine viel seltener vorkommende Spezies, die sich vom Uferwolfstrapp durch den größeren Wuchs (80 bis 150 cm) und die durchgehend fiederteiligen Blätter unterscheidet.

Weitere Namen
Wolfsfuß

Wuchsform
krautig, aufrecht

Höhe
20 bis 80 cm

Blüten
weiß oder rosa, in Scheinquirlen

Blütezeit
Juli und August

Habitat
Gräben, Ufer, Auengebüsch

feuchte Standorte

Wasserminze Mentha aquatica

Weitere Namen
Bachminze

Wuchsform
krautig, buschig

Höhe
20 bis 80 cm

Blüten
rosa oder lila,
in Scheinquirlen

Blütezeit
Juli bis
September

Habitat
nasse Wiesen
und Äcker,
Ufer, Gräben

**feuchte
Standorte**

Morphologie: Krautige, mehrjährige, kräftige, 20 bis 80 cm hohe Pflanze, die einen intensiven aromatischen Duft verströmt. Die aufrechten oder aufsteigenden Stängel entwickeln Ausläufer und sind leicht behaart sowie im oberen Teil verzweigt. Die gegenständigen, gestielten Blätter erreichen eine Länge von 2 bis 6 cm und weisen eine oval lanzettlich oder elliptisch geformte Spreite auf, deren Rand gezähnt oder gesägt ist. Die rosa bis lila gefärbten Blüten bilden achsel- und endständige Blütenstände in Form von kugeligen Scheinquirlen. Der 3 bis 4 mm lange Kelch ist röhrig und weist 5 lanzettliche Zähnchen auf. Die 4 bis 6 mm lange Krone ist trichterförmig und in 4 oval rundliche Lappen geteilt.

Habitat: Nasse Wiesen und Äcker, Ufer und Gräben; bis 1200 m ü. d. M.

Ursprung und Verbreitung: Die aus dem eurasischen Raum stammende Wasserminze ist nicht nur in Europa, sondern fast weltweit häufig anzutreffen.

Hybriden: Aus der Kreuzung zwischen *Mentha aquatica* L. und *M. spicata* L. (Ährenminze) entstand die sogenannte Pfefferminze *(Mentha x piperita)*, die einen ährenartigen Blütenstand aufweist und welche in verschiedenen Formen, die allesamt reich an ätherischen Ölen sind, im Garten angepflanzt wird.

Rossminze Mentha longifolia

Weitere Namen
Langblättrige
Minze

Wuchsform
krautig, buschig

Höhe
20 bis 80 cm

Blüten
rosa bis rötlich
violett, ährig,
in Scheinquirlen

Blütezeit
Juli bis
September

Habitat
nasse Wiesen
und Weiden,
Ufer

**feuchte
Standorte**

Morphologie: Diese krautige, buschige, mehrjährige, graugrüne, 20 bis 80 cm hohe Pflanze verströmt einen leicht unangenehmen Geruch und entwickelt aufrechte oder aufsteigende und Ausläufer bildende Stängel, die weißfilzig behaart und oben verzweigt sind. Die gegenständigen, sitzenden, 5 bis 9 cm langen Blätter zeigen eine lanzettlich geformte Spreite, die vorne zugespitzt und am Rand gesägt ist. Die rosa bis rötlich violett gefärbten Blüten stehen in Scheinquirlen in einer langen, endständigen Ähre. Der 1 bis 2 mm lange Kelch ist kegelförmig, behaart und weist 5 dreieckige Zähnchen auf. Die trichterförmige Krone besitzt 4 oval längliche Lappen.

Habitat: Gräben, nasse Wiesen und Weiden, Ufer; bis 2000 m ü. d. M.

Ursprung und Verbreitung: Die Rossminze stammt aus dem eurasischen Raum und ist von Mittel- und Südeuropa bis nach Großbritannien ziemlich häufig anzutreffen.

Synonym: *Mentha sylvestris* L.

Ähnliche Arten: Nach Meinung einiger Autoren zählt diese sehr variable Art zur Gruppe der *Mentha spicata* L. (Ährenminze), die zahlreiche Arten, Unterarten und Hybriden umfasst, welche sehr ähnliche Merkmale aufweisen und daher nur schwer zu klassifizieren sind.

Wiesensalbei   Salvia pratensis

Wuchsform
krautig,
aufrecht

Höhe
30 bis 60 cm

Blüten
blauviolett bis
dunkelblau,
in Scheinquirlen

Blütezeit
Juni bis
September

Habitat
Trockenrasen,
Wegränder,
sonnige Wiesen

Wiesen

*Mehrere Arten
des Salbeis
finden auch als
beliebte Zier-
pflanzen in
Sommerbeeten
Verwendung.*

Morphologie: Diese krautige, ausdauernde, 30 bis 60 cm hohe Pflanze entwickelt
aufrechte oder aufsteigende, behaarte Stängel, die im oberen Teil verzweigt sind.
Die Grundblätter stehen an 3 bis 4 cm langen Stielen und sind breit oval bis lanzettlich geformt. Die Spreite ist 8 bis 13 cm lang und am Rand unregelmäßig gekerbt.
Die Stängelblätter sind kleiner, sitzend und am Grund abgerundet oder halb
stängelumfassend. Der einfache oder verzweigte Blütenstand setzt sich aus
jeweils 4 bis 8 in engen Scheinquirlen stehenden Blüten zusammen, die von grünlichen Deckblättern umhüllt sind. Der 7 bis 10 mm lange Kelch ist filzig und zweilippig. Die 2 bis 3 cm lange blauviolette Krone ist ebenfalls zweilippig, wobei die
Oberlippe hoch aufgewölbt ist.

Habitat: Trockenrasen, trockene Wegränder, sonnige Wiesen; bis 1600 m ü. d. M.

Ursprung und Verbreitung: Der Wiesensalbei ist hauptsächlich in Mittel- und Südeuropa anzutreffen, gedeiht aber auch in Nordeuropa.

Klebriger Salbei Salvia glutinosa

Weitere Namen
Gelber Salbei

Wuchsform
aufrecht,
krautig

Höhe
40 bis 60 cm

Blüten
gelb,
in Scheinquirlen

Blütezeit
Juni bis August

Habitat
Laubwälder

Wälder

Morphologie: Ausdauernde, intensiv aromatisch duftende, 40 bis 60 cm hohe Pflanze mit robustem, verholztem Rhizom und einfachen, aufrechten oder aufsteigenden, im unteren Teil beharten und im oberen Teil drüsig beharten, klebrigen Stängeln. Die rundblätter stehen an 6 bis 8 cm langen Stielen und sind beidseitig drüsig behaart. Die Blattspreite ist 10 bis 13 cm lang und am Grund spieß- oder herzförmig mit gesägtem Rand. Die Blüten stehen in Scheinquirlen zu 2 bis 4 mit ovalen, abwärts gebogenen Deckblättern. Der Kelch ist 12 bis 16 mm lang und dicht drüsig behaart, die zweilippige Krone besteht aus einer weißlich gelben, 1,5 bis 2 cm langen Kronröhre und 2 gelben Lippenblättern, die mit bräunlichen Punkten und Streifen versehen sind und etwa gleich lang sind wie die Kronröhren.

Habitat: Laubwälder, schattige Standorte; von 100 bis 1700 m ü. d. M.

Ursprung und Verbreitung: Im Großteil der Bergregionen Eurasiens vertreten, in den Alpen verbreitet, häufig.

Schwarzes Bilsenkraut Hyoscyamus niger

Wuchsform
krautig, buschig

Höhe
30 bis 60 cm

Blüten
schmutzig gelb,
in Ähren

Blütezeit
Juni bis Oktober

Habitat
Wege,
Schuttplätze,
Mauern

**Unkrautfluren,
Wegränder**

Morphologie: Diese krautige, buschige, ein-, zwei- oder mehrjährige, stämmige, 30 bis 60 cm hohe, dicht behaarte Pflanze verströmt einen unangenehmen Geruch und ist giftig. Sie entwickelt aufrechte oder aufsteigende, knollig drüsig behaarte, klebrige Stängel. Die wechselständigen, 6 bis 8 cm langen Blätter sind oval lanzettlich geformt und am Rand tief gelappt oder gezähnt. Die unteren Blätter stehen an 2 bis 6 cm langen Stielen, die oberen Blätter sind sitzend und fast stängelumfassend. Die sitzenden oder kurzgestielten Blüten sind zu dichten, belaubten Blütenständen vereint, die sich in Form von Ähren an den Spitzen der Stängel erheben. Der krugförmige, dicht mit Drüsenhaaren besetzte Kelch weist 5 oval lanzettliche Kelchzipfel auf. Die 1,5 bis 2,5 cm lange, trichterförmige Krone endet in 5 abgerundeten Kronlappen und ist schmutzig gelb gefärbt mit violetter netzartiger Aderung. Die Frucht ist eine krugförmige Kapsel.

Habitat: Wege, Schuttplätze, Mauern; bis 1200 m ü. d. M.

Ursprung und Verbreitung: Das Schwarze Bilsenkraut ist in Europa und Zentralasien beheimatet, heute jedoch in Europa nur noch selten anzutreffen.

Ähnliche Arten: *Hyoscyamus albus* L., das Helle Bilsenkraut, gedeiht an den gleichen Standorten und unterscheidet sich durch seine durchgehend gestielten Blätter, die hellgelbe Krone mit violettem Schlund sowie seinen intensiven Geruch.

Tollkirsche   Atropa belladonna

Morphologie: Krautige, ausdauernde, buschige, 50 bis 150 cm hohe, sehr giftige Pflanze mit kräftigen, kahlen, klebrigen Stängeln, die reich verzweigt sind. Die wechselständigen, gestielten Blätter sind 10 bis 15 cm lang und weisen eine oval lanzettlich geformte und vorne zugespitzte Spreite auf, deren Rand glatt ist. Die leicht nickenden Blüten stehen an 1 bis 2 cm langen Stielen in den oberen Blattachseln. Der etwa 1 cm lange Kelch ist glockenförmig und weist 5 oval lanzettliche Kelchlappen auf. Die 1,5 bis 2,5 cm lange, braunrot bis braunviolett getönte Krone ist röhrig glockig geformt und zeigt 5 abgerundete Kronlappen. Die Innenseite der Blüte ist gelb überlaufen. Die Frucht ist eine kugelige große Beere von 1,5 bis 2 cm Durchmesser, die zur Reifezeit glänzend schwarz wird.

Habitat: Waldlichtungen, Kahlschläge, Waldränder; bis 1400 m ü. d. M.

Ursprung und Verbreitung: Die Tollkirsche ist in Mittel- und Südeuropa häufig anzutreffen.

Weitere Namen
Schwarze Tollkirsche

Wuchsform
krautig, buschig

Höhe
50 bis 150 cm

Blüten
braunrot bis braunviolett, einzeln

Blütezeit
Juni bis September

Habitat
Waldlichtungen, Kahlschläge, Waldränder

Wälder

Die Tollkirsche enthält Hyoscyamin sowie in geringeren Mengen Atropin, beides sehr giftige Alkaloide.

Lampionblume Physalis alkekengi

Weitere Namen
Wilde
Blasenkirsche

Wuchsform
krautig,
aufsteigend

Höhe
25 bis 60 cm

Blüten
grünlich weiß,
einzeln

Blütezeit
Juni bis
September

Habitat
feuchte,
schattige
Wälder, Hecken

Wälder

Morphologie: Diese krautige, ausdauernde, kahle oder schwach behaarte, 25 bis 60 cm hohe Pflanze entwickelt robuste kriechende Wurzeln und niederliegende oder aufsteigende, kantige Stängel, die einfach oder verzweigt sind. Die langge-stielten, 5 bis 10 cm langen Blätter sind oval lanzettlich geformt, am Ende zuge-spitzt und am Rand glatt oder aber grob gezähnt. Die langgestielten Blüten stehen einzeln in den oberen Blattachseln. Der zur Blütezeit 6 bis 8 mm lange Kelch weist 5 lanzettlich geformte Zipfel auf. Die drehrunde 1,5 bis 2 cm breite Krone ist grünlich weiß und weist keine Fleckung auf. Die Antheren (Staubbeutel) sind gelb gefärbt. Die Frucht ist eine ca. 1 cm große, orangerote Beere, die vom leuchtend orange-roten, lampionartig aufgeblähten überdauernden Kelch umhüllt ist.

Habitat: Feuchte, schattige Wälder, Hecken; bis 1000 m ü. d. M.

Ursprung und Verbreitung: Die Lampionblume ist in Mittel- und Südeuropa sowie in Westasien anzutreffen, wenn auch nicht allzu häufig.

Ähnliche Arten: *Physalis peruviana* L. ist eine Spezies, die wegen ihrer schmackhaften Beeren kultiviert wird, aber auch verwildert vorkommt. Sie unterscheidet sich von der Lampionblume durch ihre größeren, am Grund herzförmigen Blätter, die gelbe Krone mit 5 purpurroten Flecken sowie durch die violetten Staubbeutel und den gelblich grünen Kelch, der sich auch nach der Reife nicht orangerot verfärbt.

Die leuchtend orangeroten überdauernden Kelche der Lampionblume hüllen die Frucht, eine nur 1 cm große Beere, vollkommen ein.

Bittersüßer Nachtschatten Solanum dulcamara

Morphologie: Dieser Halbstrauch entwickelt 30 bis 200 cm lange, kriechende oder kletternde Stängel, die reich verzweigt und nur an der Basis verholzt sind. Die langgestielten, 5 bis 10 cm langen Blätter haben eine verlängert eiförmige oder dreieckig herzförmige Spreite, wobei die oberen Blätter am Grund zwei ovale oder lanzettliche Öhrchen aufweisen. Der Blütenstand ist eine gestielte, fast schirmförmige Dolde von 10 bis 20 Blüten, die gegenüber den Blättern und am Stängelende sitzen. Der 3 bis 4 mm lange Kelch ist glockenförmig mit 5 kurzen, ovalen Kelchzipfeln. Die 1 cm breite Krone ist drehrund und weist 5 zurückgeschlagene, lanzettlich zugespitzte Kronzipfel auf, die violett gefärbt sind und am Grund 2 weiße oder gelbe Flecken aufweisen. Die Antheren (Staubbeutel) sind gelb. Die Frucht ist eine eiförmige, 7 bis 8 mm lange Beere, die zuerst grün, zur Reifezeit rot gefärbt ist.

Wuchsform Halbstrauch, kletternd, kriechend
Höhe 30 bis 200 cm
Blüten violett, in Dolden
Blütezeit Juni bis August
Habitat feuchte Wälder, Ufer
Wälder

Habitat: Feuchte Wälder, Ufer, Unkrautfluren; bis 1000 m ü. d. M.

Ursprung und Verbreitung: Der Bittersüße Nachtschatten ist in Mittel- und Südeuropa sowie in Westasien häufig anzutreffen.

Stechapfel Datura stramonium

Morphologie: Diese krautige, buschige, einjährige, 20 bis 100 cm hohe Pflanze riecht ziemlich unangenehm und ist giftig. Sie entwickelt wollig behaarte, niederliegende oder aufsteigende Stängel, die vor allem im oberen Teil reich verzweigt sind. Die behaarten, wechselständigen, langgestielten Blätter sind breit eiförmig, 10 bis 15 cm lang und asymmetrisch. Die kurzgestielten Blüten entspringen einzeln in den Blattachseln. Der 2,5 bis 3 cm lange, röhrig glockige Kelch ist an der Basis aufgebläht und weist 5 spitze Zähnchen auf. Die 6 bis 8 cm lange Krone besteht aus einer Röhre mit 5 spitzen, weißen, manchmal leicht lila überlaufenen Kronzipfeln. Die Frucht ist eine verholzte, eiförmige, stachelige, 3 bis 5 cm lange Kapsel, in deren 5 Kammern sich zahlreiche raue schwarze Samen befinden.

Weitere Namen Weißer Stechapfel
Wuchsform krautig, buschig
Höhe 20 bis 100 cm
Blüten weiß, einzeln
Blütezeit Juni bis Oktober
Habitat Wege, Schuttplätze, Mauern
Unkrautfluren, Wegränder

Habitat: Wege, Schuttplätze, Mauern, Gärten; bis 1000 m ü. d. M.

Ursprung und Verbreitung: Der aus Südamerika stammende und weltweit verbreitete Stechapfel ist in Südeuropa zwar überall, aber eher selten anzutreffen.

Ähnliche Arten: *Datura innoxia* Miller (Bild oben) ist eine noch seltener anzutreffende Spezies, die sich von der oben beschriebenen Art hauptsächlich durch den größeren Kelch und die größere Krone unterscheidet, außerdem durch die weichen, nicht stechenden Stacheln der Fruchtkapsel.

Schwarze Königskerze *Verbascum nigrum*

Wuchsform
krautig, aufrecht

Höhe
50 bis 100 cm

Blüten
gelb, in Trauben

Blütezeit
Juni bis August

Habitat
Wegränder, Kahlschläge, Schuttplätze

Unkrautfluren, Wegränder

Morphologie: Krautige, ausdauernde, kräftige, 50 bis 100 cm hohe Pflanze mit aufrechten, einfachen, rötlich überlaufenen Stängeln. Die langgestielten unteren Blätter haben eine Spreite, die 15 bis 25 cm lang, dreieckig lanzettlich geformt, am Grund herzförmig und am Rand unregelmäßig gekerbt bzw. gezähnt ist. Die oberen Blätter werden zur Spitze hin allmählich kleiner, sind lanzettlich geformt und sitzend oder kurzgestielt. Der Blütenstand ist eine lange, endständige, zylindrische Traube, die einfach oder wenig verzweigt sein kann. Sie trägt zahlreiche kurzgestielte Blüten mit linealischen Deckblättern. Der dicht weißfilzige Kelch ist 3 bis 4 mm lang und weist 5 lanzettliche Zipfel auf. Die drehrunde, 1,5 bis 2 cm breite, gelbe, am Grund violett gefärbte Krone weist 5 abgerundete Kronlappen auf. Die Staubfäden sind auffällig violett gefärbt. Die ganze Pflanze ist mit Sternhaaren bedeckt. Die Frucht ist eine 4 bis 5 mm lange, ovale Kapsel.

Habitat: Brachen, Straßenränder, Kahlschläge, Schuttplätze; bis auf 1600 m ü. d. M.

Ursprung und Verbreitung: Die Schwarze Königskerze kommt in Europa, dem Kaukasus und in Sibirien vor.

Ähnliche Arten: *Verbascum blattaria* L. (Mottenkönigskerze) ist eine ziemlich selten vorkommende Art und unterscheidet sich von der Schwarzen Königskerze durch die länglich eiförmigen Blätter und die langgestielten, hellgelben, vor dem Aufblühen rötlichen Blüten, die einzeln oder zu zweit in achselständigen Trauben stehen.

Kleinblütige Königskerze *Verbascum thapsus*

Morphologie: Diese krautige, zweijährige, 50 bis 120 cm hohe Pflanze entwickelt aufrechte, einfache Stängel, die dicht mit weißlich gelben, filzigen Haaren bedeckt sind. Die sitzenden oder kurzgestielten unteren Blätter sind 10 bis 15 cm lang und weisen eine oval lanzettlich geformte Spreite auf, wobei deren Rand grob gezähnt bzw. gekerbt ist. Die oberen, ähnlich geformten Blätter werden zur Spitze hin allmählich kleiner und laufen am Stängel herab, der dadurch breit geflügelt erscheint. Der Blütenstand ist eine lange, endständige, zylindrische Traube, die einfach oder nur wenig verzweigt ist und zahlreiche, fast sitzende Blüten mit lanzettlichen Deckblättern trägt. Der dicht weißfilzige Kelch ist 7 bis 10 mm lang und weist 5 lanzettliche Zipfel auf. Die 1 bis 3 cm breite drehrunde Krone weist 5 abgerundete Kronlappen auf und ist hellgelb gefärbt. Die Frucht ist eine ca. 1 cm lange Kapsel mit zwei Kammern.

Habitat: Wege, Schuttplätze, Dämme, Waldlichtungen, Heiden; bis 1700 m ü. d. M.

Ursprung und Verbreitung: Die aus Mittel- und Südeuropa sowie dem Kaukasus stammende Kleinblütige Königskerze ist eher selten anzutreffen.

Weitere Namen
Frauenkerze, Wetterkerze

Wuchsform
krautig, aufrecht

Höhe
50 bis 120 cm

Blüten
hellgelb, in Trauben

Blütezeit
Juli bis September

Habitat
Wege, Schuttplätze, Dämme, Waldlichtungen

Unkrautfluren, Wegränder

Gewöhnliches Leinkraut *Linaria vulgaris*

Morphologie: Krautige, mehrjährige, 20 bis 60 cm hohe Pflanze mit aufrechten, verzweigten Stängeln, die im oberen Teil leicht drüsig behaart sind. Die wechselständigen, sitzenden Blätter sind 3 bis 5 cm lang, graugrün und linealisch geformt und ganzrandig. Die gestielten gelben Blüten weisen lineale Tragblätter auf und stehen in einer endständigen Traube. Der 2 bis 3 mm lange Kelch ist fast vollständig in lanzettliche Zipfel geteilt. Die schwefelgelbe Krone ist 2,5 bis 3 cm lang mit orangefarbener, gewölbter Unterlippe, die einen langen, geraden Sporn aufweist, der bis zu 1 cm lang werden kann. Die Frucht ist eine eiförmige Kapsel, die zahlreiche abgeflachte, geflügelte Samen enthält.

Habitat: Unkrautfluren, Wege, Mauern, Bahndämme, Kahlschläge sowie steinige Böden; bis 1500 m ü. d. M.

Ursprung und Verbreitung: Das in Eurasien beheimatete Gewöhnliche Leinkraut ist in Europa recht häufig anzutreffen.

Weitere Namen
Gemeines Leinkraut, Kleines Löwenmaul, Frauenflachs, Froschmaul

Wuchsform
krautig, aufrecht

Höhe
20 bis 60 cm

Blüten
gelb, in Trauben

Blütezeit
Juni bis Oktober

Habitat
Wege, Mauern, Bahndämme, Kahlschläge

Unkrautfluren, Wegränder

Zimbelkraut Cymbalaria muralis

Weitere Namen
Gemeines
Zimbelkraut

Wuchsform
krautig,
niederliegend

Höhe
30 bis 60 cm

Blüten
gelb und violett,
einzeln

Blütezeit
Juni bis
September

Habitat
Mauern, Felsen,
Steinbrüche,
steinige Rasen

Ruderalfluren

Morphologie: Diese ausdauernde, krautige Pflanze entwickelt 30 bis 60 cm lange, niederliegende und sehr dünne Stängel, die an den Knoten wurzeln und stark verzweigt sind. Die wechselständigen, fleischigen Blätter stehen an 2 bis 4 cm langen Stielen und sind auf der Oberseite glänzend grün, auf der Unterseite meist rötlich überlaufen. Die 1 bis 3 cm breite Blattspreite ist herz- bis nierenförmig, am Rand handförmig in 5 bis 7 abgerundete Lappen geteilt. Die gestielten Blüten stehen einzeln in den Blattachseln. Der 2 bis 2,5 mm lange Kelch ist in 5 oval lanzettliche Zipfel geteilt. Die 8 bis 10 mm lange Krone ist zweilappig, wobei die Oberlippe violett, die Unterlippe hellgelb gefärbt ist. Die Kronröhre ist durch einen kurzen, stumpfen Sporn verlängert. Die Frucht ist eine kleine, kugelige Kapsel mit rauen Samen.

Habitat: Ritzen von Mauern, Felsen, Steinbrüche, steinige Rasen; bis 1500 m ü. d. M.

Ursprung und Verbreitung: Das ursprünglich aus den Südalpen stammende Zimbelkraut ist heute in fast ganz Europa und anderen Teilen der Welt verbreitet.

Synonym: *Linaria cymbalaria* (L.) Mill.

Ähnliche Arten: *Cymbalaria pilosa* (Jacq.) Bailey, das Weichhaarige Zimbelkraut (Bild oben), ist im Mittelmeergebiet endemisch und besitzt gegenständige Blätter und eine etwas größere, samtig behaarte Krone.

Ähriger Ehrenpreis Pseudolysimachion spicatum

Wuchsform
krautig,
aufrecht

Höhe
15 bis 45 cm

Blüten
blauviolett,
in ährenförmigen Trauben

Blütezeit
Juni bis August

Habitat
sonnige Rasen,
Weiden,
Gebüsche

Wiesen

Morphologie: Ausdauernde, krautige, 15 bis 45 cm hohe Pflanze mit horizontalem, verholzendem Rhizom, aus dem sich einfache, aufrechte oder aufsteigende 10 bis 50 cm hohe Stängel entwickeln. Die gegenständigen, 2 bis 10 cm langen Grundblätter weisen eine ovale oder lanzettlich geformte, am Rand stumpf gezähnte Spreite auf und stehen an einem kurzen Stiel. Die sitzenden Stängelblätter sind ähnlich geformt, werden nach oben hin allmählich kleiner und sind gelegentlich wechselständig. Die kurzgestielten oder sitzenden Blüten stehen in ährigen Trauben, die einfach oder am Grund leicht verzweigt sind. Der behaarte, am Rand gewimperte Kelch ist in 4 lanzettliche Zipfel geteilt. Die 8 bis 12 mm breite, trichterförmige Krone weist 4 Zipfel von blauvioletter Farbe auf. Die Frucht ist eine behaarte Kapsel.

Habitat: Sonnige Rasen, Weiden, Gebüsche; bis 1200 m ü. d. M.

Ursprung und Verbreitung: Der in Eurasien beheimatete Ährige Ehrenpreis ist in Europa nur noch selten anzutreffen.

Synonym: *Veronica spicata* (L.) Opiz.

Großblütiger Fingerhut   *Digitalis grandiflora*

Morphologie: Ausdauernde, 50 bis 80 cm hohe Pflanze mit aufrechtem, einfachem, zart behaartem Stängel. Die Grundblätter sind 15 bis 25 cm lang, die linealisch spatelförmige, zugespitzte Spreite ist am Rand gezähnt und verjüngt sich zu einem schmalen Stiel. Die gleich geformten, stiellosen, den Stängel fast ganz umfassenden Stängelblätter werden nach oben hin allmählich immer kleiner. Die gestielten, hängenden Blüten stehen in einer lichten, einseitswendigen Traube zusammen. Der Kelch ist drüsig behaart und in lanzettlich zugespitzte Kelchzipfel geteilt. Die 3 bis 4 cm lange blassgelbe Krone ist röhrig glockig, die Zipfel des Kronensaums an der Unterlippe sind schwach ausgebildet.

Habitat: Trockene Wiesen, Lichtungen und Laubwälder; bis 1800 m ü. d. M.

Ursprung und Verbreitung: In großen Teilen Südosteuropas verbreitet, in den Alpen zerstreut bis selten.

Synonym: *Digitalis ambigua* Murr.

Ähnliche Arten: *Digitalis lutea* L., der Gelbe Fingerhut, entwickelt kleinere Blätter und Blüten mit dünnerer Kronröhre.

Weitere Namen
Großer gelber Fingerhut

Wuchsform
rautig, aufrecht

Höhe
50 bis 80 cm

Blüten
gelb, in Trauben

Blütezeit
Juni bis August

Habitat
Wiesen, Lichtungen und Wälder

Wälder

Der Großblütige Fingerhut ist mit seinem hohen Wuchs und den gelben Blüten eine beeindruckende Erscheinung. Leider trifft man ihn nur noch selten in seinen Lebensräumen auf Wiesen, Lichtungen und in Laubwäldern an.

Persischer Ehrenpreis — Veronica persica

Wuchsform
krautig,
niederliegend

Höhe
10 bis 30 cm

Blüten
weiß-blau,
einzeln

Blütezeit
ganze Vege-
tationsperiode

Habitat
Äcker, Gärten,
Weinberge

**Äcker und
Felder**

Morphologie: Diese krautige, einjährige, 10 bis 30 cm hohe Pflanze entwickelt schlanke, niederliegende oder aufsteigende, behaarte Stängel, die verzweigt sind und häufig an den Knoten wurzeln. Die unteren, kurzgestielten Blätter sind 1 bis 2 cm lang, oval dreieckig, am Grund herzförmig und am Rand unregelmäßig gezähnt. Die oberen Blätter sehen ähnlich aus und werden nach oben hin allmählich kleiner. Die langgestielten Blüten stehen in den Achseln von stängelblattähnlichen Tragblättern. Der schwach behaarte Kelch weist 5 lanzettlich spitze Zipfel auf. Die 1 bis 1,5 cm breite Krone ist blau gefärbt, weist eine weiße Unterlippe sowie einen rötlich gelben Schlund auf. Die Frucht ist eine Kapsel, viel breiter als lang und die stumpfwinklig ausgerandet ist. Sie enthält 5 bis 8 raue Samen.

Habitat: Äcker, Gärten, Weinberge; bis 1600 m ü. d. M.

Ursprung und Verbreitung: Der aus Südwestasien stammende Persische Ehrenpreis ist heute weltweit verbreitet und in Europa häufig anzutreffen.

Synonyme: *Veronica tournefortii* Gmelin; *Veronica buxbaumii* Ten.

Ähnliche Arten: *Veronica polita* Fries (Glänzender Ehrenpreis) wächst an den gleichen Standorten wie der Persische Ehrenpreis und unterscheidet sich von diesem hauptsächlich durch die kleinere Krone und die glänzenden Blätter. Nach Ansicht einiger Autoren gehören beide Spezies der Artengruppe *Veronica agrestis* an.

Gamander Ehrenpreis — Veronica chamaedrys

Weitere Namen
Frauenbiss,
Augentrost

Wuchsform
krautig,
aufrecht

Höhe
10 bis 30 cm

Blüten
himmelblau,
in Trauben

Blütezeit
Mai und Juni

Habitat
Wiesen, Weiden,
Wegränder,
lichte Wälder

Wiesen

Morphologie: Mehrjährige, 10 bis 30 cm hohe, krautige Pflanze mit aufrechten oder aufsteigenden Stängeln, die kahl oder mit 2 Haarreihen versehen sind. Die gegenständigen, sitzenden oder kurzgestielten Blätter haben eine Spreite, die 1,5 bis 4 cm lang, oval lanzettlich geformt und am Rand unregelmäßig gekerbt ist. Die Blüten stehen in lockeren, gegenständigen Trauben, die an langen Stielen in den Blattachseln stehen. Der drüsig be-

haarte Kelch ist in 4 lanzettliche Zipfel geteilt. Die 1 bis 1,5 cm breite himmelblaue Krone weist in der Mitte einen weißen Ring auf. Der untere Kelchzipfel ist deutlich kleiner als die anderen drei. Die Frucht ist eine dreieckige bis herzförmige, behaarte, oben ausgerandete Kapsel von 4 bis 5 mm Breite, die kürzer ist als der Kelch.

Habitat: Fettwiesen, Weiden, Wegränder, lichte Wälder; bis 2000 m ü. d. M.

Ursprung und Verbreitung: Der in Europa und in Sibirien beheimatete Gamander-Ehrenpreis und ist heute auf der nördlichen Halbkugel weitverbreitet.

Ähnliche Arten: *Veronica teucrium* L., der Große Ehrenpreis, eine Art, die übrigens auch unter dem Synonym *V. austriaca* bekannt ist, unterscheidet sich von der oben beschriebenen Spezies vor allem durch seinen größeren Wuchs, die durchgehend behaarten Stängel und die ovale bis halbkugelige Fruchtkapsel, die etwa gleich lang oder nur wenig kürzer ist als der Kelch.

Wasserehrenpreis   Veronica anagallis-aquatica

Morphologie: Diese krautige, ausdauernde, manchmal auch einjährige, 15 bis 60 cm hohe, sehr formenreiche Pflanze entwickelt niederliegende oder aufsteigende, annähernd vierkantige, hohle Stängel, die reich verzweigt sind. Die kurzgestielten Grundblätter haben Spreiten, die 4 bis 12 cm lang und oval oder lanzettlich geformt sind, wobei ihr Rand unregelmäßig gezähnt ist. Die Stängelblätter sehen ähnlich aus, nur sind sie sitzend und werden nach oben hin allmählich kleiner. Der Blütenstand ist eine aus 20 bis 60 blauvioletten Blüten bestehende achselständige Traube. Die 5 bis 10 mm breite Krone weist 4 oval rundliche Lappen auf. Die Frucht ist eine annähernd kugelige Kapsel.

Habitat: Ufer, Röhricht, Wassergräben; bis 1000 m ü. d. M.

Wuchsform	krautig, aufsteigend
Höhe	15 bis 60 cm
Blüten	blauviolett, in Trauben
Blütezeit	Juni bis Oktober
Habitat	Ufer, Röhricht, Wassergräben
feuchte Standorte	

Ähnliche Arten: Nach Ansicht einiger Autoren gehört die beschriebene Spezies zur gleichnamigen Gruppe, die noch zwei ähnliche Arten umfasst, welche die gleichen Standorte bevorzugen, jedoch weniger verbreitet sind. Es sind dies *Veronica catenata* Penn und *Veronica anagalloides* Guss.

Bachehrenpreis   Veronica beccabunga

Morphologie: Ausdauernde, krautige, kahle, 20 bis 60 cm hohe Pflanze mit niederliegenden und kriechenden, hohlen, rundlichen Stängeln, die rötlich überlaufen und reich verzweigt sind. Die fleischigen, dunkelgrünen, kurzgestielten Blätter sind 2 bis 4 cm lang, die Spreite ist oval oder länglich geformt sowie am Rand unregelmäßig stumpf gesägt. Die mehr oder weniger azurblauen Blüten stehen zu 10 bis 20 in gegenständigen, achselständigen Trauben. Die 5 bis 8 mm breite Krone weist 4 eiförmig abgerundete Lappen auf. Die Frucht ist eine an der Oberseite ausgerandete, fast kugelige Kapsel.

Habitat: Bäche, Quellen, Wassergräben, Ufer, Röhricht; bis 2500 m ü. d. M.

Ursprung und Verbreitung: Der aus dem eurasischen Raum stammende Bachehrenpreis ist auf der ganzen nördlichen Halbkugel weit verbreitet.

Weitere Namen	Bachbunge, Bachbungen-Ehrenpreis
Wuchsform	krautig, niederliegend, kriechend
Höhe	20 bis 60 cm
Blüten	azurblau, in Trauben
Blütezeit	Mai bis September
Habitat	Bäche, Wassergräben, Ufer, Quellen
feuchte Standorte	

Ackerwachtelweizen — *Melampyrum arvense*

Wuchsform
krautig,
aufrecht

Höhe
20 bis 40 cm

Blüten
gelb und violett;
in Ähren

Blütezeit
Mai bis
September

Habitat
Getreidefelder,
Unkrautfluren,
Wegränder

**Äcker und
Felder**

Morphologie: Diese krautige, einjährige, 20 bis 40 cm hohe, sehr formenreiche Pflanze entwickelt aufrechte oder aufsteigende Stängel, die einfach oder verzweigt sind. Die 3 bis 5 cm langen Blätter sind linealisch lanzettlich geformt, die oberen Blätter sind am Grund gezähnt bis fiederspaltig. Die in allseitswendigen, zylindrischen Ähren stehenden Blüten sind von linealischen rötlichen oder gelblichen Tragblättern umgeben. Der röhrige, 4 bis 6 mm lange Kelch besitzt dünne, 6 bis 12 mm lange Zähnchen, die am Rand gewimpert sind. Die 1 bis 2 cm lange, zweilippige Krone weist eine rötliche bis hellgelbe Kronröhre auf, deren Schlund meist violett ist. Die Frucht ist eine kahle Kapsel.

Habitat: Getreidefelder, Brachen, Unkrautfluren, Wegränder; bis 1700 m ü. d. M.

Ursprung und Verbreitung: Der Ackerwachtelweizen ist in fast ganz Europa und in Teilen Asiens verbreitet.

Ähnliche Arten: Nach Ansicht einiger Autoren zählt die beschriebene Spezies zur gleichnamigen botanischen Gruppe, die auch andere Arten und Unterarten umfasst, welche einander sehr ähnlich sind und die gleichen Standortbedingungen bevorzugen.

Wiesenwachtelweizen — *Melampyrum pratense*

Wuchsform
krautig,
aufrecht

Höhe
10 bis 50 cm

Blüten
gelblich weiß,
in Trauben

Blütezeit
Juni bis
September

Habitat
lichte Wälder,
Heiden,
Waldränder

Wälder

Morphologie: Diese krautige, einjährige, 10 bis 50 cm hohe Pflanze entwickelt aufrechte oder aufsteigende, behaarte Stängel, die einfach oder verzweigt sein können. Die 2 bis 6 cm langen Blätter sind linealisch lanzettlich, ganz leicht gekrümmt und am Rand etwas gewellt. Die in endständigen Trauben stehenden Blüten sind von lanzenförmigen Tragblättern umgeben, die ganzrandig oder gezähnt sind. Der Kelch besteht aus einer 4 bis 8 mm langen Kelchröhre und 4 sichelförmigen Zähnchen, die gleich lang sind wie die Röhre. Die 11 bis 15 mm lange Krone kann weißlich oder gelblich gefärbt sein. Sie zeigt eine gerade Kronröhre und einen fast geschlossenen Schlund. Die Frucht ist eine elliptische Kapsel.

Habitat: Lichte Wälder, Heiden, Waldränder, bevorzugt auf sauren Böden; von 100 bis 1800 m ü. d. M.

Ursprung und Verbreitung: Der Wiesenwachtelweizen ist in fast ganz Europa und Sibirien häufig anzutreffen.

Ähnliche Arten: Melampyrum sylvaticum, der Waldwachtelweizen, gedeiht häufig an denselben Standorten und unterscheidet sich vom Wiesenwachtelweizen durch die geraden Kelchzähne und die schmäleren Blätter. Außerdem neigt der Wiesenwachtelweizen dazu, beim Trocknen mit der Zeit dunkler bis fast ganz schwarz zu werden, während der Waldwachtelweizen seine grüne Farbe behält.

Salzburger Augentrost   Euphrasia salisburgensis

Morphologie: Krautige, einjährige, 5 bis 30 cm hohe, sehr formenreiche Pflanze mit aufrechten, reich verzweigten Stängeln. Die 3 bis 15 mm langen Blätter sind gegenständig, lanzettlich geformt, vorne zugespitzt und am Rand mit stumpfen, oft braunrötlichen Zähnchen versehen. Die Tragblätter sind stängelblattähnlich, nur viel breiter, und haben auf jeder Seite 3 bis 5 spitze Zähnchen. Die sitzenden Blüten sind in einer kurzen, ährenartigen Traube vereint. Der röhrig glockige Kelch ist 4 bis 6,5 mm lang und mit spitzen Zähnchen ausgestattet. Die 4 bis 7 mm lange, unregelmäßige Krone besteht aus einer helmartigen Oberlippe, die ausgerandet oder zweilappig ist, sowie einer Unterlippe, die 3 ausgerandete Lappen aufweist. Die Farbe der Krone variiert von Weiß bis zu einem mehr oder weniger kräftigen Violett, der Schlund ist gelb und violett gefleckt. Die Frucht ist eine ovale, kahle Kapsel, die ein wenig über den Kelch hinausragt und zahlreiche, geriefte Samen enthält.

Wuchsform	krautig, aufrecht
Höhe	5 bis 30 cm
Blüten	weiß bis violett, in ährenförmigen Trauben
Blütezeit	Juni bis September
Habitat	Magerwiesen, Weiden, Geröll
Wiesen	

Habitat: Trockenwiesen, Magerweiden, Geröll, bevorzugt auf kalkhaltigen Böden; von 600 bis 2600 m ü. d. M.

Ursprung und Verbreitung: Der Salzburger Augentrost ist vor allem in den südosteuropäischen Alpen zerstreut anzutreffen.

Astige Sommerwurz   Orobanche ramosa

Morphologie: Ausdauernde, 10 bis 30 cm hohe Pflanze ohne Chlorophyll, die als Schmarotzerpflanze auf den Wurzeln anderer Pflanzen wächst. Der Stängel ist aufrecht, rundlich, an der Basis verdickt und im oberen Teil verzweigt. Die reduzierten, sehr kleinen, schuppigen Blätter sind oval lanzettlich geformt, 3 bis 8 mm lang und stehen weit voneinander entfernt. Die in einem ährigen, 6 bis 15 cm langen Blütenstand stehenden Blüten sind von ovalen Deckblättern und Vorblättern umgeben. Der reduzierte Kelch besteht aus 2 länglichen, tief zweiteiligen Zipfeln. Die drüsig behaarte, 1 bis 2 cm lange, blassgelbe Krone ist zweilippig mit einer weißen Kronröhre, die sich in Richtung des blau bis violett getönten Schlundes krümmt. Die Frucht ist eine ovale Kapsel.

Weitere Namen	Hanfwürger
Wuchsform	krautig, aufrecht
Höhe	10 bis 30 cm
Blüten	blassgelb bis violett, in Ähren
Blütezeit	Juli bis Oktober
Habitat	Äcker, krautreiches Gelände, Waldränder
Äcker und Felder	

Habitat: Äcker, krautreiches Gelände, Waldränder; schmarotzt bevorzugt auf Schmetterlingsblütlern, Lippenblütlern und Korbblütlern und sogar auf einigen Kulturpflanzen wie Tabak, Mais, Kartoffel und Hanf; bis 1000 m ü. d. M.

Ursprung und Verbreitung: Die Ästige Sommerwurz ist in Europa und Sibirien beheimatet, aber eher selten anzutreffen. An ihren wenigen Standorten tritt sie meistens gehäuft auf.

Synonyme: *Kopsia ramosa* Dumort.; *Phelypaea ramosa* C.A. Meyer.

Herzblättrige Kugelblume — *Globularia cordifolia*

Wuchsform
Halbstrauch,
Polsterpflanze

Höhe
3 bis 12 cm

Blüten
hellblaulila,
in Köpfchen

Blütezeit
April bis Juni

Habitat
Felsrasen,
Felsschutt-
fluren, Geröll

felsige Standorte

Morphologie: Ausdauernder, 3 bis 12 cm hoher Halbstrauch mit verholzten, kriechenden, stark verzweigten Sprossen, die dichte Polster bilden. Die ledrigen, leuchtend grünen, spateligen, kurzgestielten Blätter stehen in dichten Rosetten zusammen. Die Spreite ist etwa 1 bis 2 cm lang, verkehrt eiförmig, ganzrandig oder an der Spitze herzförmig ausgerandet. Der kahle, kantige, mehr oder weniger aufgerichtete Blütenschaft trägt ein 1,5 bis 2 cm großes kugelförmiges Köpfchen aus zahlreichen Blüten mit dunklen, lanzettlichen, flaumigen, 3,5 bis 4,5 cm langen Hüllblättern. Der flaumige, glockige Kelch ist in lanzettlich zugespitzte Zipfel geteilt. Die 8 bis 11 mm lange Krone ist hellblaulila und zweilippig, die Oberlippe ist in 2, die Unterlippe in 3 Lappen gespalten.

Habitat: Steinige Böden, Geröllhalden und Schuttfluren, vorzugsweise auf kalkreichem Substrat; von 200 bis 2800 m ü. d. M.

Ursprung und Verbreitung: In den Alpen endemisch und dort verbreitet, im Alpenvorland seltener.

Die Herzblättrige Kugelblume bevorzugt steinige oder felsige Standorte mit kalkhaltigem Substrat. Sie ist vor allem in den Gebirgen Mittel- und Südeuropas bis 2800 m ü. d. M. verbreitet.

Gemeines Fettkraut   Pinguicula vulgaris

Morphologie: Ausdauernde, Insekten verdauende, 6 bis 15 cm hohe Pflanze, deren grundständige Blätter in einer dicht an den Boden angelegten Rosette zusammenstehen. Sie sind stiellos, 2 bis 5 cm lang, verkehrt eiförmig oder verkehrt lanzettlich mit mehr oder weniger eingerolltem Rand. Die Blattoberseite ist glänzend und klebrig und dient dem Fang kleiner Insekten. Aus dem Zentrum der Rosette erhebt sich ein aufrechter rötlicher, an der Spitze etwas gebogener Schaft, der je eine einzelne Blüte trägt. Der Kelch ist zweilappig mit ungleichen Lappen, die 1,5 bis 2 cm lange azurviolette Krone mit weißen Flecken am Schlund ist unregelmäßig geformt und

zu einem geraden, spitzen, nach hinten gestreckten Sporn verlängert. Die Oberlippe ist gezähnt, die Unterlippe dreigeteilt mit oft überlappenden Zipfeln. Die Frucht ist eine eiförmige Kapsel, die ein wenig über den Kelch herausragt.

Habitat: Feuchte Standorte, Sumpfwiesen, Flachmoore, Hochmoore, Quellmoore, vorzugsweise auf sauren Böden; von 400 bis 2400 m ü. d. M.

Ursprung und Verbreitung: Das Gemeine Fettkraut ist hauptsächlich in Nordeuropa und den Gebirgen Mitteleuropas zerstreut bis selten anzutreffen.

Weitere Namen	Blaues Fettkraut
Wuchsform	krautig, Rosette
Höhe	6 bis 15 cm
Blüten	azurviolett, einzeln
Blütezeit	Mai bis Juli
Habitat	feuchte Stellen, Flachmoore, Hochmoore

feuchte Standorte

Mittlerer Wegerich   Plantago media

Morphologie: Ausdauernde, krautige, 20 bis 40 cm hohe Pflanze, deren Blätter in einer dem Boden dicht anliegenden grundständigen Rosette vereint sind. Die samtig behaarte, 7 bis 12 cm lange Blattspreite ist elliptisch, vorne zugespitzt und an der Basis zu einem kurzen, breiten Stiel verschmälert. Aus der Mitte der Blattrosette erhebt sich zur Blütezeit ein aufrechter oder aufsteigender Blütenschaft, der eine 4 bis 6 cm lange, zylindrische Blütenähre trägt. Die silberweiße Krone hat 4 stumpfe, ca. 2 mm lange Kronlappen. Die rötlichen Staubfäden ragen weit über die Krone hinaus; die an deren Ende sitzenden Antheren (Staubbeutel) sind weiß bis lila. Die Frucht ist eine ovale Kapsel.

Habitat: Magere Wiesen und Weiden, Böschungen, Wege; bis 2000 m ü. d. M.

Ursprung und Verbreitung: Der im eurasischen Raum beheimatete Mittlere Wegerich ist in fast ganz Europa verbreitet, im Süden allerdings selten.

Synonym: *Plantago bertolonii* Godr.

Ähnliche Arten: *Plantago major* L., der Breitwegerich, gedeiht auf trockenen, stickstoffreichen Böden und unterscheidet sich vom Mittleren Wegerich durch die bis zur Basis zylindrische Ähre und die fast glatte, breit eiförmige, vom Blattstiel scharf abgesetzte Blattspreite.

Weitere Namen	Weidewegerich
Wuchsform	krautig, aufrecht
Höhe	20 bis 40 cm
Blüten	weißlich, in Ähren
Blütezeit	Mai bis Juli
Habitat	Wiesen und Weiden

Wiesen

Spitzwegerich Plantago lanceolata

Weitere Namen
Schmalblättriger
Wegerich,
Lungenblatt

Wuchsform
krautig,
aufrecht

Höhe
10 bis 40 cm

Blüten
weißlich,
in Ähren

Blütezeit
Mai bis Oktober

Habitat
Wiesen, Weiden,
Wege,
Schuttplätze

Wiesen

Morphologie: Ausdauernde, krautige, 10 bis 40 cm hohe Pflanze mit dicken, verholzenden Wurzeln. Die in einer dichten Grundrosette stehenden Blätter bleiben auch über den Winter bestehen. Die Spreite ist 10 bis 15 cm lang, linealisch lanzettlich geformt, zeigt 5 bis 7 deutlich sichtbare parallele Nerven und endet in einem langen Stiel. Aus der Mitte der Blattrosette entwickelt sich zur Blütezeit der aufrechte oder aufsteigende Blütenschaft, an dessen Spitze eine zylindrische, kurze Blütenähre von 2 bis 5 cm Länge steht. Die unscheinbare weißliche Krone weist 4 lanzettliche Lappen von 2 mm Länge auf. Die weit aus der Krone herausragenden Staubfäden tragen gelbe Staubbeutel. Die Frucht ist eine längliche Kapsel.

Habitat: Fettwiesen, Brachen, Weiden, Wege, Schuttplätze, Straßenränder; bis 2000 m ü. d. M.

Ursprung und Verbreitung: Der im eurasischen Raum beheimatete Spitzwegerich ist in fast ganz Europa häufig anzutreffen.

Ähnliche Arten: Nach Ansicht mancher Autoren zählt diese Spezies zu der gleichnamigen botanischen Gruppe, zusammen mit noch zwei weiteren Spezies, welche sehr ähnliche morphologische Charakteristika aufweisen, jedoch verschiedene Standortansprüche stellen. Dazu gehören *Plantago altissima* L., die feuchte, auch salzhaltige Böden bevorzugt, und *P. argentea* Chaix, die vorzugsweise auf steppenähnlichen Standorten mit kalkhaltigem Boden gedeiht.

Zwergholunder Sambucus ebulus

Wuchsform
krautig, buschig

Höhe
50 bis 150 cm

Blüten
weißlich rosa,
in Doldenrispen

Blütezeit
Juni und Juli

Habitat
Waldwege,
Kahlschläge,
Gebüsche

Unkrautfluren,
Wegränder

Morphologie: Buschige, ausdauernde, robuste, rhizombildende Pflanze mit charakteristischem, unangenehmem Geruch. Die 50 bis 150 cm hohen Stängel sind aufrecht, gerieft und einfach oder nur wenig verzweigt. Die gegenständigen, unpaarig gefiederten Blätter setzen sich aus 5 bis 9 lanzettlich zugespitzten, kurzgestielten Segmenten von 10 bis 15 cm Länge zusammen, die am Rand gesägt sind. Die in einer dichten, endständigen Doldenrispe stehenden Blüten verströmen einen Duft nach

Bittermandeln. Der reduzierte Kelch besteht aus einer kurzen Röhre mit 5 Zähnchen; die weißlich rosa gefärbte Krone setzt sich aus einer kegelförmigen Röhre mit 5 zugespitzten Lappen zusammen. Die Frucht ist eine ungenießbare, kugelige, 4 bis 6 mm breite, zur Reifezeit schwarz glänzende Beere, die 3 bis 5 Samen enthält, welche in rotes Fruchtfleisch gebettet sind.

Habitat: Waldwege, Kahlschläge, Gebüsche, Staudenfluren; bis 1300 m ü. d. M.

Ursprung und Verbreitung: Der Zwergholunder ist vor allem in Mittel- und Südeuropa weit verbreitet und nördlich bis Südschweden anzutreffen.

Echter Baldrian   Valeriana officinalis

Morphologie: Krautige, ausdauernde, 30 bis 150 cm hohe Pflanze mit dicken, spindelförmigen, ein wenig unangenehm riechenden Wurzeln. Der aufrechte, kahle, hohle Stängel ist gefurcht und im oberen Teil einfach oder verzweigt. Die gestielten, mehr oder weniger lanzettlich geformten Blätter erreichen eine Länge von bis zu 25 cm und sind fiederteilig, mit 7 bis 23 gezähnten Segmenten, die auf der Unterseite behaart sind. Die in einer dichten, endständigen Doldenrispe stehenden Blüten sind weiß oder rosa gefärbt. Die duftende, röhrig trichterige Krone ist 3 bis 4 mm lang und endet in 5 abgerundeten Kronlappen.

Habitat: Feuchte, schattige Wiesen und Waldränder, Gräben, Hochstaudenfluren; bis 1400 m ü. d. M.

Ursprung und Verbreitung: Der Echte Baldrian ist in fast ganz Europa verbreitet.

Ähnliche Arten: Nach Meinung mancher Autoren zählt diese Spezies zur gleichnamigen botanischen Gruppe, welche auch andere, ähnliche Arten umfasst, die jedoch viel seltener anzutreffen sind. Eine davon ist *Valeriana sambucifolia* Mikan, eine Spezies, die sich vom Echten Baldrian durch die mit weniger Teilfiedern ausgestatteten Blätter und die an der Basis Ausläufer bildenden Stängel unterscheidet.

Weitere Namen
Katzenkraut, Bertram

Wuchsform
krautig, aufrecht

Höhe
30 bis 150 cm

Blüten
weiß bis rosa, in Doldenrispen

Blütezeit
Juni bis August

Habitat
feuchte, schattige Wiesen und Wälder, Gräben

feuchte Standorte

Der Echte Baldrian hat seinen Namen vom lateinischen valere, *was so viel wie „gesund sein" bedeutet. Er wird schon immer gegen alle Arten von Beschwerden eingesetzt und heute vor allem als Beruhigungs- und Schlafmittel verwendet.*

Ackerwitwenblume   Knautia arvensis

Weitere Namen
Wiesenknautie,
Witwenblume

Wuchsform
krautig, buschig

Höhe
30 bis 80 cm

Blüten
lila bis rosa-
violett, in
Köpfchen

Blütezeit
Juni bis
September

Habitat
Fettwiesen,
Halbtrocken-
rasen, Wald- und
Wegränder

Weiden

Morphologie: Diese krautige, zwei- oder mehrjährige, 30 bis 80 cm hohe Pflanze bildet Ausläufer und entwickelt aufrechte oder aufsteigende, leicht behaarte und im oberen Teil reich
verzweigte Stängel. Die gestielten Grundblätter sind ganzrandig oder gelappt, während die
Stängelblätter sitzend und meist fiederteilig
sind und sich aus 4 bis 12 lanzettlichen, grau-
grünen Segmenten zusammensetzen. Der Blütenstand ist ein halbkugeliges, 3 bis 4 cm breites, langgestieltes Köpfchen, das von ovalen
oder lanzettlichen Tragblättern umhüllt ist. Die
lila bis rosaviolette Krone ist trichterförmig mit
einem in 4 ungleich lange Lappen geteilten Kronensaum. Die Frucht ist vollständig von
einem filzig borstigen Hüllchen umgeben, welches die Samenverbreitung begünstigt.

Habitat: Fettwiesen, Weiden, Halbtrockenrasen, Wald- und Wegränder; bis auf
2000 m ü. d. M.

Ursprung und Verbreitung: Die im eurasischen Raum beheimatete Ackerwitwenblume
ist heute in fast ganz Europa häufig anzutreffen.

Ähnliche Arten: Die Gattung *Knautia* umfasst zahlreiche Arten, die wegen ihres ex-
tremen Formenreichtums und der vielen, sehr ähnlichen Hybriden nur schwer zu bestimmen sind. Manche dieser Arten sind als Endemiten an ganz bestimmte, eng
begrenzte Standorte gebunden.

Taubenskabiose   Scabiosa columbaria

Weitere Namen
Taubengrind-
kraut

Wuchsform
krautig, buschig

Höhe
20 bis 60 cm

Blüten
lila bis violett

Blütezeit
Juni bis Oktober

Habitat
trockene
Wiesen, Weiden,
Waldränder

Wiesen

Morphologie: Diese krautige, ausdauernde, 20 bis
60 cm hohe, sehr formenreiche Pflanze entwickelt
kräftige Wurzeln und zylindrische, aufrechte, besonders im oberen Teil reich verzweigte Stängel. Die
Grundblätter sind lyraförmig und am Rand gezähnt
oder gekerbt. Die Stängelblätter sind ein- bis zweifach gefiedert mit schmal lanzettlichen oder linealischen Segmenten, die am Rand behaart sind. Der
Blütenstand ist ein halbkugeliges, 2 bis 3 cm breites
Köpfchen, das von lanzettlichen Tragblättern umgeben ist. Der Kelch weist 5 schwarze, stielrunde Bors-

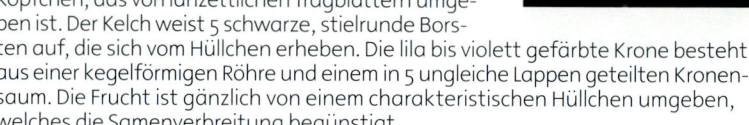

ten auf, die sich vom Hüllchen erheben. Die lila bis violett gefärbte Krone besteht
aus einer kegelförmigen Röhre und einem in 5 ungleiche Lappen geteilten Kronensaum. Die Frucht ist gänzlich von einem charakteristischen Hüllchen umgeben,
welches die Samenverbreitung begünstigt.

Habitat: Trockene Wiesen, Weiden, Waldränder; bis 1500 m ü. d. M.

Ursprung und Verbreitung: Die eurasiatische Taubenskabiose ist in Mittel- und
Südeuropa sowie in Südskandinavien verbreitet.

Ähnliche Arten: Nach Meinung mancher Autoren zählt diese Spezies zur gleichnamigen botanischen Gruppe, die zahlreiche verwandte Arten mit ähnlicher Morphologie und ganz ähnlichen Standortansprüchen umfasst. Sie sind wegen ihres Formenreichtums und der vielen, sehr ähnlichen Hybriden mit überschneidenden Merkmalen
nur schwer zu klassifizieren.

Pfirsichblättrige Glockenblume Campanula persicifolia

Morphologie: Ausdauernde, krautige, 30 bis 80 cm hohe Pflanze mit kriechendem Rhizom entwickelt aufrechte, gerillte, meist im oberen Teil verzweigte Stängel. Die gestielten, kahlen Grundblätter sind eiförmig länglich, am Rand stumpf gezähnt und stehen in einer lockeren Grundrosette. Die 3 bis 6 cm langen Stängelblätter sind lanzettlich oder dreieckig geformt. Die gestielten,

Wuchsform	krautig, aufrecht
Höhe	30 bis 80 cm
Blüten	blassblau bis violett, in Trauben
Blütezeit	Juni bis August
Habitat	Wälder, Wald- und Wegränder
Wälder	

blassblauen bis violettblauen Blüten stehen in lockeren Trauben. Der kahle oder leicht behaarte Kelch besteht aus einer kurzen Kelchröhre mit 5 linealischen Zähnchen. Die ausladend glockige, 2 bis 4 cm lange Krone weist 5 oval spitze Lappen auf.

Habitat: Sonnige Wälder, Rodungen, Wald- und Wegränder; bis 1500 m ü. d. M.

Ursprung und Verbreitung: Die Pfirsichblättrige Glockenblume ist in Europa und Asien weit verbreitet.

Die Pfirsichblättrige Glockenblume bevorzugt nährstoffreiche, lehmige Böden und ist auch in höheren Lagen bis 1500 m anzutreffen.

Rapunzelglockenblume Campanula rapunculus

Wuchsform
krautig,
aufrecht

Höhe
50 bis 80 cm

Blüten
blauviolett,
in Rispen

Blütezeit
Juni bis August

Habitat
Wiesen,
Brachen,
Gebüsche

Wiesen

Morphologie: Diese zweijährige, 50 bis 80 cm hohe Pflanze mit fleischigen, essbaren Wurzeln entwickelt aufrechte oder aufsteigende, kantige Stängel, die im oberen Teil verzweigt sind. Die gestielten, 6 bis 12 cm langen Grundblätter sind verkehrt eiförmig länglich geformt und am Rand gezähnt. Die Stängelblätter sind lanzettlich oder linealisch geformt und werden zur Spitze hin allmählich kleiner. Die lilafarbenen bis blauvioletten Blüten stehen in einer schlanken Rispe. Der kahle Kelch besteht aus einer kurzen Kelchröhre und 5 linealisch lanzenförmigen Kelchzähnchen. Die röhrig glockige Krone wird 2 bis 2,5 cm lang und weist 5 leicht nach außen gebogene Kronzipfel auf.

Habitat: Wiesen, Brachen, Gebüsche, trockene, steinige, sonnige Standorte; bis 1500 m ü. d. M.

Ursprung und Verbreitung: Die Rapunzelglockenblume ist in Europa und Kleinasien heimisch und in fast ganz Europa zerstreut anzutreffen.

Die fleischigen, rübenförmigen Wurzeln und die jungen Triebe der Rapunzelglockenblume sind essbar.

Büschelglockenblume Campanula glomerata

Morphologie: Diese krautige, mehrjährige, 20 bis 60 cm hohe Pflanze entwickelt dünne, rhizomatöse Wurzeln und aufrechte, unverzweigte, wenig behaarte Stängel. Die gestielten, lanzettlich spateligen, am Grund herzförmigen oder abgerundeten Grundblätter sind am Rand stumpf gezähnt und werden 10 bis 12 cm lang. Die 3 bis 5 cm langen, dreieckig ovalen Stängelblätter sind sitzend und fast stängelumfassend. Die blauvioletten Blüten stehen meist nur in dichten, endständigen Köpfchen, gelegentlich jedoch auch in Büscheln an den Blattachseln der oberen Blätter. Der behaarte Kelch besteht aus einer kurzen Röhre und 5 lanzettlich spitzen Zipfeln. Die glockige, bis zu 3 cm lange Krone zeigt einen Saum aus 5 weiten, leicht gebogenen Kronlappen.

Wuchsform
krautig, aufrecht
Höhe
20 bis 60 cm
Blüten
blauviolett, in Köpfchen
Blütezeit
Juni bis September
Habitat
trockene Wiesen, Rodungen, Wald- und Wegränder
Wiesen

Habitat: Trockene Wiesen, Wald- und Wegränder, Lichtungen; bis 1500 m ü. d. M.

Ursprung und Verbreitung: Die in Europa und in Kleinasien heimische Knäuelglockenblume ist in Mitteleuropa recht häufig anzutreffen und dringt im Norden bis Südschweden und südlich bis Mittelitalien vor.

Ähnliche Arten: Die Borstige Glockenblume (*Campanula cervicaria* L.) ist etwas seltener und unterscheidet sich von der Büschelglockenblume durch ihre steife Behaarung, die in einem Stiel auslaufenden unteren Blätter sowie die stumpfen Kelchzähne.

Breitblättrige Glockenblume Campanula latifolia

Morphologie: Diese krautige, ausdauernde, 50 bis 120 cm hohe Pflanze entwickelt aufrechte, stumpf kantige, unverzweigte, wenig behaarte Stängel. Die gestielten, 5 bis 12 cm langen Grundblätter sind zur Blütezeit meist bereits wieder abgefallen. Die Spreite ist länglich eiförmig, am Grund verschmälert oder abgerundet, am Ende spitz auslaufend und am Rand gesägt. Die Stängelblätter sind fast sitzend und werden zur Spitze hin allmählich kleiner. Die leicht nickenden, kurzgestielten Blüten stehen in einer unverzweigten, belaubten Traube. Der kahle oder leicht behaarte Kelch weist 5 lanzettlich zugespitzte Kelchzähne auf. Die blauviolette, glockige Krone wird 4 bis 8 cm lang und zeigt 5 ausladende, an der Spitze leicht zurückgebogene Kronlappen.

Wuchsform
krautig, aufrecht
Höhe
50 bis 120 cm
Blüten
blauviolett, in Trauben
Blütezeit
Juni bis August
Habitat
Mischwälder, Lichtungen, krautreiches Gelände
Wälder

Habitat: Mischwälder, Lichtungen, krautreiches Gelände; von 500 bis 1500 m ü. d. M.

Ursprung und Verbreitung: Die in Europa und dem Kaukasus heimische Breitblättrige Glockenblume ist selten geworden und vor allem in den Alpen und im Alpenvorland anzutreffen.

Nesselblättrige Glockenblume

Campanula trachelium

Weitere Namen
Brennnessel-
blättrige
Glockenblume

Wuchsform
krautig,
aufrecht

Höhe
30 bis 100 cm

Blüten
blauviolett,
in Trauben

Blütezeit
Juli und August

Habitat
Laub- und
Mischwälder,
Gebüsche,
Lichtungen

Wälder

Morphologie: Krautige, ausdauernde, 30 bis 100 cm hohe Pflanze mit robustem, verholzendem Rhizom und aufrechten, schwach behaarten, rötlich überlaufenen Stängeln, die besonders im oberen Teil scharfkantig sind. Die rauen Grundblätter stehen an 5 bis 15 cm langen Stielen, die Spreite ist oval herzförmig, am Ende spitz zulaufend, randlich grob gezähnt und 6 bis 9 cm lang. Die Stängelblätter sind oval oder lanzettlich, fast sitzend und werden nach oben hin allmählich kleiner. Die abstehenden oder aufrechten Blüten sind kurzgestielt und stehen in einer belaubten, einfachen oder verzweigten, allseitswendigen Traube. Der etwa 1 cm lange Kelch weist 5 oval lanzettliche, aufrechte Kelchzipfel auf. Die blau-violette, glockige Krone wird 2,5 bis 5 cm lang und zeigt 5 dreieckige Zipfel, die bewimpert sind. Die Frucht ist eine behaarte Kapsel.

Habitat: Krautreiche Laub- und Mischwälder, Gebüsche, Lichtungen; bis 500 m ü. d. M.

Ursprung und Verbreitung: Die Nesselblättrige Glockenblume ist heute in fast ganz Europa und Asien verbreitet.

Ackerglockenblume Campanula rapuncoloides

Wuchsform
krautig,
aufrecht

Höhe
30 bis 100 cm

Blüten
blauviolett,
in Trauben

Blütezeit
Juni bis August

Habitat
Wälder,
Wegränder,
Äcker

Wälder

Morphologie: Diese krautige, ausdauernde, rhizombildende, 30 bis 100 cm hohe Pflanze bildet kriechende Ausläufer und entwickelt aufrechte, rauhaarige, unverzweigte Stängel, die an der Basis leicht rötlich überlaufen sind. Die langgestielten, 8 bis 12 cm langen Grundblätter haben eine Spreite, die dreieckig bis länglich geformt ist, der Grund ist herzförmig, der Rand unregelmäßig gezähnt. Die Stängelblätter sind länglich lanzettlich geformt, sitzend und werden zur Spitze hin allmählich kleiner. Die nickenden blauvioletten Blüten stehen in einer einseitswendigen, einfachen oder leicht verzweigten Traube. Der Kelch besteht aus einer kurzen Röhre und 5 lanzettlichen Zipfeln, die gegen Ende der Blütezeit zurückgebogen sind. Die röhrig glockige Krone ist 2 bis 3 cm lang und weist 5 am Rand gewimperte Kronzipfel auf.

Habitat: Wälder, Wegränder, Äcker, Unkrautfluren; bis 1500 m ü. d. M.

Ursprung und Verbreitung: Die in Europa und dem Kaukasus heimische Ackerglockenblume ist heute in fast ganz Europa anzutreffen.

Ähnliche Arten: *Campanula bononiensis* L., die Bologneserglockenblume, unterscheidet sich von der Ackerglockenblume hauptsächlich durch die auf der Unterseite dicht weißflaumig behaarten Blätter, die allseitswendige Blütentraube und die etwas kleinere Krone (1 bis 2 cm).

Rundblättrige Glockenblume Campanula rotundifolia

Morphologie: Krautige, ausdauernde, 10 bis 40 cm hohe Pflanze mit kriechendem Rhizom und schlanken, niederliegenden oder aufsteigenden Stängeln, die leicht behaart sind. Die langgestielten Grundblätter sind zur Blütezeit meist bereits wieder abgefallen. Die 1 bis 2 cm breite Blattspreite ist rundlich oder nierenförmig und am Rand gezähnt. Die Stängelblätter sind sehr variabel, meist linealisch lanzettlich geformt und 2 bis 5 cm lang. Der Blütenstand ist eine lockere Traube, die nur wenige Blüten trägt, welche vor dem Aufblühen aufrecht stehen, zur Blüte jedoch nickend sind. Der kahle oder leicht behaarte Kelch weist 5 lanzettlich zugespitzte Zipfel auf. Die glockige, hellblau bis violett gefärbte Krone ist 1 bis 2,5 cm lang und zeigt 5 ovale Zipfel. Die Frucht ist eine nickende Kapsel.

Habitat: Steinige Böden, trockene Wiesen, Heiden; von 100 bis 2000 m ü. d. M.

Ursprung und Verbreitung: Die Rundblättrige Glockenblume stammt aus Nord- und Mitteleuropa und ist heute auch im Süden, dort jedoch nur im Gebirge, anzutreffen.

Wuchsform	krautig, aufsteigend
Höhe	10 bis 40 cm
Blüten	hellblau bis violett, in Trauben
Blütezeit	Juni bis September
Habitat	steinige Böden, trockene Wiesen, Heiden
felsige Standorte	

Scheuchzer-Teufelskralle Phyteuma scheuchzeri

Morphologie: Diese krautige, ausdauernde, 30 bis 50 cm hohe Pflanze entwickelt aufrechte oder aufsteigende Stängel. Die Grundblätter sind langgestielt, eiförmig lanzettlich geformt und 3 bis 4 cm lang, mit gezähntem Rand. Die Stängelblätter sind länger, zarter und fast linealisch. Die Blütenstände sind kugelige, ca. 4 cm breite Köpfchen, von denen jedes an der Basis von 2 bis 4 linealischen, abstehenden oder zurückgebogenen Tragblättern umgeben ist, welche viel länger als die jeweiligen Köpfchen sind. Die blauviolette, 1,5 bis 2 cm lange Krone, die von einem kahlen Kelch umgeben ist, besteht aus einer sehr kurzen Kronröhre und miteinander verwachsenen Kronzipfeln, die nur eine Öffnung für den Durchgang des Griffels freilassen.

Habitat: Steinige Böden, Felsen, feuchte und schattige Standorte; von 200 bis auf 2200 m ü. d. M.

Ursprung und Verbreitung: Die Scheuchzer-Teufelskralle ist ein Endemit des Alpenbogens und tritt vor allem in den südlichen Ausläufern der Alpen auf.

Ähnliche Arten: *Phyteuma charmelii* Vill. unterscheidet sich von der oben beschriebenen Art durch die herzförmigen Grundblätter, die viel kürzeren Tragblätter (sie sind nicht länger als das Köpfchen), die gewimperten Kelchzipfel und der Anzahl der Narben (2 anstatt 3). Darüber hinaus ist diese Spezies auf ein viel kleineres Verbreitungsgebiet beschränkt.

Wuchsform	krautig, aufrecht
Höhe	30 bis 50 cm
Blüten	blauviolett, in Köpfchen
Blütezeit	Juni bis August
Habitat	Felsen, feuchte und schattige Standorte
felsige Standorte	

Wasserdost   Eupatorium cannabinum

Weitere Namen
Gemeiner
Wasserdost,
Kunigunden-
kraut

Wuchsform
krautig,
aufrecht

Höhe
50 bis 150 cm

Blüten
rosa bis
purpurn,
in Köpfchen

Blütezeit
Juli und August

Habitat
feuchte
Standorte in
Auwäldern, an
Wassergräben,
an Ufern usw.

feuchte
Standorte

Morphologie: Diese krautige, ausdauernde, 50 bis 150 cm hohe Pflanze entwickelt aufrechte, kräftige, oft rötliche und behaarte Stängel, die vor allem im oberen Teil reich verzweigt sind. Die gegenständigen, kurzgestielten unteren Blätter sind 7 bis 10 cm lang, die Spreite ist lanzettlich geformt, am Ende zugespitzt und am Rand leicht gezähnt. Die oberen Blätter sind handförmig in 3 bis 5 Segmente geteilt, die 4 bis 6 cm lang und elliptisch geformt sind. Die rosa bis purpurfarbenen Blütenköpfchen stehen in dichten Schirmrispen von 10 bis 15 cm Durchmesser. Jedes der Köpfchen ist von einer zylindrischen, 7 mm breiten Hülle aus 6 bis 10 kurzen, stumpfen Schuppenblättern umgeben. Die röhrigen, zwittrigen, etwa 1 cm langen Blüten verströmen einen angenehmen Duft. Die Frucht besteht aus kantigen, gestriften Achänen, die von einem weißlichen Pappus bedeckt sind.

Habitat: Feuchte bis sumpfige Standorte in Auwäldern, Lichtungen, Kahlschlägen sowie an Ufern und Gräben; bis 1300 m ü. d. M.

Ursprung und Verbreitung: Der Wasserdost ist in Europa häufig anzutreffen.

Synonym: *Eupatoria cannabina* L.

Gemeine Goldrute   Solidago virgaurea

Weitere Namen
Gewöhnliche
Goldrute,
Gülden-
wundkraut

Wuchsform
aufrecht,
krautig

Höhe
10 bis 80 cm

Blüten
gelb,
in Köpfchen

Blütezeit
Juli bis Oktober

Habitat
Wälder,
Wiesen und
Weiden

Wälder

Morphologie: Ausdauernde, 10 bis 80 cm hohe Pflanze mit schiefer bräunlicher Wurzel und steifen, striefigen, aufrechten oder aufsteigenden Stängeln. Die Grundblätter stehen mehr oder weniger rosettenartig zusammen und haben eine lanzettliche, 7 bis 9 cm lange, zugespitzte Spreite mit gezähntem Rand, die am Grund in einen 5 bis 8 cm langen, geflügelten Stiel ausläuft. Die Stängelblätter sind stiellos und werden nach oben hin allmählich immer kleiner. Die etwa 7 bis 10 mm langen Blütenköpfchen stehen in einer schmalen Rispe zusammen. Jedes der Köpfchen ist von einer zylindrischen Hülle aus linealisch lanzettlichen, häutigen, am Rand bewimperten Schuppenblättern umgeben. Die Blütenscheibe besteht aus gelben, 7 bis 9 mm langen Röhrenblüten und ist von strahlig angeordneten, 10 bis 16 mm langen, ebenfalls gelben Zungenblüten umgeben.

Habitat: Laub- und Nadelwälder, trockene Wiesen und Weiden; bis 2000 m ü. d. M.

Ursprung und Verbreitung: Die Gemeine Goldrute ist in den kühlen und gemäßigtkühlen Klimazonen Europas, Asiens und Nordamerikas recht häufig anzutreffen.

Kanadische Goldrute   Solidago canadensis

Morphologie: Diese krautige, ausdauernde, 50 bis 250 cm hohe Pflanze entwickelt aufrechte, kräftige, samtig behaarte Stängel. Die 7 bis 15 cm langen Blätter haben eine linealisch lanzettlich geformte Spreite, die auf der Unterseite entlang der Nervatur gewimpert, am Ende zugespitzt und randlich leicht gesägt ist. Die 3 bis 4 mm breiten Köpfchen stehen in einer einseitswendigen, ausladenden Rispe, deren Zweige flaumig behaart sind. Jedes der Köpfchen ist mit einer zylindrischen Hülle aus linealisch länglichen, hautrandigen Schuppen umgeben. Die gelbe Blütenscheibe besteht aus 3 bis 4 mm langen Röhrenblüten und ist von strahlig angeordneten, etwa gleich langen Zungenblüten umgeben, die ebenfalls gelb gefärbt sind. Die Früchte sind zylindrische, gerippte Achänen mit weißem Pappus.

Habitat: Ufer, Auwälder, schattige Schuttplätze, bevorzugt nährstoffreiche Lehmböden; bis 800 m ü. d. M.

Ursprung und Verbreitung: Die Kanadische Goldrute stammt aus Nordamerika und wurde nach Mittel- und Südeuropa eingeschleppt, wo sie sich rasch verbreitete und heute oft in Massen anzutreffen ist.

Ähnliche Arten: Die Riesengoldrute *(Solidago gigantea)* wächst mehr oder weniger auf den gleichen Standorten und unterscheidet sich von der Kanadischen Goldrute durch die kahlen, oft rot überlaufenen Stängel und die Zungenblüten, welche länger sind als die Röhrenblüten.

Wuchsform	krautig, aufrecht
Höhe	50 bis 250 cm
Blüten	gelb, in Köpfchen
Blütezeit	Juli bis Oktober
Habitat	Auwälder, Ufer, Schuttplätze
feuchte Standorte	

Bergaster   Aster amellus

Morphologie: Krautige, ausdauernde, 20 bis 50 cm hohe, mit steifen Härchen bedeckte Pflanze mit schwarzem Rhizom und aufrechten, zylindrischen Stängeln, die im oberen Teil verzweigt sind. Die gestielten Grundblätter sind 2,5 bis 3 cm lang, oval elliptisch geformt und rauhaarig. Die Stängelblätter sind ähnlich lanzettlich geformt, aber stängellos und werden nach oben hin allmählich schmäler. Die ca. 3 bis 4 cm breiten Köpfchen stehen zu zweit bis sechst in einem doldigen Blütenstand an der Spitze des Stängels. Jedes der Köpfchen ist mit keilförmigen, oft rötlich überlaufenen, schuppigen Hüllblättern umgeben. Die Blütenscheibe besteht aus leuchtend gelben Röhrenblüten, die von ca. 20 strahlig angeordneten, lila bis violett gefärbten Zungenblüten umgeben sind. Die Frucht ist eine borstige Achäne mit weißlichem oder rötlichem Pappus.

Weitere Namen	Kalkaster
Wuchsform	krautig, aufrecht
Höhe	20 bis 50 cm
Blüten	lila und gelb, in Köpfchen
Blütezeit	August bis Oktober
Habitat	lichte Wälder, Waldränder, Gebüsche
Wälder	

Habitat: Lichte Wälder, Waldränder, Gebüsche, Magerrasen, bevorzugt auf kalkhaltigen Böden; bis 800 m ü. d. M.

Ursprung und Verbreitung: Die seltene Bergaster ist in Mitteleuropa und Sibirien beheimatet, kommt aber auch in Südosteuropa vor.

Einjähriges Berufkraut   Erigeron annuus

Weitere Namen
Weißes
Berufkraut

Wuchsform
krautig,
aufrecht

Höhe
50 bis 100 cm

Blüten
weiß oder rosa
und gelb,
in Köpfchen

Blütezeit
Juli bis Oktober

Habitat
Wiesen, Bra-
chen, Auwälder,
Ufer, Wegränder

**feuchte
Standorte**

Morphologie: Krautige, einjährige, 50 bis 100 cm hohe Pflanze mit aufrechten, behaarten, reich verzweigten Stängeln. Die gestielten unteren Blätter sind 5 bis 7 cm lang, breit lanzettlich geformt und am Rand grob gezähnt. Die oberen Blätter sind ähnlich geformt, aber sitzend, und werden zur Spitze hin allmählich kleiner. Die ca. 1,5 cm breiten Köpfchen stehen in einer lockeren Schirmrispe, wobei die mittleren oft tiefer stehen als die randlichen Köpfchen. Jedes der Köpfchen ist von einem zwei- oder dreireihigen Hüllkelch aus lanzettlich spitzen, schuppigen Hüllblättern umgeben. Die Blütenscheibe besteht aus gelben, seltener rosafarbenen Röhrenblüten, die von weißen, 7 bis 9 mm langen, strahlig angeordneten Zungenblüten umgeben sind. Die Frucht ist eine Achäne mit zweireihigem Pappus.

Habitat: Wiesen, Auwälder, Ufer, Dämme, Wegränder; bis 1200 m ü. d. M.

Ursprung und Verbreitung: Das Einjährige Berufkraut stammt ursprünglich aus Nordamerika und ist heute in Mittel- und Südeuropa eingebürgert, wo es fast überall häufig anzutreffen ist.

Synonym: *Stenactis annuus* Nees.

Gänseblümchen   Bellis perennis

Weitere Namen
Maßliebchen,
Mehrjähriges
Gänseblüm-
chen, Tausend-
schönchen

Wuchsform
krautig, buschig

Höhe
5 bis 15 cm

Blüten
weiß und gelb,
in Köpfchen

Blütezeit
Februar bis
November

Habitat
Wiesen, Weiden,
Parkanlagen,
Wegränder

Wiesen

Morphologie: Diese krautige, buschige, ausdauernde, 5 bis 15 cm hohe Pflanze entwickelt einfache, blütenschaftähnliche Stängel, die behaart und blattlos sind. Die 3 bis 4 mm langen Blätter stehen in einer dichten Grundrosette, sind verkehrt eiförmig bis spatelig geformt, stumpf gezähnt und verschmälern sich an der Basis zu einem breiten, geflügelten Stiel. Die 2 bis 2,5 cm breiten Köpfchen stehen an der Spitze des Blütenschafts. Jedes der Köpfchen ist von schuppigen, stumpfen und vorne abgerundeten Hüllblättern umgeben. Die Blütenscheibe besteht aus 1,5 bis

1,7 mm langen, gelben Röhrenblüten, die von strahlig angeordneten, 8 bis 9 mm langen Zungenblüten umgeben sind, welche meist reinweiß, oft aber an der Spitze rötlich gefärbt sind. Die Früchte sind ovale, behaarte Achänen ohne Pappus.

Habitat: Wiesen, Weiden, Parkanlagen, Wegränder; bis auf 1800 m ü. d. M.

Ursprung und Verbreitung: Das Gänseblümchen ist in Europa und dem Kaukasus heimisch und ist in fast ganz Europa häufig anzutreffen.

Ähnliche Arten: *Bellis margaritaefolia* Huter unterscheidet sich vom Gänseblümchen durch den größeren Wuchs, den kahlen Stängel und das viel größere Köpfchen.

Weidenalant   Inula salicina

Morphologie: Krautige, buschige, ausdauernde, 25 bis 80 cm hohe Pflanze mit kriechendem Rhizom und Ausläufern entwickelt aufsteigende, geriefte Stängel, die an der Basis verholzt und im oberen Teil einfach oder verzweigt sind. Die sitzenden, fast stängelumfassenden Blätter haben eine gekrümmte, 4 bis 7 cm lange, länglich lanzettlich geformte Spreite, die am Grund herzförmig und am Rand gewimpert ist. Die 2,5 bis 3,5 cm breiten Köpfchen stehen in einer Dolde an der Stängelspitze. Jedes der Köpfchen ist von einer glockig halbkugeligen Blütenhülle umgeben. Die Blütenscheibe besteht aus goldgelben Röhrenblüten und ist von 1 bis 1,5 cm langen, ebenfalls gelben und strahlig angeordneten Zungenblüten umgeben. Die Frucht ist eine meist kahle Achäne mit flaumigem Pappus.

Habitat: Halbtrockenrasen, Waldränder, Feuchtwiesen, Gebüsche; bevorzugt auf kalkhaltigen Böden; bis 1400 m ü. d. M.

Ursprung und Verbreitung: Der in Europa und dem Kaukasus heimische Weidenalant ist in Mittel- und Osteuropa zerstreut anzutreffen.

Ähnliche Arten: *Buphthalmum salicifolium* L., das Weidenblättrige Ochsenauge, unterscheidet sich vom Weidenalant durch die meist größeren Köpfchen und das Fehlen des Pappus bei den Früchten.

Wuchsform	krautig, buschig
Höhe	25 bis 80 cm
Blüten	gelb, in Köpfchen
Blütezeit	Juni bis Oktober
Habitat	Halbtrockenrasen, Waldränder, Feuchtwiesen, Gebüsche
Wälder	

Ochsenauge   Buphthalmum salicifolium

Morphologie: Diese krautige, ausdauernde, 20 bis 60 cm hohe Pflanze entwickelt aufrechte, zylindrische, behaarte Stängel, die einfach oder verzweigt sind. Die 4 bis 7 cm langen Blätter haben eine oval lanzettlich geformte Spreite, die seidenhaarig und am Rand ganzrandig oder gesägt ist. Die Grundblätter verschmälern sich zu einem Stiel, die oberen sind sitzend und leicht herzförmig stängelumfassend. Die 3 bis 6 cm breiten Blütenköpfchen stehen an der Spitze der langen, unbelaubten Stiele. Jedes der Köpfchen ist von schuppigen, aufrechten, am Rand blassen Hüllblättern umgeben. Die Blüten-

scheibe besteht aus 7 bis 8 mm langen, goldgelben Röhrenblüten, die von strahlig angeordneten, etwa 1,5 bis 2 cm langen, ebenfalls goldgelben Zungenblüten umgeben sind. Bei den Früchten handelt es sich um geflügelte, dreikantige Achänen.

Habitat: Sonnige Kalkmagerrasen, Waldränder, Gebüsche, bevorzugt auf kalkhaltigen Böden; von 100 bis 2000 m ü. d. M.

Ursprung und Verbreitung: Das Ochsenauge stammt aus dem südosteuropäischen Raum und ist heute in den Gebirgen Mittel- und Südeuropas verbreitet anzutreffen.

Ähnliche Arten: *Inula salicina* L., der Weidenalant, unterscheidet sich durch die im Oberteil gerieften bis kannelierten Stängel, die meist kleineren Köpfchen und die längeren, schmäleren Zungenblüten sowie durch die mit einem flaumigen Pappus bedeckten Achänen.

Weitere Namen	Weidenblättriges Ochsenauge, Gemeines Rindsauge
Wuchsform	krautig, aufrecht
Höhe	20 bis 60 cm
Blüten	gelb, in Köpfchen
Blütezeit	Juni bis September
Habitat	sonnige Kalkmagerrasen, Waldränder, Gebüsche
trockene Standorte	

Wiesenschafgarbe Achillea millefolium

Weitere Namen
Gemeine
Schafgarbe,
Feldgarbe

Wuchsform
krautig,
aufrecht

Höhe
15 bis 50 cm

Blüten
weiß,
in Köpfchen

Blütezeit
Juni bis Oktober

Habitat
Halbtrocken-
rasen, Wiesen,
Äcker, Wege,
Weiden

Wiesen

Morphologie: Diese krautige, ausdauernde, leicht aromatisch duftende, 15 bis 50 cm hohe Pflanze mit Ausläufer bildendem, horizontalem Rhizom entwickelt aufrechte, geriefte, leicht behaarte Stängel. Die länglich lanzettlich geformten Blätter sind zwei- oder dreifach gefiedert, mit schmalen, ganzrandigen oder gezähnten Teilblättchen. Die 10 bis 20 cm langen Grundblätter sind gestielt, die Stängelblätter jedoch sitzend und nach oben hin allmählich kleiner werdend. Die 4 bis 5 mm breiten Köpfchen stehen in einer dichten Dolde, wobei jedes der Köpfchen von eiförmigen, häufig schuppigen Hüllblättern umgeben ist. Die Blütenscheibe besteht aus ca. 2 mm langen, weißen oder rosafarbenen Röhrenblüten, die von 4 oder 5 strahlig angeordneten, ebenfalls weiß oder rosafarben gefärbten dreizähnigen Zungenblüten umgeben sind. Die Früchte sind ca. 2 mm lange, am Rand leicht geflügelte Achänen ohne Pappus.

Habitat: Halbtrockenrasen, Wiesen, Weiden, Wege, Äcker; bis 2000 m ü. d. M.

Ursprung und Verbreitung: Die Wiesenschafgarbe ist in Europa und Sibirien weit verbreitet.

Ähnliche Arten: Nach Meinung einiger Autoren gehört diese sehr formenreiche Art zur gleichnamigen Artengruppe, die 6 weitere, sehr ähnliche Spezies umfasst, welche mehr oder weniger an den gleichen Standorten gedeihen.

Kamille Matricaria chamomilla

Weitere Namen
Echte Kamille,
Mägdeblume,
Mutterkraut,
Ganille

Wuchsform
krautig,
aufrecht

Höhe
15 bis 40 cm

Blüten
gelb und weiß,
in Köpfchen

Blütezeit
Mai bis August

Habitat
Äcker, Getreide-
felder, Wege,
Schuttplätze

**Äcker und
Felder**

Morphologie: Krautige, einjährige, sehr aromatisch duftende, 15 bis 40 cm hohe Pflanze mit kahlen, aufrechten oder aufsteigenden, häufig verzweigten Stängeln. Die sitzenden, 3 bis 5 cm langen Blätter sind im Umriss lanzettlich geformt und zwei- oder dreifach fiederteilig mit schmalen, auseinander strebenden, fast fadenförmigen und spitz endenden Fiederblättchen. Die 1,5 bis 2 cm breiten Köpfchen stehen an langen, kahlen Stielen und bilden lockere Dolden. Jedes Köpfchen ist von einem becherförmigen Hüllkelch mit randlich häutigen Schuppen umgeben. Der Blütenboden ist kegelförmig und hohl. Die Blütenscheibe besteht aus gelben Röhrenblüten, die von strahlig angeordneten, weißen Zungenblüten umgeben sind, welche gegen Ende der Blütezeit nach hinten zurückgebogen sind. Die Früchte sind 1 bis 2 mm lange, gerippte Achänen ohne Pappus.

Habitat: Äcker, Getreidefelder, Wege, Schuttplätze; bis 800 m ü. d. M.

Ursprung und Verbreitung: Die aus Asien stammende Kamille kommt heute fast überall auf der Welt vor und wird in der Volksmedizin vor allem bei Entzündungen sowie Magen- und Darmstörungen verwendet.

Synonym: *Chamomilla recutita* (L.) Rauschert.

Ähnliche Arten: *Matricaria inodora* L., die Geruchlose Strandkamille, auch unter dem Namen „Falsche Kamille" bekannt, gedeiht mehr oder weniger an den gleichen Standorten.

Margerite Leucanthemum vulgare

Morphologie: Diese krautige, ausdauernde, 20 bis 50 cm hohe Pflanze entwickelt aufrechte oder aufsteigende, einfache oder verzweigte Stängel, die an der Basis leicht behaart sind. Die gestielten unteren Blätter sind länglich lanzettlich oder spatelig geformt und am Rand eingeschnitten oder gezähnt. Die oberen Blätter sind sitzend oder halbstängelumfassend, am Rand gesägt und werden zur Spitze hin allmählich kleiner. Die 4 bis 6 cm breiten Blütenköpfchen sind von lanzettlichen, braun oder schwarz umrandeten Hüllblättern umgeben. Die Blütenscheibe besteht aus gelben Röhrenblüten und ist außen von strahlig angeordneten, gerieften und am Ende dreispaltigen, weißen Zungenblüten umgeben. Die Früchte sind braune Achänen.

Habitat: Wiesen, Felder, Ödland, Gebüsche; bis 2000 m ü. d. M.

Ursprung und Verbreitung: Die Margerite ist eine in Europa und Sibirien häufig anzutreffende Spezies.

Synonym: *Chrysanthemum leucanthemum* L.

Ähnliche Arten: Einige Autoren definieren mit *Leucanthemum vulgare* eine Gruppe von Spezies mit zahlreichen Unterarten und Varietäten, deren Morphologie überaus variabel ist, was eine exakte Klassifizierung sehr schwierig macht. Manche dieser Arten sind auf eng begrenzte Standorte beschränkt.

Weitere Namen
Gewöhnliche Wucherblume, Weiße Wucherblume, Orakelblume

Wuchsform
krautig, aufrecht

Höhe
20 bis 50 cm

Blüten
gelb und weiß, in Köpfchen

Blütezeit
Juni bis Oktober

Habitat
Wiesen, Felder, Ödland, Gebüsche

Wiesen

Rainfarn Tanacetum vulgare

Morphologie: Diese krautige, ausdauernde, aromatisch duftende, 60 bis 120 cm hohe Pflanze entwickelt aufrechte, kantige, kahle oder leicht behaarte Stängel. Die gestielten unteren Blätter sind 9 bis 15 cm lang und fiederspaltig in 15 bis 23 linealisch lanzettliche Segmente unterteilt, die ihrerseits tief eingeschnitten und am Rand gesägt sind. Die oberen Blätter sehen ähnlich aus, sind ungestielt und werden nach oben hin allmählich kleiner. Die in dichten Schirmrispen stehenden Köpfchen sind 8 bis 9 mm breit und von hellgrünen, hautrandigen Hüllblättern umgeben. Die nur aus Röhrenblüten bestehende Blüte ist goldgelb gefärbt, wobei die Blüten im Zentrum zweigeschlechtig, die äußeren weiblichen Geschlechts sind. Die Früchte sind gerippte Achänen.

Habitat: Wege, Schuttplätze, Gebüsche, Ufer; bis 1600 m ü. d. M.

Ursprung und Verbreitung: Der Rainfarn ist in Europa und Kleinasien häufig anzutreffen.

Synonyme: *Chrysanthemum vulgare* (L.), *Chrysanthemum vulgare* Bernh.; *Pyrethrum tanacetum* Bernh.

Ähnliche Arten: Diese Spezies wird oft gleichnamigen Artengruppe zugeordnet, die zwei weitere, ähnliche Arten umfasst. Es handelt sich dabei um *Tanacetum siculum* (Guss.) Strobl, die in Sizilien endemisch ist, sowie *T. audiberti* (Req.) DC., welche nur auf Sardinien vorkommt.

Weitere Namen
Gemeiner Rainfarn, Wurmkraut

Wuchsform
krautig, aufrecht

Höhe
60 bis 120 cm

Blüten
gelb, in Köpfchen

Blütezeit
Juli bis September

Habitat
Wege, Schuttplätze, Gebüsche, Ufer

Unkrautfluren, Wegränder

Gewöhnlicher Beifuß · Artemisia vulgaris

Weitere Namen
Gemeiner
Beifuß

Wuchsform
krautig,
aufrecht

Höhe
60 bis 150 cm

Blüten
rötlich braun,
in Köpfchen

Blütezeit
Juli bis
September

Habitat
Wege,
Schuttplätze,
Mauern, Ufer

Ruderalfluren

Morphologie: Diese krautige, buschige, ausdauernde, leicht bitter-aromatisch riechende, 60 bis 150 cm hohe Pflanze entwickelt aufrechte, eckig geriefte, oft rötlich überlaufene, reich verzweigte Stängel. Die 9 bis 12 cm langen unteren Blätter sind fiederspaltig in 2 bis 4 lanzettliche, unregelmäßig leierförmige und eingeschnitten-gezähnte Segmente unterteilt. Die oberen Blätter werden zur Spitze hin allmählich kleiner und sind fast linealisch geformt. Alle Blätter sind kahl, auf der Oberseite dunkelgrün, auf der Unterseite weißfilzig und am Grund geöhrt. Der Blütenstand ist eine reich verzweigte, belaubte Rispe aus kleinen, eiförmigen, ca. 3 mm breiten Köpfchen, die von schuppigen, graufilzigen, breit hautrandigen Hüllblättern umgeben sind. Die Blüte besteht aus drüsigen, etwa 2 mm langen, gelbbraunen Röhrenblüten. Die Früchte sind kahle Achänen.

Habitat: Wege, Schuttplätze, Mauern, Ufer, Dämme; bis 1000 m ü. d. M.

Ursprung und Verbreitung: Der Gewöhnliche Beifuß ist auf allen Kontinenten der Erde, vor allem aber auf der nördlichen Halbkugel, häufig anzutreffen.

Ähnliche Arten: *Artemisia verlotiorum*, der Ostasiatische Beifuß, unterscheidet sich vom Gewöhnlichen Beifuß durch die langen Ausläufer an der Stängelbasis, die ganzrandigen oberen Stängelblätter und die rötlichen, nicht drüsigen Blüten.

Wermutkraut · Artemisia absinthium

Weitere Namen
Wermut,
Absinth,
Magenkraut,
Bitterer Beifuß

Wuchsform
halbstrauch-
artig, buschig

Höhe
30 bis 120 cm

Blüten
gelb,
in Köpfchen

Blütezeit
Juni bis
September

Habitat
Brachen, Wege,
Gärten, Schutt-
plätze, Mauern

**Unkrautfluren,
Wegränder**

Morphologie: Diese sehr aromatisch riechende, bitter schmeckende, 30 bis 120 cm hohe, halbstrauchartige Pflanze entwickelt aufrechte oder aufsteigende, weißgrau filzige Stängel, die an der Basis leicht verholzt und im oberen Teil verzweigt sind. Die langgestielten unteren Blätter sind zwei- bis dreifach gefiedert, mit linealisch länglichen, 3 bis 4 mm breiten, oben stumpfen Teilfiedern. Die oberen Blätter sind fast sitzend und werden zur Spitze hin allmählich kleiner. Der Blütenstand ist eine fast einseitswendige, vielblütige, belaubte Rispe aus 30 bis 60 kugeligen, 3 bis 5 mm breiten Köpfchen, die jeweils von schuppigen, hautrandigen Hüllblättern umgeben sind. Die hellgelben bis gelbbraunen Blüten, alles Röhrenblüten, sind ca. 2 mm lang und nickend. Die Früchte sind winzige Achänen ohne Drüsen.

Habitat: Wege, Gärten, Schuttplätze, Mauern; bevorzugt trockene Böden; bis 1200 m ü. d. M.

Ursprung und Verbreitung: Das als Gewürz- und Arzneipflanze bekannte Wermutkraut ist hauptsächlich in Mittel- und Südeuropa sowie in Westasien zerstreut anzutreffen.

Ähnliche Arten: *Artemisia aborescens* L. ist vor allem im Mittelmeergebiet verbreitet und unterscheidet sich von der oben beschriebenen Art durch die auch im etwas höheren Bereich verholzten Stängel, die größeren Köpfchen (5 bis 8 mm) und die schmäleren Teilfiedern (0,5 bis 2 mm breit).

Gewöhnlicher Huflattich   Tussilago farfara

Morphologie: Ausdauernde, 10 bis 30 cm hohe Pflanze mit horizontalem, kriechendem Wurzelstock. Die Blätter entwickeln sich erst nach der Blüte. Die Grundblätter stehen an 4 bis 7 cm langen Stielen und sind herzförmig, rund oder mehr oder weniger sechseckig, 5 bis 7 cm breit, auf der Unterseite flaumig weiß behaart und am Rand grob gezähnt. Die rötlichen Stängelblätter sind lanzettlich oder schuppenförmig, 1,5 bis 2 cm lang und stängelumfassend. Die 2 bis 3 cm breiten Blütenköpfchen stehen gewöhnlich einzeln an den Enden der aufrechten, vor der Blüte oft bogigen Stängel. Jedes Köpfchen ist von einer zylindrischen Hülle aus linealischen, schuppigen Hüllblättern umgeben. Die mittleren Blüten sind röhrig und männlichen Geschlechts, die schmalzüngigen Randblüten sind 12 bis 18 mm lang und weiblichen Geschlechts. Die Frucht ist eine 3 bis 5 mm lange Achäne mit weißem Pappus.

Habitat: Feuchte, schattige Orte in devastiertem Gelände, Acker- und Wegränder, Schuttplätze, erodierte Flächen an Bächen, Hangrutschungen; von der Ebene bis auf 2400 m ü. d. M.

Ursprung und Verbreitung: Bergregionen Eurasiens, in den Alpen häufig.

Weitere Namen
Brustlattich, Eselshut, Sandblume

Wuchsform
krautig, Staude

Höhe
10 bis 30 cm

Blüten
gelb, in Köpfchen

Blütezeit
Februar bis April

Habitat
feuchte Böden, Schuttplätze, Weg- und Ackerränder

feuchte Standorte

Gewöhnliche Pestwurz   Petasites hybridus

Morphologie: Krautige, ausdauernde, 10 bis 40 cm hohe Pflanze mit kräftigem, knolligem Rhizom, aus dem sich erst nach der Blütezeit die auffallend großen Blätter entwickeln. Die unteren Blätter, deren Durchmesser im Sommer bis zu 60 oder 70 cm im Durchmesser erreichen, stehen an langen, kannelierten Stielen. Die Blattspreite ist oval nierenförmig, am Rand grob gezähnt, auf der Oberseite grün und auf der Unterseite graufilzig. Die oberen Blätter sind kleiner, schuppenförmig und rötlich gefärbt. Die zahlreichen, in einer dichten, verlängerten Traube stehenden Köpfchen bestehen aus weißlich rötlichen Röhrenblüten, die entweder geruchlos sind oder leicht duften.

Habitat: Nasswiesen, Ufer, Gräben, Flussauen, Waldränder; bis 1600 m ü. d. M.

Ursprung und Verbreitung: Die Gewöhnliche Pestwurz ist in Nord- und Mitteleuropa sowie in den Gebirgen Südeuropas verbreitet anzutreffen.

Synonym: *Petasites officinalis* Moench.

Ähnliche Arten: Die Weiße Pestwurz (*Petasites albus* (L.) Gaertn.) unterscheidet sich von der Gewöhnlichen Pestwurz vor allem durch ihre dünneren Wurzeln, die kleineren, auf der Unterseite weißfilzigen Blätter (30 bis 40 cm im Durchmesser) und die gelblich weißen Blüten.

Weitere Namen
Rote Pestwurz, Echte Pestwurz, Großer Huflattich

Wuchsform
krautig, aufrecht

Höhe
10 bis 40 cm

Blüten
rötlich, in Köpfchen

Blütezeit
März bis Mai

Habitat
Nasswiesen, Ufer, Gräben, Flussauen

feuchte Standorte

Jakobsgreiskraut · Senecio jacobaea

Weitere Namen
Jakobs-
kreuzkraut

Wuchsform
krautig, auf-
recht

Höhe
30 bis 90 cm

Blüten
gelb,
in Köpfchen

Blütezeit
Juli bis
Oktober

Habitat
Trockenwiesen,
Hochstauden-
fluren,
Wegränder

**Unkrautfluren,
Wegränder**

Morphologie: Diese krautige, zwei- oder mehrjährige, 30 bis 90 cm hohe Pflanze entwickelt aufrechte, gerillte, im oberen Teil reich verzweigte Stängel. Die gestielten Grundblätter sind leierförmig oder fiederteilig, die oberen Blätter sind auf jeder Seite in 5 bis 7 paarweise Segmente unterteilt; das Endsegment ist etwas größer als die seitlichen. Die goldgelben Köpfchen stehen in einer doldenartigen Rispe. Jedes der Köpfchen ist 1,5 bis 2 cm breit und von einer halbkugeligen Hülle aus 2 Reihen von schuppigen, sehr kurzen Hüllblättchen umgeben. Die Blütenscheibe besteht im Zentrum aus Röhrenblüten und ist außen von 12 bis 15 strahlig angeordneten, ca. 1 cm langen Zungenblüten umgeben. Die Achänen der Körbchenblüten sind kurz behaart.

Habitat: Trockenwiesen, trockene Hochstaudenfluren, Wegränder; bevorzugt kalkhaltiges Substrat; bis 1500 m ü. d. M.

Ursprung und Verbreitung: Das Jakobsgreiskraut ist in Europa und Westasien verbreitet.

Ähnliche Arten: Das Spreizblättrige Greiskraut (*Senecio erraticus* Bertol.) gedeiht vor allem auf feuchten Wald- und Wegrändern und unterscheidet sich vom Jakobsgreiskraut hauptsächlich durch die 2 bis 4 paarweisen Segmente der Stängelblätter, deren sehr große Endlappen und die etwas kürzeren Zungenblüten.

Das Jakobsgreiskraut erhielt seinen Namen, weil es meist am 25. Juli, am Tag des hl. Jakob, in voller Blüte steht und weil die weißbehaarten Früchte nach der Blüte die Körbchen wie ein „Greisenhaupt" erscheinen lassen.

Gemeines Greiskraut   *Senecio vulgaris*

Morphologie: Diese krautige, einjährige, sehr kurzlebige, 10 bis 30 cm hohe Pflanze entwickelt aufrechte oder aufsteigende, kahle oder schwach behaarte Stängel, die im oberen Teil unregelmäßig verzweigt sind. Die 6 bis 7 cm langen unteren Blätter sind länglich spatelig geformt und tief in gezähnte Lappen geteilt oder gefiedert. Die oberen Blätter sind kleiner, fiederteilig und fast stängelumfassend. Die zylindrischen, 4 bis 5 mm breiten und etwa 1 cm langen Köpfchen stehen in einer Rispe. Jedes der Köpfchen ist von einem zylindrischen Hüllkelch mit schwarzen, hautrandigen Schuppen umgeben. Alle Blüten sind goldgelbe Röhrenblüten, Zungenblüten fehlen. Die Früchte sind 1 bis 2 mm lange Achänen mit weißem, borstigem Pappus.

Habitat: Schuttplätze, Kahlschläge, Gärten, Äcker, Straßenränder; bis 1800 m ü. d. M.

Ursprung und Verbreitung: Das Gewöhnliche Greiskraut ist in Europa und Asien sehr häufig anzutreffen.

Ähnliche Arten: *Senecio sylvaticus*, das Waldgreiskraut, ist eine etwas seltenere Spezies und unterscheidet sich vom Gewöhnlichen Greiskraut durch seinen buschigen Habitus, den stärker verästelten Stängel und das Vorhandensein von kurzen, kaum sichtbaren Zungenblüten.

Weitere Namen
Gemeines Kreuzkraut

Wuchsform
krautig, aufrecht

Höhe
10 bis 30 cm

Blüten
gelb, in Köpfchen

Blütezeit
Februar bis November

Habitat
Schuttplätze, Kahlschläge, Gärten, Äcker

Unkrautfluren, Wegränder

Alpendistel   *Carduus defloratus*

Morphologie: Ausdauernde, 30 bis 50 cm hohe Pflanze mit Wurzelstock und aufrechten oder bogig aufsteigenden, einfachen oder verzweigten, spinnwebenartig behaarten und stacheligen Stängeln. Die Grundblätter sind derb, meist kahl und graugrün, 8 bis 12 cm lang, länglich lanzettlich und mehr oder weniger tief fiederspaltig. Der Rand ist gezähnt und stachelig. Die Stängelblätter sehen ähnlich aus, werden jedoch nach oben hin allmählich immer kleiner. Die fast halbkugelförmigen, 2 bis 3 cm breiten Blütenköpfchen sind vor der Blüte geneigt bis nickend, später aufgerichtet. Die Blüten sind alle röhrig, rotviolett und von schuppigen, dachziegelig angeordneten, anliegenden oder aufgebogenen Hüllblättern umgeben.

Habitat: Felsrasen, Felsspaltengesellschaften und trockene Weiden; von der Ebene bis 2000 m ü. d. M.

Ursprung und Verbreitung: Im Großteil Mittel- und Südeuropas verbreitet.

Ähnliche Arten: Nach der aktuellen systematischen Klassifizierung gehört diese Art zu einer gleichnamigen eng verwandten Gruppe, in der mehrere Spezies mit ähnlichen morphologischen Charakteristika und Standortansprüchen zusammengefasst sind. Oft ist es schwierig, diese Arten genau zu bestimmen, da es sich um äußerst variable Spezies handelt und häufig auch Hybridformen anzutreffen sind.

Weitere Namen
Bergdistel

Wuchsform
aufrecht, krautig

Höhe
30 bis 50 cm

Blüten
rotviolett, in Köpfchen

Blütezeit
Juni bis August

Habitat
felsige Standorte, trockene Weiden

felsige Standorte

Große Klette   Arctium lappa

Wuchsform
krautig,
buschig,
aufrecht

Höhe
80 bis 150 cm

Blüten
purpurrot,
in Köpfchen

Blütezeit
Juli bis
September

Habitat
Wege,
Schuttplätze,
Unkrautfluren

**Unkrautfluren,
Wegränder**

Morphologie: Diese zweijährige, robuste, 80 bis 150 cm hohe Pflanze mit großen spindelförmigen Wurzeln entwickelt aufrechte und behaarte, manchmal rötlich überlaufene Stängel, die reich verzweigt sind. Die langgestielten Grundblätter sind oval oder herzförmig, 30 bis 50 cm breit, auf der Oberseite dunkelgrün und auf der Unterseite weißlich spinnwebig wollig behaart. Die oberen, lanzettlich geformten Blätter sind wechselständig, sitzend und werden zur Spitze hin allmählich kleiner.

Die kugeligen, 3 bis 4 cm breiten Köpfchen stehen in unregelmäßigen, doldenartigen Rispen. Jedes der Köpfchen ist von zahlreichen grünen, linealischen Hüllblättern mit typischen hakenförmig gebogenen Spitzen umgeben (Kletten). Die ca. 15 mm langen, zwittrigen Blüten, alles Röhrenblüten, sind rosapurpurn gefärbt, selten weiß. Die Frucht ist eine 6 bis 7 mm lange Achäne mit kurzem Haarkranz.

Habitat: Brachen, Wege, Schuttplätze, Unkrautfluren, Wegränder; bis 1100 m ü. d. M.

Ursprung und Verbreitung: Die Große Klette ist in weiten Teilen der gemäßigten Klimazonen Europas und Asiens verbreitet.

Synonyme: *Arctium majus* Bernh.; *Lappa officinalis* All.; *Lappa major* Gaert.; *Lappa vulgaris* Hill.

Ähnliche Arten: *Arctium nemorosum* Lej. et Court, die Hainklette, unterscheidet sich von der Großen Klette vor allem durch die fast waagrecht ausgebreiteten Äste (was der Pflanze ein fast pyramidenförmiges Aussehen verleiht), die auf der Unterseite fast kahlen Blätter und die an der Spitze roten, nicht grünen Hüllblätter.

Die Hüllblätter an den Fruchtständen der Großen Klette besitzen hakenförmige Spitzen, die leicht an Kleidern und im Fell von Tieren haften bleiben, was der Verbreitung der Samen dient.

Wollkopf-Kratzdistel   Cirsium eriophorum

Morphologie: Diese zweijährige, 80 bis 150 cm hohe Pflanze mit kräftigem Wurzel-stock entwickelt aufrechte, zylindrische, behaarte, gerillte Stängel, die einfach oder verzweigt sein können. Die bis zu 30 cm langen unteren Blätter sind wechselständig, sitzend, fast stängelumfassend und fiederteilig in lanzettlich linealische Zipfel ge-teilt, die an der Spitze stachelig sind. Die Blattspreite ist auf der Oberseite grün und steifborstig behaart, auf der Unterseite weißfilzig. Die kugeligen, meist einzeln stehenden Köpfchen sind 5 bis 7 cm breit und von einer eiförmigen Hülle aus spinn-webig wolligen Hüllblättern mit kurzen, endständigen Stacheln umgeben. Alle Blü-ten sind röhrig, intensiv rosa bis violett gefärbt und 3 bis 4,5 cm lang. Die Frucht ist eine Achäne mit kurzem Pappus.

Habitat: Weiden, Wege, Ruderalfluren, auf steinigen Böden; von 100 bis 1800 m ü. d. M.

Ursprung und Verbreitung: Die Wollkopf-Kratzdistel ist in großen Teilen Mittel- und Südeuropas anzutreffen.

Ähnliche Arten: Entsprechend der aktuellen systematischen Klassifizierung gehört diese Spezies zu einer gleichnamigen Gruppe, die auch einige andere Arten mit ähnlichen morphologischen Charakteristika und Standortansprüchen umfasst.

Wuchsform
krautig,
aufrecht

Höhe
80 bis 150 cm

Blüten
rosa bis violett,
in Köpfchen

Blütezeit
Juli bis
September

Habitat
Wege,
Ruderalfluren

Weiden

Die Wollkopf-Kratzdistel ver-dankt ihren Namen ihrem spinnwebig wolligen Hüll-kelch.

Ackerdistel   *Cirsium arvense*

Weitere Namen
Ackerkratzdistel, Felddistel

Wuchsform
krautig,
aufrecht

Höhe
60 bis 150 cm

Blüten
lila bis violett,
in Köpfchen

Blütezeit
Juli bis
September

Habitat
Äcker, Gärten,
Schuttplätze,
Wege

**Unkrautfluren,
Wegränder**

Morphologie: Krautige, ausdauernde, 60 bis 150 cm hohe Pflanze mit kräftigen, gefurchten Wurzeln und aufrechten kantigen rötlich überlaufenen Stängeln, die am Ende rispig verzweigt sind. Die unteren, 8 bis 15 cm langen Blätter sind fiederteilig in endständige und randlich stachelige Lappen geteilt und in Bodennähe am Stängel herablaufend. Die Blattspreite ist gelblich grün. Die oberen Blätter sind sitzend. Die ca. 2 cm breiten Köpfchen sind vor der Blütezeit kugelig und von dachziegelartig übereinanderliegenden, schuppigen und am Ende stacheligen Hüllblättern umgeben. Die Blüte besteht aus eingeschlechtigen, intensiv lila oder violetten Röhrenblüten von 1,5 cm Länge. Die Früchte sind Achänen mit flaumigem Pappus.

Habitat: Brachen, Äcker, Gärten, Weinberge, Schuttplätze, Wege, Kahlschläge; bis 1700 m ü. d. M.

Ursprung und Verbreitung: Die aus dem eurasischen Raum stammende Ackerdistel ist in Europa häufig anzutreffen.

Stängellose Kratzdistel   *Cirsium acaule*

Wuchsform
krautig,
Rosette

Höhe
10 bis 30 cm

Blüten
rotviolett,
in Köpfchen

Blütezeit
Mai bis August

Habitat
Wiesen und
trockene
Weiden,
Felsrasen

Wiesen

Morphologie: Ausdauernde, fast stammlose, 10 bis 30 cm hohe Pflanze mit dicht am Boden anliegender Blattrosette. Die 8 bis 15 cm langen Blätter sind stark buchtig gelappt bis fiederspaltig mit dreispaltigen Segmenten. An der Spitze jedes Blättchens steht ein robuster, 2 bis 3 mm langer goldgelber Stachel. Die stiellosen Blütenköpfchen sitzen gewöhnlich einzeln in der Mitte der Rosette, sind 2 bis 3 cm groß und von einer eiförmigen Hülle aus lanzettlichen, an der Spitze grünen Hüllblättern mit kurzem, stacheligem Sporn umgeben. Alle Blüten sind röhrig, violett oder rotviolett gefärbt und bis zu 2,5 cm lang. Die Frucht ist eine Achäne mit 2 bis 2,5 cm langem Pappus.

Habitat: Trockene Weiden, Trockenrasen, steiniges Brachland; von 500 bis 1800 m ü. d. M.

Ursprung und Verbreitung: Europa und Westasien, in den Alpen verbreitet bis zerstreut.

Kornblume   *Centaurea cyanus*

Morphologie: Diese einjährige, weißfilzig behaarte, 30 bis 80 cm hohe
Pflanze entwickelt aufrechte oder
aufsteigende, im oberen Teil rispig
verzweigte, kantige Stängel. Die bis
zu 7 cm langen unteren Blätter sind
verkehrt eiförmig bis lanzettlich oder
leierförmig und weisen 2 Zipfel auf.
Die Stängelblätter sind linealisch und
glattrandig. Die 2 bis 3 cm breiten Blütenköpfchen stehen meist einzeln an
langen Stielen und sind von einem
birnenförmigen Hüllkelch aus rötlich
grünen, schuppigen Hüllblättern umgeben. Die Korbblüte setzt sich aus
azurblauen bis violetten, 1,5 cm langen
zweilippigen Randblüten und aus violetten, viel kürzeren Scheibenblüten
zusammen. Die Früchte sind Achänen
mit rötlichem Pappus.

Wuchsform	krautig, aufrecht
Höhe	30 bis 80 cm
Blüten	azurblau bis violett, in Köpfchen
Blütezeit	Juni bis Oktober
Habitat	Getreidefelder, Schuttplätze

Äcker und Felder

Habitat: Getreidefelder, Schuttplätze; bis 1500 m ü. d. M.

Ursprung und Verbreitung: Die aus Südosteuropa stammende Kornblume ist heute
in Europa wegen des Herbizideinsatzes auf Äckern und Feldern selten geworden,
wird aber wegen ihrer schönen leuchtend blauen Blüten häufig in Gärten kultiviert.

*Früher war die
Kornblume ein
häufiges Wild-
kraut auf den
Getreidefeldern
Europas. Wegen
der chemischen
Unkrautbekämp-
fung ist sie heute
jedoch sehr selten
geworden.*

Golddistel Carlina vulgaris

Weitere Namen
Kleine Eberwurz

Wuchsform
krautig,
aufrecht

Höhe
15 bis 50 cm

Blüten
strohgelb,
in Köpfchen

Blütezeit
Juli bis
September

Habitat
Magerrasen,
Wälder, Heiden,
Wege

Weiden

Morphologie: Ausdauernde, manchmal zweijährige, 15 bis 50 cm hohe Pflanze mit aufrechten, rötlichen, spinnwebig behaarten Stängeln, die im oberen Teil rispig verzweigt sind. Die gestielten unteren Blätter sind 15 cm lang, knorpelig, verkehrt eiförmig lanzettlich geformt und randlich mit stechenden Dornen versehen. Die Stängelblätter sind sitzend, stängelumfassend, 3 bis 5 cm lang und abstehend oder zurückgebogen. Die 3 bis 5 cm breiten Blütenköpfchen stehen meist einzeln an der

Stängelspitze und sind von lanzettlich lanzenförmigen, am Rand stacheligen Hüllblättern umgeben. Die Blüte besteht ausschließlich aus zwittrigen, strohgelben Röhrenblüten. Die Frucht ist eine Achäne mit borstigem Pappus.

Habitat: Magerrasen, trockene Wälder, Heiden, Weg- und Waldränder; bis auf 1800 m ü. d. M.

Ursprung und Verbreitung: Die Golddistel ist in weiten Teilen Europas und Sibiriens verbreitet anzutreffen.

Carlina vulgaris, *die Golddistel, wurde nach Karl dem Großen benannt, der angeblich durch diese Pflanze von der Pest geheilt wurde.*

Kugeldistel   Echinops sphaerocephalus

Morphologie: Diese krautige, ausdauernde, kräftige, 50 bis 150 cm hohe Pflanze entwickelt aufrechte, zylindrische, weißfilzig behaarte Stängel, die nur im oberen Teil verzweigt sind. Die 10 bis 40 cm langen Blätter sind auf der Oberseite grün und rau, auf der Unterseite weißfilzig. Die Spreite der gestielten Grundblätter ist variabel, von gelappt bis fiederspaltig, der Blattrand ist stachelig. Die sitzenden Stängelblätter sind stängelumfassend und werden zur Spitze hin allmählich kleiner. Die zahlreichen blauen Köpfchen stehen in einem kugeligen Blütenstand von 5 bis 8 cm Durchmesser. Jedes der Köpfchen besteht aus einer einzigen zwittrigen Blüte, die von 16 bis 20 linealischen, schuppigen Hüllblättern von blaugrüner Farbe umgeben sind. Die Frucht ist eine Achäne mit schuppigem Pappus.

Habitat: Kiesbette, Ruderalfluren, Schuttplätze, Dämme, trockene, steinige Böden; bis 500 m ü. d. M.

Ursprung und Verbreitung: Die ursprünglich aus Südeuropa und Asien stammende Kugeldistel ist inzwischen in weiten Teilen Mittel- und Nordeuropas eingebürgert.

Ähnliche Arten: *Echinops siculus* Strobl ist vor allem in Südeuropa beheimatet und unterscheidet sich von der oben beschriebenen Art hauptsächlich durch die tiefer eingeschnittenen, auf der Unterseite wollig weißen Blätter und den etwas kleineren Blütenstand.

Weitere Namen	Bienenkugeldistel
Wuchsform	krautig, aufrecht
Höhe	50 bis 150 cm
Blüten	blau; in Köpfchen
Blütezeit	Juli und August
Habitat	Kiesbette, Schuttplätze, Dämme
Unkrautfluren, Wegränder	

Gewöhnliche Wegwarte   Cichorium intybus

Morphologie: Ein-, zwei- oder mehrjährige, 30 bis 120 cm hohe Pflanze mit steifem, aufrechtem oder aufsteigendem, unten behaartem Stängel, der im oberen Teil reich verzweigt ist. Die in einer Grundrosette stehenden, 10 bis 25 cm langen Basalblätter sind grob fiederteilig und schrotsägeförmig in annähernd dreieckige Fiedern gespalten. Die Hochblätter sind lanzettlich, sitzend und werden nach oben hin allmählich kleiner. Die achselständigen, 2 bis 3 cm breiten Blütenköpfchen sind von einem zylindrischen Hüllkelch aus 8 bis 10 aufrechten inneren Schuppenblättchen und 5 kürzeren, oval lanzettlichen äußeren Schuppenblättchen umgeben. Die ca. 1 cm langen Blüten bestehen aus zweigeschlechtigen, blauen Zungenblüten. Die Frucht ist eine kegelförmige Achäne mit einem kurzen Pappus.

Habitat: Wegränder, Trockenrasen, Schuttplätze; bis 1200 m ü. d. M.

Ursprung und Verbreitung: Die Gewöhnliche Wegwarte stammt ursprünglich aus Südeuropa und ist heute auch in unseren Breiten wild wachsend sowie als Kulturpflanze anzutreffen.

Ähnliche Arten: *Cichorium pumilum* Jacq. ist eine einjährige Pflanze, die vor allem im Mittelmeerraum auftritt und sich durch den kleineren Wuchs, die eher borstige Behaarung des Stängels und den längeren Pappus unterscheidet.

Weitere Namen	Zichorie, Kaffeekraut, Wegleuchte
Wuchsform	krautig, aufrecht
Höhe	30 bis 120 cm
Blüten	blau, in Köpfchen
Blütezeit	Juli bis Oktober
Habitat	Wegränder, Trockenrasen, Schuttplätze
Unkrautfluren, Wegränder	

Gemeiner Rainkohl Lapsana communis

Weitere Namen
Rainkohl

Wuchsform
krautig,
aufrecht

Höhe
30 bis 120 cm

Blüten
gelb,
in Köpfchen

Blütezeit
Juni bis
September

Habitat
Wälder, Äcker,
Gärten, Schutt-
plätze

Wälder

Morphologie: Diese einjährige, 30 bis 120 cm hohe Pflanze entwickelt aufrechte, zylindrische, leicht behaarte Stängel, die im oberen Teil rispig verzweigt sind. Die gestielten, 5 bis 7 cm langen unteren Blätter sind eiförmig bis leierförmig, buchtig gezähnt und mit einer großen Endfieder versehen. Die oberen Blätter sind fast sitzend, oval lanzettlich, glattrandig oder gezähnt. Die kleinen, sehr zahlreichen Köpfchen bestehen aus je 8 bis 12 gelben Blüten. Jedes Köpfchen ist von einem konischen Hüllkelch aus 2 Reihen von Schuppenblättern umgeben, wobei die innere aus linealischen, die äußere aus kürzeren, ovalen Blättchen besteht. Alle Blüten sind ausschließlich zwittrige, 6 bis 7 mm lange Zungenblüten. Die Frucht ist eine längliche Achäne mit 20 Längsrippen. Der Pappus fehlt.

Habitat: Äcker, Gärten, Schuttplätze, lichte Wälder (meist Laubwälder); bis 1400 m ü. d. M.

Ursprung und Verbreitung: Der Gemeine Rainkohl ist in weiten Teilen Europas, Asiens und Nordafrikas verbreitet.

Synonym: *Lampsana communis* Juss.

Wiesenbocksbart Tragopogon pratensis

Wuchsform
krautig,
aufrecht

Höhe
30 bis 70 cm

Blüten
gelb,
in Köpfchen

Blütezeit
Mai bis Juli

Habitat
Fettwiesen,
Weiden, Wege

Wiesen

Morphologie: Krautige, ausdauernde, kahle oder leicht behaarte, 30 bis 70 cm hohe Pflanze mit verdickten Wurzeln und einem aufrechten, gefurchten, einfachen oder leicht verzweigten, milchsafthaltigen Stängel. Die 5 bis 20 cm langen, stängelumfassenden Blätter sind linealisch lanzettlich geformt, lang zugespitzt, ganzrandig und am Ende zurückgebogen. Die endständigen Köpfchen sind 3 bis 6 cm breit und von ca. 8 spitzen, am Ende der Blütezeit zurückgebogenen, schuppigen Hüllblättern umgeben. Die 2 bis 3 cm langen Blüten bestehen ausschließlich aus leuchtend gelb gefärbten Zungenblüten. Die Frucht ist eine geschnäbelte Achäne mit federigen, ineinander verwebten, gelblich weißen Pappushaaren.

Habitat: Fettwiesen, Weiden, Wege, bevorzugt nährstoffreiche Böden; bis 2000 m ü. d. M.

Ursprung und Verbreitung: Der Wiesenbocksbart ist in Europa, dem Kaukasus und Sibirien verbreitet.

Gewöhnliches Ferkelkraut Hypochoeris radicata

Morphologie: Diese ausdauernde, krautige, 20 bis 60 cm hohe Pflanze mit robustem Rhizom entwickelt blütenschaftähnliche, aufrechte, kahle Stängel, die blaugrün gefärbt und leicht verzweigt sind. Die kahlen oder leicht behaarten Blätter sind 5 bis 10 cm lang und stehen in einer grundständigen Rosette. Sie sind spatelig geformt und am Rand buchtig, schrotsägeartig gezähnt. Die endständigen, 2 bis 4 cm breiten Köpfchen sind von einem zylindrischen Hüllkelch aus 30 bis 35 Schuppenblättchen umgeben. Die ca. 1 cm langen Blüten bestehen ausschließlich aus Zungenblüten, die leuchtend gelb, manchmal auf der Unterseite auch rötlich gefärbt sind. Die Frucht ist eine geschnäbelte Achäne mit einem gelblich weißen, federig behaarten Pappus.

Weitere Namen
Gemeines Ferkelkraut

Wuchsform
krautig, aufrecht

Höhe
20 bis 60 cm

Blüten
gelb, in Köpfchen

Blütezeit
Mai bis August

Habitat
Trockenrasen, sonnige Heiden, magere Weiden

Wiesen

Habitat: Trockenrasen, sonnige Heiden, magere Weiden, sandige Böden; bis 1500 m ü. d. M.

Ursprung und Verbreitung: Das Gewöhnliche Ferkelkraut ist in fast ganz Europa und dem Kaukasus verbreitet anzutreffen.

Ähnliche Arten: Der Herbstlöwenzahn (*Leontodon autumnalis* L.) unterscheidet sich vom Gewöhnlichen Ferkelkraut hauptsächlich durch die schmäler zugespitzten Blätter und die grünen Stängel.

Geflecktes Ferkelkraut Hypochoeris maculata

Morphologie: Diese krautige, ausdauernde, 30 bis 60 cm hohe Pflanze entwickelt blütenschaftähnliche, aufrechte, röhrige Stängel, die einfach oder im oberen Teil leicht verzweigt sein können. Die behaarten, 8 bis 12 cm langen Blätter stehen in einer dichten, dem Boden dicht anliegenden grundständigen Rosette. Sie sind grün gefärbt und weisen rotbraune Flecken auf. Die Spreite ist eiförmig elliptisch, am Rand grob gesägt oder schrotsägeartig

Wuchsform
krautig, aufrecht

Höhe
30 bis 60 cm

Blüten
gelb, in Köpfchen

Blütezeit
Juni bis August

Habitat
Magerwiesen, Weiden, Wegränder

Wiesen

gezähnt. Die endständigen, 4 bis 5 cm breiten Köpfchen sind von einem zylindrischen Hüllkelch aus stumpfen, am Ende schwarzen Schuppenblättern umgeben. Alle Blüten sind Zungenblüten, die leuchtend gelb gefärbt sind. Die Frucht ist eine geschnäbelte Achäne mit einreihigem Pappus.

Habitat: Trockene Weiden und Magerwiesen, Wegränder, bevorzugt auf sauren Substraten; bis 1500 m ü. d. M.

Ursprung und Verbreitung: Das Gefleckte Ferkelkraut ist in Europa und Sibirien zerstreut anzutreffen.

Rauer Löwenzahn Leontodon hispidus

Wuchsform	krautig, aufrecht
Höhe	10 bis 40 cm
Blüten	gelb, in Köpfchen
Blütezeit	Juni bis Oktober
Habitat	Fettwiesen, Weiden, Straßenränder
Wiesen	

Morphologie: Diese ausdauernde, krautige, 10 bis 40 cm hohe Pflanze mit dickem Rhizom entwickelt blütenschaftähnliche, aufrechte, kräftige Stängel, die meist im oberen Teil verzweigt sind. Die rauen oder leicht behaarten, 5 bis 15 cm langen Blätter stehen in einer dichten, grundständigen Rosette. Die Spreite ist linealisch spatelig und kann variabel buchtig gezähnt bis fiederförmig geteilt sein. Die endständigen, 2 bis 3 cm breiten Köpfchen sind von einem zylindrischen, schwarzen Hüllkelch aus zahlreichen, dicht dachziegelartig übereinanderliegenden, stumpf lanzettlichen Schuppen umgeben. Das Köpfchen besteht aus zwittrigen, leuchtend gelben, manchmal an der Spitze etwas dunkleren Zungenblüten. Die Frucht ist eine Achäne mit schmutzig weißem oder bräunlichem Pappus.

Habitat: Fett- und Nasswiesen, Weiden, Straßenränder; bis 2500 m ü. d. M.

Ursprung und Verbreitung: Der Raue Löwenzahn ist in fast ganz Europa und im Kaukasus häufig anzutreffen.

Synonym: *Leontodon proteiformis* Vill.

Ähnliche Arten: *Hypochoeris radicata* L., das Gewöhnliche Ferkelkraut, gedeiht an den gleichen Standorten, unterscheidet sich aber vom Rauen Löwenzahn vor allem durch seinen blaugrünen Blütenschaft, die kahlen, buchtig gezähnten Blätter und die etwas spätere Blütezeit.

Gemeiner Löwenzahn Taraxacum officinale

Weitere Namen	Wiesen-löwenzahn, Maiblume
Wuchsform	krautig, aufrecht
Höhe	10 bis 40 cm
Blüten	gelb, in Köpfchen
Blütezeit	April bis Juli
Habitat	Fettwiesen und -weiden, Wegränder, Äcker
Wiesen	

Morphologie: Diese krautige, ausdauernde, 10 bis 40 cm hohe, kahle oder leicht behaarte Pflanze entwickelt lange, verdickte Pfahlwurzeln. Die dunkelgrünen, glänzenden Blätter stehen in einer dichten, dem Boden anliegenden Grundrosette. Die Blattspreite ist länglich lanzettlich, wobei der Rand schrotsägeartig gezähnt oder stark gelappt sein kann. Die ca. 2,5 bis 4 cm breiten Köpfchen stehen meist einzeln am Ende eines hohlen Blütenschaftes, der aufrecht oder aufsteigend sein kann. Jedes der Köpfchen ist von hellgrünen, kahlen, linealisch spitzen Hüllblättern umgeben, die nach unten zurückgeschlagen sind. Die leuchtend gelben Köpfchen bestehen nur aus Zungenblüten, die außen gelegentlich purpurn gestreift sein können. Die Frucht ist eine längliche, geschnäbelte Achäne mit weißem Pappus.

Habitat: Fettwiesen und -weiden, Brachen, Wegränder, Äcker, Schuttplätze; bis 1700 m ü. d. M.

Ursprung und Verbreitung: Der Gemeine Löwenzahn ist in weiten Teilen Europas, Asiens, Nordafrikas und Nordamerikas sehr häufig anzutreffen.

Gänsedistel Sonchus oleraceus

Morphologie: Einjährige, krautige, manchmal auch zweijährige, 30 bis 100 cm hohe Pflanze mit aufsteigenden oder aufrechten, hohlen, kahlen Stängeln, die im oberen Teil verzweigt sind. Die gestielten, 15 bis 18 cm langen unteren Blätter sind länglich spatelig geformt und unregelmäßig in 2 bis 5 Zipfel eingeschnitten bzw. gelappt. Die Stängelblätter sind kleiner, spatelig und gezähnt sowie fast immer sitzend und mit abstehenden, spitzen Öhrchen versehen. Alle Blätter sind eher schlaff, matt und ohne Stacheln. Die 2 bis 3 cm breiten Köpfchen stehen in einer dichten Doldentraube, wobei jedes der Köpfchen von dachziegelartig angeordneten Hüllblättern umgeben ist. Die Köpfchen bestehen ausschließlich aus 1,5 cm langen goldgelben Zungenblüten, die zwittrig sind. Die Frucht ist eine runzelige Achäne mit 3 stacheligen Längsrippen.

Habitat: Äcker, Schutt- und Kiesplätze, Wege; bevorzugt nicht zu trockene, stickstoffreiche Böden; bis 1700 m ü. d. M.

Ursprung und Verbreitung: Die Gänsedistel stammt ursprünglich aus Südeuropa und ist heute in fast ganz Europa anzutreffen.

Ähnliche Arten: *Sonchus asper* (L.) Hill, die Raue Gänsedistel, unterscheidet sich von der Kohlgänsedistel durch die glänzenden, stachelig gezähnten Blätter und die abgerundeten, dem Stängel angedrückten Blattöhrchen.

Weitere Namen	Kohlgänsedistel
Wuchsform	krautig, aufrecht
Höhe	30 bis 100 cm
Blüten	gelb, in Köpfchen
Blütezeit	Juni bis Oktober
Habitat	Äcker, Schutt- und Kiesplätze, Wege
Äcker und Felder	

Kleines Habichtskraut Hieracium pilosella

Morphologie: Diese krautige, ausdauernde, 5 bis 25 cm hohe, rhizombildende Pflanze entwickelt Ausläufer bildende, kriechende oder aufsteigende, belaubte lange Stängel. Die unteren, 4 bis 5 cm langen Blätter stehen in einer grundständigen Rosette und sind lanzettlich spatelig geformt, mit glattem oder leicht gezähntem Rand, wobei sie auf der Oberseite dunkelgrün und auf der Unterseite weißfilzig sind. Aus der Mitte der Rosette erheben sich die einfachen oder seltener gegabelten Blütenschäfte, die jeweils ein einziges Köpfchen tragen. Jedes der Köpfchen ist etwa 2 cm breit und von einem eiförmigen oder aber kugeligen Hüllkelch aus linealischen Schuppenblättchen umgeben. Die Köpfchen bestehen ausschließlich aus Zungenblüten, die zwittrig, schwefelgelb und manchmal am Rand rötlich überlaufen sind. Die Frucht ist eine 1 bis 2,5 mm lange Achäne mit weißem Pappus.

Habitat: Magerrasen, Heiden, lichte Wälder, Böschungen; bis 2000 m ü. d. M.

Ursprung und Verbreitung: Das Kleine Habichtskraut ist in fast ganz Europa und dem Kaukasus verbreitet.

Weitere Namen	Mausohr
Wuchsform	krautig, in Büscheln
Höhe	5 bis 25 cm
Blüten	gelb, in Köpfchen
Blütezeit	Mai bis Oktober
Habitat	Magerrasen, Heiden, lichte Wälder, Böschungen
trockene Standorte	

Astlose Graslilie · Anthericum liliago

Weitere Namen
Traubige
Graslilie

Wuchsform
krautig,
aufrecht

Höhe
30 bis 60 cm

Blüten
weiß, in Trauben

Blütezeit
Mai und Juni

Habitat
trockene
Wiesen

Wiesen

Morphologie: Diese Rhizome bildende, mehrjährige Spezies entwickelt einen aufrechten, glatten, unverzweigten, etwa 30 bis 60 cm hohen Blütenschaft, auf dem etwa 10 bis 20 lilienähnliche Blüten mit 15 bis 30 mm langen Tepalen einen lockeren, traubigen Blütenstand bilden. Die Blätter sind bis zu 40 cm lang, linealisch, grundständig und rosettenartig angeordnet. Die Frucht ist eine ovale, zugespitze Kapsel.

Habitat: Trockene Wiesen in sonniger Lage von 300 bis 1800 m ü. d. M., vorzugsweise auf Silikatgestein.

Ursprung und Verbreitung: Diese Spezies ist über ganz Europa verbreitet.

Ähnliche Arten: *Anthericum ramosum*, die Ästige Graslilie, unterscheidet sich von der Traubigen Graslilie durch die kürzeren Kronblätter (8 bis 13 mm) und den rispig verzweigten Blütenstand.

Herbstzeitlose · Colchicum autumnale

Wuchsform
krautig,
aufrecht

Höhe
10 bis 40 cm

Blüten
rosa, einzeln

Blütezeit
August bis
November

Habitat
feuchte Wiesen,
Lichtungen

Wiesen

Morphologie: Diese kräftige, mehrjährige Pflanze mit braunschuppigen, eiförmigen Zwiebelknollen entwickelt nach der Blüte im Herbst erst im folgenden Frühling 4 bis 5 linealisch lanzettliche bis breit lanzettliche, 14 bis 3 cm lange und 5 bis 7 cm breite Blätter. Sie bildet 1 bis 3 Blüten mit kelchförmigem Perigonium, dessen unteres Ende einen bis zu 20 cm langen farblosen Schlauch formt, der an der Basis von einer durchsichtigen, pergamentartigen Scheide umgeben ist. Die Blütenblätter sind lanzettlich elliptisch, rosa, 4 bis 6 cm lang und umschließen 6 Staubgefäße mit

gelben Antheren und 3 breite Griffel mit gekrümmten Narben. Die Frucht, eine große, dreifächerige ovale Kapsel, reift erst im darauffolgenden Frühjahr.

Habitat: Feuchte Wiesen und Waldlichtungen; bis 2200 m ü. d. M.

Ursprung und Verbreitung: In allen Ländern Mitteleuropas verbreitet, in den Alpen häufig.

Ähnliche Arten: *Colchicum bivonae* Guss. ist eine sehr seltene Art, die nur im Süden Italiens vorkommt. Sie unterscheidet sich durch die größere Anzahl von Blättern (6 bis 9) mit schmälerer Blattspreite und durch die orange- oder purpurfarbenen Staubgefäße von der beschriebenen Spezies.

Hundszahnlilie   Erythronium dens-canis

Morphologie: Aus der ovalen Zwiebel der Hundszahnlilie entwickeln sich gewöhnlich 2 charakteristische Blätter mit lanzettförmig elliptischer, 10 bis 15 cm langer und 3 bis 4 cm breiter graugrüner Spreite, deren Oberseite oft purpurfarben gefleckt ist. Die nickenden, einzeln stehenden Blüten bestehen aus 6 lanzettförmigen weißen, rosa oder lilafarbenen, etwa 3 bis 4 cm langen, charakteristisch nach oben gebogenen Tepalen, aus deren Mitte die 6 langen Staubgefäße mit den dunklen linealischen Staubbeuteln und weißen Stempeln weit herausragen. Die Frucht ist eine ovale Kapsel mit zahlreichen braunen Samen.

Habitat: Laubwälder bis 700 m ü. d. M.

Ursprung und Verbreitung: Die Hundszahnlilie ist heute vor allem in den Gebirgen Südeuropas, in den Südalpen und im Kaukasus anzutreffen.

Wuchsform	krautig, aufrecht
Höhe	10 bis 20 cm
Blüten	rosa und/oder weiß, einzeln
Blütezeit	März und April
Habitat	Laubwälder
Wälder	

Zweiblättriger Blaustern   Scilla bifolia

Morphologie: Kleinwüchsige, ausdauernde Zwiebelpflanze mit meist nur einem, 5 bis 20 cm hohen, zylindrischen Blütenstängel. Die beiden Laubblätter umgreifen mit ihrer Basis den Stängel bis zu dessen Mitte und stehen dann weit ab. Die Blattspreite ist lanzettlich, etwa 10 bis 12 cm lang und 1 bis 1,5 cm breit mit trichterartig geformter Spitze und oft eingerolltem Rand. Die Blüten stehen in lockeren, kurzen, 6- bis 10-blütigen Trauben. Sie bestehen aus 6 länglich elliptischen, mehr oder weniger intensiv azur- bis violettblauen, etwa 1 cm langen Tepalen an einem Stiel ohne Tragblätter. Die Frucht ist eine kleine, rundliche, zugespitzte Kapsel.

Habitat: Feuchte Laubwälder (besonders Buchenwälder) von 500 bis 2000 m ü. d. M.

Ursprung und Verbreitung: Diese Spezies ist in den Gebirgsregionen Mitteleuropas bis in den Kaukasus verbreitet. Häufig in den Alpen.

Weitere Namen	Zweiblättrige Meerzwiebel (Blaustern), Sternhyazinthe
Wuchsform	krautig, aufrecht
Höhe	5 bis 20 cm
Blüten	blau, in Trauben
Blütezeit	März bis Mai
Habitat	Laubwälder
Wälder	

Doldenmilchstern   Ornithogalum umbellatum

Weitere Namen
Doldiger
Milchstern

Wuchsform
krautig,
aufrecht

Höhe
10 bis 30 cm

Blüten
weiß,
in Trauben

Blütezeit
April und Mai

Habitat
Wiesen,
Weinberge,
Wege,
Gebüsche

Wiesen

Morphologie: Diese krautige, ausdauernde, 10 bis 30 cm hohe Pflanze entwickelt eine kugelige Zwiebel, die von zahlreichen kleineren Tochterzwiebeln umgeben ist. Die ausschließlich grundständigen, kannelierten Blätter sind linealisch geformt, 2 bis 5 mm breit, mit weißem Mittelstreifen und meist nur wenig länger als der Blütenstand. Dieser ist eine Doldentraube aus 10 bis 20 Blüten. Das Perigon

besteht aus 6 weißen, sternförmig abstehenden, 1,5 bis 2,5 cm langen Tepalen, die lanzettlich geformt sind und auf der Unterseite je einen grünen Streifen aufweisen. Die Frucht ist eine eiförmige, gerippte Kapsel von 6 bis 8 mm Länge.

Habitat: Wiesen, Weinberge, Hackfruchtäcker, Wege, Gebüsche; bis 1500 m ü. d. M.

Ursprung und Verbreitung: Der Doldenmilchstern ist in Mittel- und Südeuropa sowie in Westasien und Nordafrika zerstreut anzutreffen.

Ähnliche Arten: Nach Meinung mancher Autoren zählt diese Spezies zusammen mit einigen ähnlichen Arten, welche mehr oder weniger Standortansprüche stellen, zu einer gleichnamigen Artengruppe.

Pyrenäenmilchstern   Ornithogalum pyrenaicum

Wuchsform
krautig,
aufrecht

Höhe
50 bis 60 cm

Blüten
gelblich, weiß,
in Trauben

Blütezeit
Mai bis Juli

Habitat
Wiesen, Wälder,
Waldränder

Wälder

Morphologie: Diese ausdauernde, krautige, 30 bis 60 cm hohe Zwiebelpflanze ohne Tochterzwiebeln (Bulbilli) entwickelt linealisch kannelierte, 6 bis 8 mm breite und 20 bis 40 cm lange, ausschließlich grundständige Blätter, die gegen Ende der Blütezeit meistens bereits zurückgebildet sind. Der Blütenstand ist eine länglich pyramidenförmige Traube aus 20 bis 50 Blüten. Das Perigon besteht aus 6 bis 8 mm langen, linealisch länglichen, sternförmig abstehenden Tepalen, die gelblich oder grünlich gefärbt und auf der Unterseite grün gestreift sind. Die Frucht ist eine eiförmige, gerippte Kapsel von 8 bis 9 mm Länge.

Habitat: Wiesen, Wälder und Waldränder; bis 1500 m ü. d. M.

Ursprung und Verbreitung: Der in Mitteleuropa und Westasien heimische Pyrenäenmilchstern ist in West- und Südwesteuropa, vor allem in den Pyrenäen, aber auch zerstreut in den Alpen anzutreffen.

Synonym: *Ornithogalum flavescens* Lam.

Ähnliche Arten: *Ornithogalum narbonense* L. gedeiht mehr oder weniger an den gleichen Standorten und unterscheidet sich vom Pyrenäenmilchstern hauptsächlich durch die auch nach der Blütezeit noch vorhandenen Blätter und die reinweißen Blüten.

Bärlauch Allium ursinum

Morphologie: Der 25 bis 40 cm hohe Bärlauch bildet zierliche Zwiebeln aus, die in eine pergamentartige Haut eingehüllt sind. Die Basalblätter (meist nur zwei) weisen eine flache, elliptisch lanzettliche Spreite von 10 bis 20 cm Länge und 3 bis 4 cm Breite auf, die an einem langen Stiel steht. Der Blütenschaft ist stumpf dreikantig halbrund und trägt die charakteristische, fast flache schneeweiße Scheindolde, die an der Basis von einer pergamentartigen Blütenscheide umgeben ist. Die Tepalen sind lanzettlich und etwa 1 cm lang. Da die Pflanze oft größere Flächen einnimmt, ist der für die Gattung Allium typische Knoblauchgeruch, den auch der Bärlauch verströmt, oft schon in einiger Entfernung wahrnehmbar.

Habitat: Feuchte Laubwälder und schattige Orte; bis 1500 m ü. d. M.

Ursprung und Verbreitung: In allen temperierten Klimazonen von Europa und Asien verbreitet.

Weitere Namen
Bärenlauch, Waldknoblauch, Zigeunerlauch

Wuchsform
krautig, aufrecht

Höhe
25 bis 40 cm

Blüten
weiß, in Scheindolden

Blütezeit
April bis Juni

Habitat
Wälder, feuchter Boden

Wälder

Maiglöckchen Convallaria majalis

Morphologie: Das Maiglöckchen bildet horizontale, kriechend weiterwachsende Rhizome, aus welchen sich 2 oval lanzettliche bis elliptische, langscheidige, glatte, 4 bis 20 cm lange, 5 bis 6 cm breite, grundständige Blätter entwickeln. Die blattlosen Blütenschäfte tragen einseitig überhängende Trauben aus 6 bis 12 stark duftenden, hängenden, glöckchenförmigen Blüten mit wachsig weißem, gezähntem Perigon von 7 bis 10 mm Länge. Das Maiglöckchen enthält giftige Glykoside.

Habitat: Laubwälder, Waldränder und Lichtungen; bis 1300 m ü. d. M.

Ursprung und Verbreitung: In allen kühlen und kühl-temperierten Klimazonen Europas, Asiens und Nordamerikas verbreitet. In den Alpen häufig, im Süden nur in den Gebirgen.

Wuchsform
krautig, aufrecht

Höhe
15 bis 30 cm

Blüten
weiß, in Trauben

Blütezeit
Mai und Juni

Habitat
lichte Wälder, Waldränder, Lichtungen

Wälder

Zweiblättrige Schattenblume

Maianthemum bifolium

Weitere Namen
Schattenblümchen

Wuchsform
krautig,
aufrecht

Höhe
10 bis 20 cm

Blüten
weiß, in
Trauben

Blütezeit
Juni und Juli

Habitat
Wälder

Wälder

Morphologie: Diese kleine, ausdauernde Pflanze bildet weißliche, horizontale Rhizome, aus denen kantige, aufrechte, bis zu 20 cm hohe Stiele entspringen, an welchen immer 2 wechselständige Blätter mit spitz zulaufender, an der Basis herzförmiger, 3 bis 6 cm langer und 2 bis 3 cm breiter, kurzgestielter Spreite sitzen. Der Blütenstand, eine 10- bis 30-blütige Traube, besteht aus kleinen, zart duftenden, weißen Blüten mit 4 etwa 3 mm langen, aufgebogenen Tepalen. Die Früchte sind runde, zunächst graue, dann rote Beeren, die 1 bis 4 kugelförmige Samen enthalten.

Habitat: Nadel- und Laubwälder, vorzugsweise auf sauren Böden; bis auf 2200 m ü. d. M.

Ursprung und Verbreitung: Alle Gebirgsregionen Mitteleuropas, besonders häufig im Alpenraum.

Duftende Weißwurz Polygonatum odoratum

Weitere Namen
Salomonssiegel, Gemeine
Weißwurz,
Echte Weißwurz

Wuchsform
krautig,
aufrecht

Höhe
15 bis 50 cm

Blüten
weiß, einzeln

Blütezeit
Mai und Juni

Habitat
Waldränder,
Gebüche,
Hecken

Wälder

Morphologie: Diese krautige, mehrjährige, 15 bis 50 cm hohe Pflanze mit horizontalem, weißem Rhizom entwickelt einen einfachen, kahlen, aufrechten und kantigen Stängel. Die wechselständigen, 6 bis 10 cm langen Blätter sind oval länglich oder elliptisch geformt, auf der Oberseite kahl und auf der Unterseite blaugrün. Die nickenden, gestielten, etwas bauchigen Blüten stehen einzeln oder zu zweit in den Blattachseln. Die röhrig zylindrische, weiße Blütenhülle ist bis zu 2 cm lang und weist am Ende 6 grünliche Zipfel auf. Die Staubfäden setzen in der Mitte des Perigons an. Die Frucht ist eine kugelige, schwarzblaue Beere.

Habitat: Waldränder, Gebüsche, Hecken, bevorzugt kalkhaltige Standorte; von 200 bis 1500 m ü. d. M.

Ursprung und Verbreitung: Die Duftende Weißwurz ist in den kühlen und gemäßigten Klimazonen der nördlichen Halbkugel zerstreut anzutreffen.

Synonyme: *Convallaria polygonatum* L.; *Polygonatum officinale* All.

Ähnliche Arten: *Polygonatum multiflorum* (L.) All., die Vielblütige Weißwurz, unterscheidet sich von der Duftenden Weißwurz durch den etwas runderen Stängel, die zu je 3 bis 5 zusammenstehenden Blüten und die kürzere, schmälere, vorne trichterig erweiterte Blütenhülle.

Einbeere   Paris quadrifolia

Morphologie: Krautige, mehrjährige, 10 bis 40 cm hohe Pflanze mit kriechendem Rhizom und einem aufrechten, zylindrischen kahlen, unbelaubten Stängel, der an der Basis leicht violett überlaufen ist. Die 5 bis 10 cm langen Blätter sitzen zu viert (seltener zu dritt oder fünft) in einem Quirl an der Stängelspitze und sind oval lanzettlich oder elliptisch geformt. Je eine einzelne, gestielte Blüte erhebt sich im Zentrum jedes Blätterquirls. Das Perigon besteht aus 4 äußeren lanzettlich geformten, grünen Tepalen, die zuerst abstehend, später zurückgebogen sind, und 4 inneren

Tepalen, die kürzer, schmal linealisch geformt und gelblich gefärbt sind. Die Frucht ist eine kugelige, blauschwarze, 1 cm breite Beere. Die gesamte Pflanze ist stark giftig.

Habitat: Wälder, schattige Standorte, bevorzugt auf nährstoffreichen, feuchten Böden; von 200 bis 2000 m ü. d. M.

Ursprung und Verbreitung: Die Einbeere ist in Europa und Asien zerstreut anzutreffen.

Märzbecher   Leucojum vernum

Morphologie: Ausdauernde Pflanze mit unterirdischen, rundlichen, weißlichen Zwiebeln und aufrechten, 20 bis 30 cm langen Stängeln. Die Blätter, alle grundständig, an der Basis stängelumfassend, sind schmal bandförmig, entlang der Längsachse etwas eingerollt und etwa 1 cm kürzer als die Blütenstängel. Die nickenden Blüten entspringen einzeln oder paarig an einem häutig durchscheinenden, 3 bis 4 cm langen Tragblatt. Sie bestehen aus 6 etwa 1,5 bis 2 cm langen weißen Tepalen mit einem leuchtend gelbgrünen Fleck an der Spitze. Die Frucht ist eine dreifächerige, fleischige Kapsel von etwa 1,5 cm Durchmesser.

Habitat: Auwälder und feuchte Wiesen; bis 1200 m ü. d. M.

Ursprung und Verbreitung: Diese Spezies ist im Großteil Süd- und Mitteleuropas weit verbreitet und häufig.

Ähnliche Arten: *Leucojum aestivum* L., die Sommerknotenblume, kommt manchmal im selben Habitat vor, entwickelt jedoch längere Blätter und trägt 6 bis 8 Blüten mit kürzeren Hüllblättern auf einem Schaft.

Schneeglöckchen   Galanthus nivalis

Wuchsform
krautig,
aufrecht

Höhe
10 bis 30 cm

Blüten
weiß, einzeln

Blütezeit
Februar
und März

Habitat
Auwälder,
magere Wiesen

Wälder

Morphologie: Ausdauernde Zwiebelpflanze mit ovalen schwarzbraunen Zwiebeln und 10 bis 30 cm langen Blütenstielen. Die unteren Blätter bilden häutige Blattscheiden, die Laubblätter sind linealisch, flach, bis zu 20 cm lang, an der Spitze abgerundet mit einer zentralen Hauptader und stehen in Paaren. Die nickenden Einzelblüten entspringen an einem 3 bis 4 cm langen Tragblatt und bestehen aus 3 größeren äußeren, etwa 2,5 bis 3,5 cm langen, radiär angeordneten und 3 kleineren inneren, geraden, etwa 1 cm langen und dicht zusammenstehenden, zweilappigen Tepalen mit je einem grünen Fleck am unteren Ende. Die Blüten sind meist weiß. Es gibt aber auch Formen mit gelblichen oder grünlichen Tepalen. Die Frucht ist eine ovale, etwa 1 cm lange Kapsel.

Habitat: Wälder (hauptsächlich Nadelwälder) und magere, feuchte Wiesen; bis etwa 2000 m ü. d. M.

Ursprung und Verbreitung: *Galanthus nivalis* ist im Großteil Europas und im Kaukasus weit verbreitet und sehr häufig.

Ähnliche Arten: Die nicht blühende Pflanze könnte mit *Gagea lutea* (L.) Ker-Gawl., dem Gelbstern, verwechselt werden, welcher dieselben Habitate bewohnt, sich jedoch durch die einzeln stehenden Blätter mit 3 Adern und durch deren spitz zulaufende Enden unterscheidet.

Das beliebte Schneeglöckchen verdankt seinen Namen dem Umstand, dass es bereits sehr früh im Jahr, selbst Schnee und Eis trotzend, seine anmutigen Glöckchen zeigt.

Weiße Narzisse Narcissus poeticus

Morphologie: Ausdauernde Zwiebelpflanze mit ovaler, unterirdischer Zwiebel und aufrechtem, unverzweigtem Blütenschaft, der an der Basis in eine bräunliche, membranartige Scheide gehüllt ist. Die Blätter, meist nur 2 oder 3, sind linealisch, graugrün, zur Spitze hin heller werdend und etwa 5 bis 8 mm länger als der Blütenschaft. Die intensiv duftenden Einzelblüten haben 4 bis 5 cm Durchmesser und weisen ein häutiges weißliches Tragblatt auf. Die Tepalen des Perigoniums bilden an der Basis eine Röhre, welche aus 6 weißen bis grünlichen, überlappenden, etwa 2 cm langen Abschnitten besteht, die Tepalen selbst sind weiß, zentral erhebt sich eine kleine gelblich weiße und orangerot gerandete Nebenkrone (Paracorolla). Die Frucht ist eine eiförmige Kapsel.

Habitat: Gebüsch, Wiesen und Weiden von 600 bis auf 1600 m ü. d. M.

Ursprung und Verbreitung: Süd- und mitteleuropäische Gebirgsregionen, in den Ostalpen selten.

Ähnliche Arten: Die Spezies *Narcissus radiiflorus* bevorzugt ähnliche Standorte und könnte mit der beschriebenen Art verwechselt werden. Man erkennt sie an den schmäleren Blättern und den viel spitzeren, niemals überlappenden Perigonzipfeln.

Weitere Namen
Sternblütige Narzisse, Dichternarzisse, Schmalblättrige Narzisse

Wuchsform
krautig, aufrecht

Höhe
20 bis 30 cm

Blüten
weiß, einzeln

Blütezeit
April und Mai

Habitat
Gebüsch, Wiesen und Weiden

Wälder

Die Weiße Narzisse bevorzugt als Standort feuchte, schattige Wiesen und ist wegen ihrer typischen auffälligen Blüten mit weißem Perigon und becherförmiger gelber Nebenkrone kaum mit einer anderen Art zu verwechseln.

Gelbe Narzisse · *Narcissus pseudonarcissus*

Weitere Namen
Osterglocke

Wuchsform
krautig,
aufrecht

Höhe
15 bis 40 cm

Blüten
gelb, einzeln

Blütezeit
März und April

Habitat
Gebüsch,
kalkarme
Bergwiesen,
Weiden

Wälder

Morphologie: Diese mehrjährige Zwiebelpflanze mit ovalen, außen mit brauner Tunica bedeckten Zwiebeln entwickelt aufrechte, 15 bis 40 cm hohe Blütenschäfte. Die meist 2 oder 3 Blätter sind grundständig, linealisch bandförmig und ca. 1 cm breit sowie mehr oder weniger ebenso lang wie die Blütenschäfte. Die Blüten stehen einzeln, selten paarweise und weisen eine weiße, 4 bis 5 cm lange häutige Spatha (Blütenscheide) auf. Das Perigonium besteht aus einer 1,5 cm langen Röhre und 6 gelben, 3 bis 4 cm langen, leicht am Rand überlappenden Zipfeln, die oval geformt und vorne zugespitzt sind. Aus ihrer Mitte erhebt sich eine meistens mehr als 4 cm lange und 3 bis 5 cm breite röhrig becherförmige Nebenkrone (Paracorolla), deren Rand unregelmäßig abgerundet und gekräuselt-gezähnt ist. Die Frucht ist eine eiförmige Kapsel.

Habitat: Gebüsch, kalkarme Bergwiesen, Weiden; bis 1000 m ü. d. M.

Ursprung und Verbreitung: Die selten gewordene Gelbe Narzisse kann an ihren Standorten in einigen Gebirgsregionen Mittel- und Südwesteuropas noch immer bewundert werden, insbesondere in Frankreich (Pyrenäen) und in Italien. Im Osten erstreckt sich ihr Verbreitungsgebiet bis zu Eifel, Hunsrück und Bodensee.

Wasserschwertlilie · *Iris pseudacorus*

Weitere Namen
Sumpf-
schwertlilie,
Gelbe
Schwertlilie

Wuchsform
krautig,
aufrecht

Höhe
50 bis 100 cm

Blüten
gelb, einzeln

Blütezeit
Mai und Juni

Habitat
Sümpfe,
Gräben, Fluss-
und Seeufer

**feuchte
Standorte**

Morphologie: Krautige, mehrjährige, 50 bis 100 cm hohe Pflanze mit kräftigem, verdicktem Rhizom, aus dem sich die aufrechten, runden, seitlich zusammengedrückten und oben verzweigten Stängel entwickeln. Die schwertförmigen, aufrechten, zugespitzten Blätter sind 1 bis 3 cm breit und mehr oder weniger gleich lang wie die Stängel. Die einzeln oder in kleinen Trauben zu je 3 bis 5 zusammenstehenden Blüten sind gestielt, wobei der Blütenschaft von einer 3 bis 6 cm langen blattartigen grünen Spatha umgeben ist. Das gelbe, manchmal mit feiner violetter Zeichnung versehene Perigon riecht nach Veilchenduft und besteht aus einer kurzen Röhre und 3 äußeren Tepalen, die breit eiförmig und zurückgeschlagen sind, sowie 3 inneren, lanzettlich geformten Tepalen, die aufrecht stehen und viel kleiner sind. Die Frucht ist eine Kapsel von 5 bis 6 cm Länge mit stark hervortretenden Kanten und Furchen.

Habitat: Sümpfe, Gräben, Fluss- und Seeufer; bis 500 m ü. d. M.

Ursprung und Verbreitung: Gemäßigte Zonen Europas und Vorderasiens.

Sibirische Schwertlilie · Iris sibirica

Morphologie: Krautige, ausdauernde, 30 bis 80 cm hohe Pflanze mit waagrechtem, bräunlichem Rhizom und aufrechtem, zylindrischem, hohlem Stängel, der einfach oder oben verzweigt sein kann. Die aufrechten, im oberen Teil hängenden, linealisch sichelförmigen Blätter sind an der Basis weniger als 1 cm breit und meist kürzer als der Stängel. Die Stiele der 1 bis 3 Blüten sind mit einer 3 bis 6 cm langen, weißen häutigen Spatha umgeben, die sich später rötlich braun verfärbt. Das Perigon besteht aus einer kurzen Röhre und verkehrt eiförmigen äußeren Tepalen, die blau bis violett gefärbt, am Grund eine gelb-violette Äderung zeigen und nach unten zurückgeschlagen sind. Die inneren Blütenblätter stehen aufrecht und sind länglich spatelig und dunkelviolett gefärbt. Die Frucht ist eine dreieckige, gefurchte Kapsel von 3 bis 4 cm Länge.

Habitat: Wechselfeuchte Wiesen, Gräben, feuchte Mulden; bevorzugt kalkreiche Böden; bis 1200 m ü. d. M.

Ursprung und Verbreitung: Die Sibirische Schwertlilie ist heute in fast ganz Europa verbreitet, jedoch eher selten anzutreffen.

Wuchsform	krautig, aufrecht
Höhe	30 bis 80 cm
Blüten	blauviolett, einzeln
Blütezeit	Mai und Juni
Habitat	Nasswiesen, Gräben, feuchte Senken
Wiesen	

Grasschwertlilie · Iris graminea

Morphologie: Rhizombildende, ausdauernde, 40 bis 60 cm hohe Pflanze mit unverzweigtem, aufrechtem, leicht abgeflachtem Blütenstiel. Die etwa 1 cm breiten, grasartig linealischen Blätter sind etwa gleich lang wie der Stiel. Die Blüten, generell eine oder zwei, sind gestielt und von einem krautigen Hüllblatt umgeben, das länger ist als die Blüte selbst. Aus ihm entspringen die Tepalen des Perigons, die an der Basis zu einer kurzen Röhre verwachsen sind. Die äußeren sind oval, zurückgebogen, violett mit weißer und gelber Zeichnung, die inneren einfärbig violett, aufgerichtet und spatelförmig. Die Frucht ist eine ovale, sechsfach gerippte Kapsel.

Habitat: Waldränder, Hochstaudenfluren und Waldlichtungen; bis 900 m ü. d. M.

Ursprung und Verbreitung: In Südosteuropa, besonders an der Südseite der Ostalpen, häufig, seltener in den Westalpen und im nördlichen Apennin.

Ähnliche Arten: *Iris collina* Terr. entwickelt einen zylindrischen Stiel und ein Perigonium mit längeren Tepalen, die Fruchtkapsel weist an der Spitze einen verlängerten Fortsatz auf. Diese Art ist nur in südlichen Ländern verbreitet. In manchen Gebieten Sloweniens und Kroatiens findet man *I. pseudocyperus* Schur., die der beschriebenen Art ebenfalls ähnelt, aber großwüchsiger ist.

Weitere Namen	Grasblättrige Schwertlilie
Wuchsform	krautig, aufrecht
Höhe	40 bis 60 cm
Blüten	blauviolett, einzeln
Blütezeit	Mai und Juni
Habitat	Wäldränder, Lichtungen, Hochstaudenfluren
Wälder	

Frühlingskrokus Crocus albiflorus

Weitere Namen
Weißer Safran

Wuchsform
krautig,
aufrecht

Höhe
10 bis 15 cm

Blüten
weiß oder
violett, einzeln

Blütezeit
April bis Juni

Habitat
Wiesen und
Weiden

Wiesen

Morphologie: Kleine, ausdauernde, 10 bis 15 cm hohe Pflanze mit flachkugeliger, netzfaseriger Knolle. Die untersten Blätter sind als pergamentartige Scheide ausgebildet. Die Laubblätter erscheinen zur Blütezeit und sind schmal linealisch, dunkelgrün mit weißem Mittelstreifen und etwa so lang wie die Blütenknospe. Die Blüten stehen meist einzeln, die 6 spatelförmigen 1,5 bis 2,5 cm langen weißen, seltener blassvioletten Tepalen sind an der Basis zu einer Röhre verwachsen. Der Stempel ist kürzer als die Staubgefäße.

Habitat: Wiesen und feuchte Weiden von 600 bis 2500 m ü. d. M.

Ursprung und Verbreitung: Bergregionen Ost- und Südeuropas, im Alpenbogen weit verbreitet.

Synonym: *Crocus vernus* (L.) Wulf.

Ähnliche Arten: *Crocus albiflorus* kann mit **Crocus napolitanus** Mord. & Loisel. verwechselt werden, der jedoch nur in den Südalpen vorkommt und größere Blüten aufweist.

Zwei unterschiedlich gefärbte Blüten der Spezies Crocus albiflorus. *Violette Exemplare sind viel seltener anzutreffen als weiße.*

Gefleckter Aronstab   Arum maculatum

Morphologie: Diese krautige, ausdauernde, 15 bis 40 cm hohe Pflanze mit knolligem, dickem Rhizom entwickelt im Frühling einen 10 bis 15 cm langen Blütenschaft und langgestielte Blätter, deren 10 bis 20 cm lange Spreite pfeilförmig und manchmal dunkel bis schwärzlich gefleckt sind. Die eingeschlechtigen Blüten sitzen an einem 4 bis 6 cm langen Kolben (Spadix), der von einem gelbgrünen Tragblatt, der sogenannten Spatha, umgeben ist. Im unteren Teil des Blütenstandes sitzen die weiblichen Blüten, darüber die sterilen und am Ende die männlichen Blüten. Der Blütenkolben endet in Form einer gestielten Keule, die weiß oder violett gefärbt ist. Der ganze Blütenstand samt Spatha ist eine raffinierte Fliegenfalle, die diese Insekten zur Bestäubung für einige Zeit einschließt. Die Früchte sind fleischige, zur Reifezeit hellrote Beeren. Die gesamte Pflanze ist giftig.

Habitat: Laubmischwälder, Auwälder, Gebüsche, Hecken; bevorzugt auf nährstoffreichen Böden; bis 1600 m ü. d. M.

Ursprung und Verbreitung: Der Gefleckte Aronstab ist in Mittel- und Südeuropa recht häufig anzutreffen.

Der Fruchtstand mit reifen, fleischigen roten und unreifen grünen Beeren.

Wuchsform
krautig, aufrecht

Höhe
15 bis 40 cm

Blüten
violett, in Kolben

Blütezeit
violett, in Kolben

Habitat
Laubmischwälder, Auwälder, Gebüsche, Hecken

Wälder

Der Blütenstand des Aronstabs mit dem weiten, gewölbten Tragblatt der sogenannten Spatha.

Kleines Knabenkraut Orchis morio

Wuchsform
aufrecht,
krautig

Höhe
8 bis 30 cm

Blüten
rosa bis purpur-
rot, in Ähren

Blütezeit
April bis Juni

Habitat
Wiesen, Wälder

Wiesen

*Das Kleine Kna-
benkraut ist eine
der verbreitetsten
Orchideenarten.
Die Färbung der
Blüten kann, wie
an den Bildern
deutlich zu sehen
ist, stark variieren.*

Morphologie: Ausdauernde Pflanze mit 2 runden, unterirdischen Knollen und auf-rechtem, kantigem, 8 bis 30 cm hohem Stängel. Die Basalblätter sind linealisch lanzettlich und 5 bis 12 cm lang, die Stängelblätter aufrecht, stängelumfassend und nach oben hin immer kleiner werdend. Der kurze Blütenstand trägt 5 bis 25 Blüten mit variabler Färbung von Weiß bis Purpur- oder auch Grünlichrosa. Die purpurfarbe-nen Tepalen sind der Länge nach grün gestreift und vereinen sich zu einer Art Helm. Die seitlichen inneren Hüllblätter sind etwas kürzer und schmäler als die äußeren. Die Lippe ist dreilappig, wobei die seitlichen Lappen etwas größer als der mittlere und manchmal etwas eingerollt sind. Sie ist purpurviolett gefärbt mit einem weißen, violett gesprenkelten Fleck an der Basis. Der Sporn ist zylindrisch und nach oben gebogen. Die Blütenfarbe von *Orchis morio* kann sehr unterschiedlich sein, gelegentlich kommt es auch zur natürlichen Hybridisierung mit *Orchis papilio-nacea* L.

Habitat: Magerrasen, Gebüsche, Wälder und trockene Wiesen; bis 1300 m ü. d. M.

Ursprung und Verbreitung: In großen Teilen Europas zerstreut bis selten. In den Alpen häufig.

Breitblättrige Stendelwurz

Epipactis helleborine

Morphologie: Diese krautige, ausdauernde, 25 bis 60 cm hohe, sehr formenreiche Pflanze mit kurzem Rhizom entwickelt einen aufrechten, rundlichen Stängel, der an der Basis meist kahl, im Oberteil jedoch behaart ist. Die 5 bis 15 Stängelblätter sind oval elliptisch geformt, 2 bis 8 cm breit und stängelumfassend, wobei die unteren 5 bis 6 cm lang sind, die mittleren etwas kleiner und schmäler, und die oberen fast wie Tragblättchen aussehen. Der bis zu 40 cm lange Blütenstand ist fast einseitswendig und trägt zahlreiche, in einer lockeren Traube stehende, schwach duftende Blüten. Die inneren und äußeren Tepalen sehen ähnlich aus; sie sind eiförmig, ca. 9 mm lang, blassgrün gefärbt und violett überlaufen, während die Lippe oft rosapurpurn getönt ist.

Habitat: Laub- und Nadelmischwälder; bevorzugt lockere Lehmböden; bis auf 1700 m ü. d. M.

Ursprung und Verbreitung: Die Breitblättrige Ständelwurz ist im eurasischen Raum sowie in Nordafrika an geeigneten Standorten regelmäßig anzutreffen.

Synonym: *Epipactis latifolia* All.

Weitere Namen	Breitblättrige Sitter
Wuchsform	krautig, aufrecht
Höhe	25 bis 60 cm
Blüten	blassgrün bis blassrosa, in Trauben
Blütezeit	Juni bis August
Habitat	Laub- und Nadelmischwälder
Wälder	

Purpurknabenkraut Orchis purpurea

Morphologie: Ausdauernde Pflanze mit 2 unterirdischen, eiförmigen oder kugelförmigen Knollen und aufrechtem, kräftigem, 30 bis 80 cm hohem Stängel. Die 5 bis 15 cm langen, glänzenden und stumpf abgerundeten Blätter bilden eine Grundrosette. Die Blattspreite ist sehr groß und von länglicher Form. Die aufrechten, stängelumfassenden Blätter werden nach oben hin allmählich immer kleiner. Der bis zu 20 cm lange Blütenstand ist dicht und besteht aus zahlreichen Einzelblüten, die größer sind als bei jeder anderen Spezies der Gattung Orchis. Die äußeren und die beiden inneren seitlichen Tepalen bilden zusammen eine Art Helm und zeigen einen schönen Purpurton. Die seitlichen äußeren Tepalen sind etwas länger und schmäler als die inneren. Die Lippe ist dreilappig, sehr groß und variabel, weiß bis zartrosa gefärbt und weist eine purpurrote Sprenkelung auf. Der zylindrische Sporn ist nach unten gekrümmt.

Habitat: Gebüsch, Wälder und trockene Wiesen; bis 1300 m ü. d. M.

Ursprung und Verbreitung: In großen Teilen Eurasiens verbreitet, in den Alpen häufig. In Gebieten, wo sich die Habitate von *Orchis purpurea* H. und *Orchis militaris* L. überschneiden, finden sich auch natürliche Hybriden beider Arten.

Synonym: *Orchis fusca* Jacq.

Wuchsform	aufrecht, krautig
Höhe	30 bis 80 cm
Blüten	rosa bis purpurn, in Ähren
Blütezeit	April bis Juni
Habitat	Wälder, Gebüsch
Wälder	

Affenknabenkraut   Orchis simia

Wuchsform
aufrecht,
krautig

Höhe
20 bis 40 cm

Blüten
rosa bis purpur,
in Ähren

Blütezeit
April bis Juni

Habitat
trockene
Wiesen,
Lichtungen

Wiesen

Morphologie: Ausdauernde Pflanze mit 2 unterirdischen, eiförmigen Knollen und aufrechtem, 20 bis 40 cm langem Stängel. Die linealisch verkehrt lanzettförmigen Basalblätter sind 5 bis 12 cm lang, die stängelumfassenden Stängelblätter werden nach oben hin nach und nach immer kleiner. Der dichte, zylindrische Blütenstand ist bis 8 cm lang und trägt zahlreiche variabel hellrosa bis purpurfarbene Blüten. Die seitlichen äußeren Tepalen sind oval lanzettförmig, zugespitzt und etwa 1 cm lang. Das mittlere und die inneren Hüllblätter bilden gemeinsam eine Art Helm. Die dreilappige Lippe zeigt 2 schmale, lang gestreckte seitliche Lappen, der mittlere Lappen ist selbst noch einmal in 2 lange, schmale, leicht nach oben gebogene Lappen sowie in einen zarten kurzen Mittellappen unterteilt. Die Umrisse der gesamten Lippe erinnern etwas an die Körperform eines Äffchens, daher der Name dieser Art. Der weißliche Sporn ist nach unten gekrümmt.

Habitat: Waldlichtungen, Gebüsch, Hochstaudenfluren und trockene Wiesen, vorzugsweise auf mäßig kalkhaltigen Böden; bis 1200 m ü. d. M.

Ursprung und Verbreitung: Fast in allen europäischen Regionen verbreitet, aber selten.

Synonym: *Orchis tephrosanthos* Vill.

Männliches Knabenkraut   Orchis mascula

Weitere Namen
Stattliches
Knabenkraut

Wuchsform
aufrecht,
krautig

Höhe
20 bis 60 cm

Blüten
violett-
purpurrot,
in Ähren

Blütezeit
Mai bis Juli

Habitat
Wälder,
Strauchfluren,
Magerwiesen

Wälder

Morphologie: Ausdauernde Pflanze mit 2 eiförmigen, unterirdischen Knollen und aufrechten, kräftigen, 20 bis 60 cm langen Stängeln. Die grundständigen Blätter sind oval spatelförmig und 5 bis 10 cm lang, die Stängelblätter linealisch lanzettlich und werden nach oben hin allmählich kleiner. Alle Blätter sind auf der Oberseite mehr oder weniger purpurfarben gefleckt. Der 5 bis 15 cm lange Blütenstand ist in der Jugend konisch, dann zylindrisch und trägt zahlreiche, variabel weiß bis purpurrot gefärbte Blüten mit violetten Flecken und Streifen. Die äußeren seitlichen Tepalen sind abgespreizt oder nach hinten umgebogen, die Lippe ist dreilappig, der mittlere Lappen ist länger und schmäler als die seitlichen. Der Sporn ist nach unten gebogen.

Habitat: Strauchfluren, Wälder und Magerwiesen, vorzugsweise auf kalkigen Böden; bis 2500 m ü. d. M.

Ursprung und Verbreitung: In großen Teilen Europas und im Kaukasus verbreitet.

Ähnliche Arten: Das Fuchsknabenkraut *(Orchis fuchsii)* weist eine gleichmäßig dreigelappte Lippe und stumpf zulaufende Blätter auf.

Große Händelwurz   Gymnadenia conopsea

Morphologie: Ausdauernde Pflanze mit
zweiteiliger unterirdischer Knolle, ein Teil
hell mit vegetativer Funktion, der andere
dunkel und schlaff als Reserveorgan für das
folgende Jahr. Der aufrechte, robuste, zart
gestreifte, bis zu 60 cm hohe Stängel trägt
3 bis 7 graugrüne, linealisch lanzettförmige,
10 bis 25 cm lange, nach oben hin allmählich
kürzer werdende Blätter. Die rosa- bis purpurfarbenen, seltener weißen, fast geruchlosen
Blüten stehen in einer dichten, zylindrischen,
5 bis 25 cm langen Ähre. Die zahlreichen Blüten
selbst weisen 2 seitlich gespreizte und 3 gegeneinander geneigte Hüllblätter auf. Die
Lippe ist sehr breit und dreilappig, der lange
Sporn ist dünn und reich an Nektar.

Habitat: Wälder, Wiesen und Weiden bis 2500
m ü. d. M.

Ursprung und Verbreitung: Gemäßigte Klimazonen Eurasiens, Alpen, Voralpen.

Synonyme: *Gymnadenia conopsea* Auct.

Ähnliche Arten: *Gymnadenia odoratissima* (Nath.) L. C. Rich. (Kleine Händelwurz,
Wohlriechende H.) hat eine kleinere Lippe, einen kürzeren Sporn und duftet zart
nach Vanille.

Weitere Namen	Mücken-händelwurz
Wuchsform	aufrecht, krautig
Höhe	40 bis 60 cm
Blüten	purpurrosa bis lila, in Ähren
Blütezeit	Mai bis August
Habitat	Wälder, Wiesen
Wiesen	

Großes Zweiblatt   Listera ovata

Morphologie: Ausdauernde Pflanze mit
horizontalem Rhizom und aufrechtem,
bis 60 cm langem, glattem oder kurz
behaartem Stängel. Am ersten Drittel
der Stammhöhe setzen beinahe gegenständig 2 rundlich ovale, 5 bis 12 cm
lange, 3 bis 10 cm breite, derbe glänzende Blätter mit auf der Oberseite deutlich hervortretender Nervatur an. Die
zahlreichen grünlichen, geruchlosen
Blüten stehen an einer bis zu 35 cm
langen, schmalen, dichten Ähre. Die
äußeren und die beiden seitlichen
inneren Blütenblätter sind helmartig
gegeneinander geneigt. Die herabhän-
gende, tief zweigelappte Lippe ist meist
von einer Nektarschicht bedeckt und
glänzend. Ein Sporn ist nicht vorhanden.

Habitat: Feuchte Laubwälder bis 1700 m
ü. d. M.

Ursprung und Verbreitung: Bergregionen
in Eurasien. Im gesamten Alpenbogen
verbreitet.

Weitere Namen	Eiförmiges Zweiblatt
Wuchsform	aufrecht, krautig
Höhe	40 bis 60 cm
Blüten	grünlich, in Ähren
Blütezeit	Mai bis August
Habitat	feuchte Laubwälder
Wälder	

Nestwurz   *Neottia nidus-avis*

Weitere Namen
Vogelnestwurz,
Bräunliche
Nestwurz,
Vogelnest-
orchidee

Wuchsform
aufrecht,
krautig

Höhe
15 bis 35 cm

Blüten
gelbbraun,
in Ähren

Blütezeit
Mai bis Juli

Habitat
Laub- und
Mischwälder

Wälder

Morphologie: Ausdauernder, blattloser Saprophyt (Fäulnisbewohner) ohne Blattgrün und daher ockerfarben. Das Rhizom formt ein rundliches Geflecht, das der Spezies den Artnamen (nidus-avis = Vogelnest) eingetragen hat. Der aufrechte, robuste Stängel ist 15 bis 35 cm lang und im unteren Teil von scheidenartigen Schuppenblättern besetzt. Die Blütenähre ist im unteren Bereich locker und wird nach oben hin dichter. Sie setzt sich aus 20 bis 30 hellbraunen wachsartigen Blüten mit typischem Honigduft zusammen. Die inneren und äußeren Hüllblätter ähneln einander. Sie sind oval und helmartig gegeneinander geneigt. Die Lippe ist zweilappig, ein Sporn ist jedoch nicht vorhanden.

Habitat: Schattige Laub- und Mischwälder, häufig unter Buchen, auf frischen, reich mit verrottendem Material bedeckten Böden; bis 1500 m ü. d. M.

Ursprung und Verbreitung: Eurasien, in den Alpen und Voralpen häufig.

Braunroter Stendel   *Epipactis atropurpurea*

Weitere Namen
Braunrote
Stendelwurz

Wuchsform
aufrecht,
krautig

Höhe
50 bis 60 cm

Blüten
bräunlich
purpurn,
in Ähren

Blütezeit
Mai bis August

Habitat
lichte Wälder,
steinige Hänge,
magere Wiesen

Wälder

Morphologie: Ausdauernde Pflanze mit kurzem, unterirdischem, horizontal verzweigtem Rhizom mit zahlreichen Wurzeln. Der aufrechte Stängel ist gekrümmt, leicht behaart und bis zu 60 cm hoch. Die Blätter, meistens 5 bis 11, sind oval lanzettförmig, reich geädert, 6 bis 9 cm lang und werden nach oben hin kürzer. Der lichte, einseitswendige Blütenstand ist 10 bis 20 cm lang und trägt zahlreiche nickende, nach Vanille duftende Blüten. Die inneren und äußeren Hüllblätter sind oval lanzettförmig, 4 bis 5 mm lang und bräunlich purpurn gefärbt. Die Lippe ist meist kürzer als die Hüllblätter und dunkel purpurfarben.

Habitat: Mischwälder, steinige Hänge und magere Wiesen, vorzugsweise auf kalkhaltigen Böden; bis 2000 m ü. d. M.

Ursprung und Verbreitung: Bergregionen Europas und Kaukasus. In den südlichen Alpen und Voralpen verbreitet.

Ähnliche Arten: *Epipactis microphylla* (Ehrh.) Sw., der Kleinblättrige Stendel, hat kürzere (maximal 3 cm) und weniger zahlreiche (3 bis 6) Blätter und gelblich grüne, am Rand rot schattierte Tepalen.

Rotes Waldvögelein Cephalanthera rubra

Morphologie: Ausdauernde, rhizombildende Pflanze mit 20 bis 70 cm hohem, an der Basis rot schattiertem Stängel. Die Blätter (3 bis 8) sind linealisch lanzettlich, etwa 2 cm breit und 12 bis 14 cm lang. Die rosa oder purpurfarbenen Blüten stehen in lockeren Trauben zu 3 bis 15. Die äußeren Tepalen sind lanzettförmig, an der Basis verbreitert und etwa 2 cm lang, die inneren kürzer und oval lanzettförmig. Die Lippe ist am Ende zugespitzt, an der Basis leicht konkav. Ein Sporn ist nicht ausgebildet.

Habitat: Lichte Wälder, Strauchfluren und halbschattige Orte; bis 2500 m ü. d. M.

Ursprung und Verbreitung: Gemäßigte Klimazonen Europas und Asiens, südliches Voralpengebiet und Südseite des Alpenhauptkamms.

Ähnliche Arten: *Cephalanthera longifolia* (Huds.) Fritsch, das Langblättrige Waldvögelein, hat weiße Blüten.

Wuchsform	aufrecht, krautig
Höhe	20 bis 70 cm
Blüten	rosa bis purpur, in Trauben
Blütezeit	Mai bis Juli
Habitat	lichte Wälder, Strauchfluren
Wälder	

Herbstdrehwurz Spiranthes spiralis

Morphologie: Diese krautige, ausdauernde Pflanze mit 2 unterirdischen Knollen entwickelt einen aufrechten, schlanken, 10 bis 30 cm hohen Stängel, der unbelaubt ist oder nur wenige Schuppenblätter trägt. An der Basis des Stängels befindet sich eine seitenständige Rosette aus 3 bis 6 oval lanzettlichen Blättern. Der Blütenstand ist eine lange, deutlich schraubig gedrehte, einseitswendige Traube mit zahlreichen grünlich weißen, schwach nach Vanille duftenden Blüten. Die Tepalen sind lanzettlich und stumpf. Die Lippe ist rinnig, ungeteilt und mit krausem Rand.

Habitat: Halbtrocken- und Magerrasen, Weiden; bis 1200 m ü. d. M.

Ursprung und Verbreitung: Die im eurasischen Raum heimische Herbstdrehwurz kommt, wenn auch selten, in fast ganz Europa vor.

Synonym: *Spiranthes autumnalis* L.C. Rich.

Ähnliche Arten: *Spiranthes aestivalis* (Lam.) L.C. Rich, die Sommerwendelorchis, ist seltener anzutreffen und unterscheidet sich durch ihren belaubten Blütenstand, die weiß und grünlich geaderten Blüten, die länglich ovale, vorne kreisförmig verbreiterte Lippe mit gekerbtem Rand und die Blütezeit, die in den Sommer fällt.

Weitere Namen	Herbstwendelorchis, Herbstdrehähre, Schraubenstendel
Wuchsform	krautig, aufrecht
Höhe	10 bis 30 cm
Blüten	grünlich weiß, in spiralisierten Trauben
Blütezeit	August und September
Habitat	Wiesen, Halbtrocken- und Magerrasen, Weiden
Wiesen	

Weiße Schwalbenwurz   Vincetoxicum hirundinaria

Wuchsform
krautig,
aufrecht oder
aufsteigend

Höhe
30 bis 90 cm

Blüten
weiß, gelblich

Blütezeit
Juni bis August

Habitat
Eichen- und
Kiefernwälder,
Schutthalden,
sonnige
Gebüsche

**felsige
Standorte**

Morphologie: Ausdauernde, krautige, 30 bis 90 cm hohe Pflanze mit robuster, stinkender Wurzel und aufrechten oder aufgerichteten Stängeln, die an der Basis verholzt sind. Die kurzgestielten Blätter sind meistens gegenständig, seltener auch in Quirlen (Wirteln) angeordnet. Sie sind 5 bis 9 cm lang, länglich herzförmig und ganzrandig. Die Blüten stehen in Trugdolden an 5 bis 6 mm langen Stielen in den Blattachseln. Die bis zu 8 mm breite Krone ist weiß oder gelblich getönt und setzt sich aus 5 eiförmigen, kahlen oder mit gekrümmten Härchen bedeckten Kronblättern zusammen. Die Frucht ist eine 4 bis 5 cm lange Schote mit vielen weißlich schopfig behaarten Flugsamen.

Habitat: Trockene Eichen- und Kiefernwälder, sonnige Wegränder, Gebüsche und Schutthalden, auf steinigen, aber nährstoffreichen Böden; bis 1000 m ü. d. M.

Ursprung und Verbreitung: Die Schwalbenwurz ist in Mittel- und Südeuropa zerstreut anzutreffen.

Synonyme: *Vincetoxicum officinale* Moench, *Asclepias vincetoxicum* L., *Cyanchum vincetoxicum* Pers.

Der lateinische Name Vincetoxi-cum *weist darauf hin, dass man einst glaubte, mit dieser Pflanze die Wirkung von Giften bekämpfen zu können; tatsächlich sind jedoch alle Teile der Weißen Schwalbenwurz selbst giftig.*

Hopfen   Humulus lupulus

Morphologie: Diese ausdauernde, zweihäusige Pflanze entwickelt einen bis zu
6 m langen, rechtswindenden Stängel,
der mit borstigen Klimmhaken versehen
ist. Die gegenständigen, gestielten Blätter sind an der Blattnervatur behaart
und weisen Stipeln auf. Sie sind bis zu
20 cm breit und in drei ovale, am Rand
grob gezähnte, tief eingeschnittene Lappen geteilt. Die gelbgrün gefärbten männlichen Blüten sind eher unscheinbar und
stehen in lockeren Rispen, während die
weiblichen Blüten paarweise in den Achseln der Tragblätter sitzen und 2 bis 5 cm
lang werden. Die hängenden, eiförmigen,
zapfenartigen Blütenstände reifen zu einem bräunlichen Fruchtzapfen mit häutigen Deckblättern und drüsigen Deck-
blättchen, welche ein aromatisches gelbli-
ches Drüsensekret produzieren, heran. Das
Sekret ist reich an Hopfenbitterstoffen
sowie Hopfenharz und ätherischen Ölen.

Weitere Namen
Gemeiner
Hopfen

Wuchsform
krautig,
schlingend

Höhe
2 bis 6 m

Blüten
gelbgrün,
in Rispen

Blütezeit
Juli und August

Habitat
Auwälder,
Hecken, Zäune,
Gebüsche,
Waldränder

Unkrautfluren,
Wegränder

Habitat: Auwälder, Hecken, Zäune, Gebüsche, Waldränder; wärmeliebend;
bis 1200 m ü. d. M.

Ursprung und Verbreitung: Der Hopfen ist in Europa und dem Kaukasus häufig
anzutreffen.

Ähnliche Arten: *Humulus scandens* (Lour.) Merill ist eine Spezies, die ursprünglich
aus Japan stammt und in Mitteleuropa eingebürgert ist, wo sie jedoch einjährig
wächst.

*Der Hopfen (oben
die weiblichen
Blüten) wurde
schon im 8. Jahr-
hundert als Bier-
würze verwendet
und wird heute
für diesen Zweck
großflächig
angebaut. Als
Arzneipflanze hat
der Hopfen eine
nachweislich
beruhigende,
schlaffördernde
Wirkung.*

Hanfgewächse (Cannabaceae)   199

Blüten, die man kaum sieht

Im vorhergehenden Teil wurden die „Wiesenblumen" vorgestellt, Pflanzen, die Blüten im „klassischen Sinne" entwickeln und durch ihre Größe oder wegen ihrer auffallenden Farben dem Betrachter gleichsam ins Auge springen. Der weitaus größte Teil der wild wachsenden Flora setzt sich jedoch aus Arten zusammen, die weder auffällige, noch bunte Blüten produzieren und daher selten die Aufmerksamkeit des Spaziergängers erregen. Es handelt sich dabei vorwiegend um Spezies aus den Familien der Gramineae oder Süßgräser, der Cyperaceae oder Riedgrasgewächse und der Juncaceae oder Binsengewächse.

Im Folgenden wollen wir dem Leser nun einen globalen Überblick über diese meist sehr artenreichen Familien bieten, wobei darauf hinzuweisen ist, dass für eine eventuelle genaue Bestimmung von Gräsern die entsprechende Fachliteratur zu Rate gezogen werden sollte. Um unsere Reise in die Welt der wild wachsenden Pflanzen abzurunden, stellen wir noch die wichtigsten Kletterpflanzen, Wasserpflanzen und Sträucher vor.

Süßgräser (Gramineae)

Die Familie der Süßgräser, auch Gramineae oder Poaceae genannt, ist eine große Pflanzengruppe, die 400 bis 500 Gattungen mit mindestens 5000 in allen Klimazonen und auf sämtlichen Vegetationsstufen vertretenen Spezies umfasst. Sie stellen eine wichtige, ja essenzielle Komponente der Pflanzendecke unseres Planeten dar. Man könnte sie als die Familie der „klassischen Gräser" bezeichnen und nicht selten wird angenommen, sie besäßen gar keine Blüten. Tatsächlich weisen sie jedoch dieselben Organe auf wie alle anderen Phanerogamen (Blütenpflanzen) auch, nur mit dem Unterschied, dass diese im Gegensatz zur Blüte einer Rose oder Lilie viel weniger auffällig sind und daher oft unbeachtet bleiben.

Fast alle Süßgräser sind ein- oder mehrjährige, rasig wachsende, ein Rhizom bildende Pflanzen mit einem charakteristischen hohlen Stängel, der als Halm bezeichnet wird. Dieser ist durch Verdickungen, sogenannte Knoten oder Nodien, in dazwischenliegende Stängelglieder oder Internodien unterteilt. Die Blätter sind gegenständig und am unteren Teil meist scheidig ausgebildet, die Blattscheide umfasst den Halm dabei mehr oder weniger. Die Blattspreite ist linealisch, seltener lanzettlich, und parallelnervig. Zwischen Blattscheide und -spreite befindet sich ein membranartiger Fortsatz, die sogenannte Ligula oder Blatthäutchen. Die Charakteristika dieser Ligulae sind oft wichtige Kriterien für die Bestimmung der einzelnen Spezies unter den Gräsern.

Die Blüten der Süßgräser besitzen keine Kronblätter, da alle Arten den anemophilen, das heißt durch den Wind bestäubten Spezies angehören. Aus diesem Grund benötigen sie weder auffällige Blüten noch Duftstoffe oder Nektarien, um damit Insekten anzulocken.

Der Blütenstand der Gramineae wird Ährchen genannt. Auf einer Achse oder Rhachis sitzen zwei sterile Blätter, die Hüllspelzen, welche die inneren Teile der Blüten zusammen mit weiter innen liegenden Blättern, den Spelzen, schützend umhüllen. Das obere Blatt wird Lemma, das untere Palea genannt. Die Spelzen können lange, haardünne Fortsätze aufweisen, die man Grannen nennt. Die Frucht der Gräser ist ebenfalls speziell aufgebaut: Die Fruchtwand ist fest mit der Samenschale verwachsen und bildet eine Art Samenfrucht, die sogenannte Karyopse.

In den gemäßigten Klimazonen stellen Gräser die wichtigsten Komponenten der Pflanzendecke von Wiesen und Weiden dar. Speziell im Gebirge, ausgenommen auf Äckern, Feldern und in dichten, lichtlosen Wäldern, sind Gräser dominierender Teil zahlreicher Pflanzengesellschaften.

Gramineae (Süßgräser)

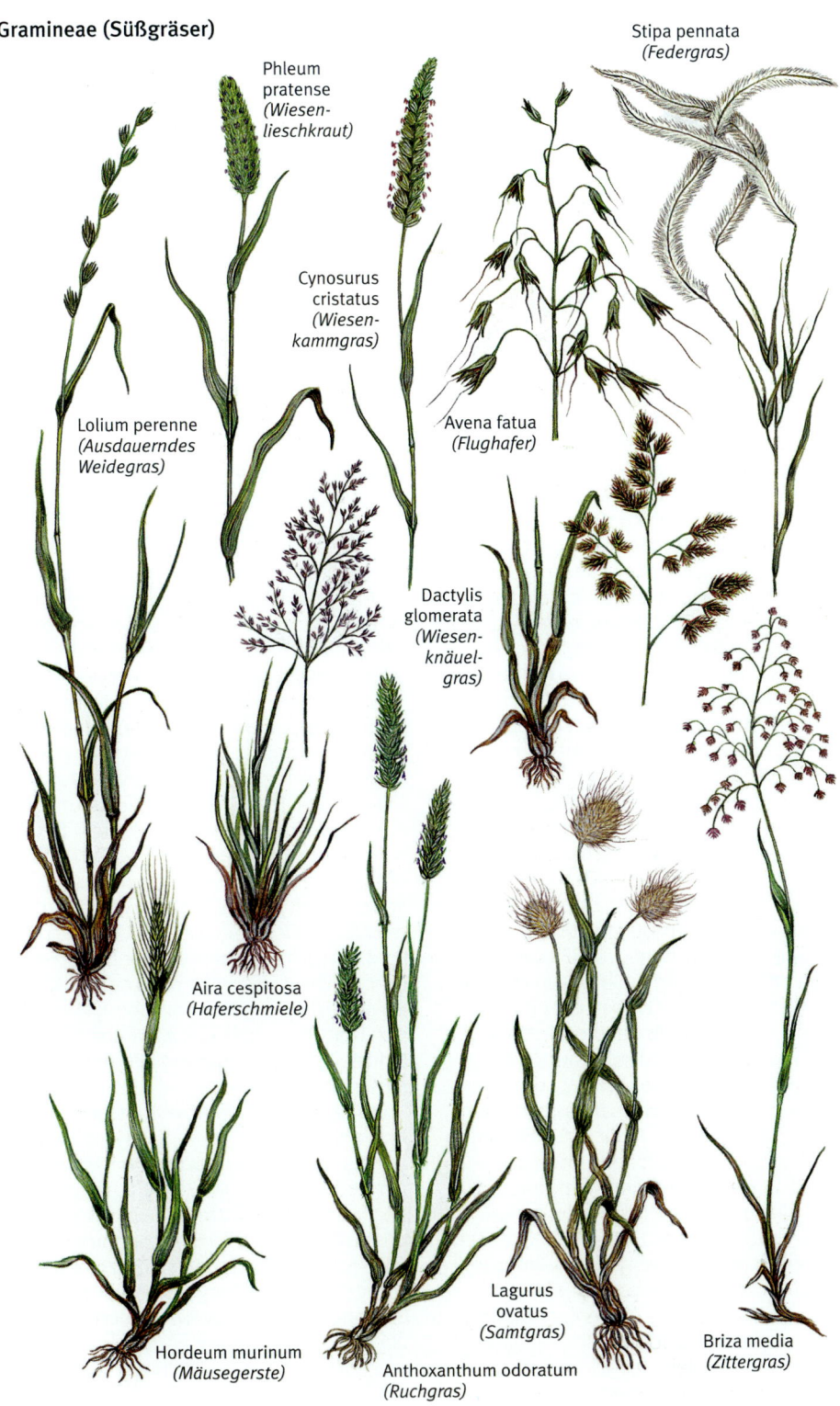

Phleum
pratense
*(Wiesen-
lieschkraut)*

Stipa pennata
(Federgras)

Cynosurus
cristatus
*(Wiesen-
kammgras)*

Avena fatua
(Flughafer)

Lolium perenne
*(Ausdauerndes
Weidegras)*

Dactylis
glomerata
*(Wiesen-
knäuel-
gras)*

Aira cespitosa
(Haferschmiele)

Hordeum murinum
(Mäusegerste)

Lagurus
ovatus
(Samtgras)

Briza media
(Zittergras)

Anthoxanthum odoratum
(Ruchgras)

Betrachtet man die Familie der Gramineae in Bezug auf den Menschen und seine Ernährung, so stellt man fest, dass es sich für ihn dabei wohl um die wichtigste Familie des Pflanzenreichs handelt, denn zu ihr gehören alle Getreidearten (Weizen, Reis, Mais, Gerste etc.), ebenso wie das in subtropischen Ländern verbreitete Zuckerrohr.

Binsengewächse (Juncaceae)

Zur Familie der Binsengwächse zählen 8 Gattungen und etwa 300 Spezies, die vorwiegend in den gemäßigten Klimazonen verbreitet sind. In Europa sind zwei Gattungen, *Juncus*, die Binse, und *Luzula*, die Hainsimse, mit insgesamt rund 60 Spezies vertreten. Es handelt sich dabei um krautige, ein- oder mehrjährige Pflanzen, die nach ihrer äußeren Form den Süßgräsern und Riedgräsern ähneln und wie diese auch keine auffälligen Blüten entwickeln. Ein typisches Merkmal der Binsengewächse ist ihr Blütenstand, die Spirre, eine Art endständige Dolde, bei der die seitlichen Blüten oft an längeren Stielen stehen als die mittleren. Die einzelnen Blüten sind zwittrig und aktinomorph, sie bestehen aus 6 häutigen, meist weißlichen, gelblichen oder schwärzlichen, kelchblattartigen Tepalen. Sie besitzen 6 Staubblätter, der Fruchtknoten ist oberständig, die Griffel sind oft fiedrig. Die Frucht ist eine Kapsel, die bei den Binsen zahlreiche, bei Hainsimsen nur 3 Samen enthält.

Zur Gattung *Juncus* gehören die eigentlichen Binsen mit ihren mehr oder weniger röhrigen bis fadenförmigen Blättern, die man oft kaum von den Halmen der Gräser unterscheiden kann. Die Hainsimse hat gewöhnlich flache, an den Rändern lang behaarte Blätter. Die Binsen lieben sumpfige oder feuchte Böden und wachsen oft im Uferbereich von Gewässern, an der Meeresküste tolerieren sie auch einen gewissen Grad an Salzgehalt, wie etwa die häufig anzutreffende Krötenbinse (*Juncus bufonius*), die häufig in kleinen, dichten Büscheln wächst und vor allem an Wegen,

Ackerrändern, Ufern und in Gräben mit wechselfeuchtem Sand- oder Lehmboden anzutreffen ist. Die Hainsimsen hingegen bevorzugen eher Laub- und Nadelwälder mit sauren Böden, sowie Zwergstrauchgesellschaften bis in subalpine Lagen. Eine Ausnahme bildet hier die Gewöhnliche Hainsimse (*Luzula campestris*), auch Hasenbrot genannt, die auf mageren, sandigen Wiesen und Heiden anzutreffen ist.

Riedgrasgewächse (Cyperaceae)

Die Pflanzen, welche zu dieser Familie gehören, wirken zur Blütezeit ebenso unspektakulär wie die Süßgräser und Binsengewächse und ähneln diesen auch sehr. Nur allzu oft werden sie daher mit den Süßgräsern verwechselt.

Über 3200 Spezies von Cyperaceen sind auf der ganzen Welt verbreitet, in den arktischen bis gemäßigten Klimazonen sind etwa 188 davon vertreten, die in 17 Gattungen zusammengefasst werden. Man findet sie auf Wiesen, am Wegesrand, auf sumpfigen Böden, in den Wäldern und oft als dichte Teppiche auf alpinen Hängen. Es handelt sich um mehrjährige, den Süßgräsern ähnliche Pflanzen, deren Halme jedoch nicht hohl sind. Die unscheinbaren Blüten stehen in verschiedenartigen Blütenständen zusammen (Ähre, Dolde, Rispe, Spirre) und sind eingeschlechtig und meist einhäusig. Das Perigon fehlt, die einzige Blütenhülle wird von den Spelzen, krautigen, häutigen Blättchen, gebildet. Die Frucht ist eine Nuss, die in einem typischen Fruchtschlauch sitzt.

Der bekannteste Vertreter dieser Familie ist wohl Papyrus (*Cyperus papyrus*), eine bereits seit Jahrtausenden von Menschen genutzte Pflanze. Die Menschen der Antike stellten aus dem Mark der Papyruspflanzen das erste Papier her, wobei heute noch der Name „Papier" auf den ursprünglichen Rohstoff Papyrus hinweist. Aus erhalten gebliebenen Papyrusrollen haben wir viel über die Kultur des alten Ägypten und anderer mediterraner Zivilisationen gelernt.

Cyperaceae (Riedgrasgewächse) • Juncaceae (Binsengewächse)

Luzula
campestris
*(Gewöhnliche
Hainsimse)*

Juncus bufonius
(Krötenbinse)

Carex distans
*(Entferntährige
Segge)*

Scirpus
sylvaticus
(Waldsimse)

Juncus effusus
*(Flatter-
binse)*

Cyperus longus
*(Langes
Zyperngras)*

Carex riparia
(Ufersegge)

Carex
pendula
(Hängesegge)

Cladium
mariscus
(Schneidried)

Schoenus
nigricans
*(Schwarze
Kopfbinse)*

Mittlerweile wächst diese Spezies nur noch stellenweise wild, wie etwa in Sizilien, in der Nähe von Syracusa.

Ein in ganz Europa weitverbreiteter Vertreter ist die Waldsimse (*Scirpus sylvaticus*), auch Flechtsimse genannt, die nasse Wiesen, Auwälder und Sümpfe bevorzugt. Dagegen ist die Schwarze Kopfbinse (*Schoenus nigricans*), ein buschig wachsendes Riedgras, in unserer Flora eher selten anzutreffen und zwar vor allem entlang von Ufern und in kalkhaltigen Flachmooren. Ebenfalls eher selten sieht man das vor allem in Gräben, Tümpeln und Flachmooren vorkommende Schneidried (*Cladium mariscus*), dessen Blätter am Rand gesägt und scharf schneidend sind. Sein aufrechter, kräftiger Stängel erreicht eine Höhe von bis zu 2 m.

Farne (Filicales) und Schachtelhalme

Die Farnpflanzen oder Pteridophyten sind eine große Abteilung des Pflanzenreichs. Ihr Name leitet sich von den griechischen Wörtern *Pteron* (Flügel) und *Fyton* (Pflanze) ab, da das Laub vieler dieser Spezies tatsächlich an die gefiederten Flügel der Vögel erinnert. Die Farnpflanzen entwickeln Wurzeln und Blätter mit einem Leitsystem, produzieren jedoch keine Blüten und Früchte. Die eigentlichen Farne gehören der Ordnung der Filicales an und umfassen etwa 5000 Spezies, die überall auf der Welt, von den gemäßigten bis zu den subtropischen und tropischen Klimazonen beider Hemisphären, verbreitet sind.

Sie gehören zu den Kryptogamen oder Sporenpflanzen, die ihren Namen der besonderen Art ihrer Fortpflanzung verdanken. Bei manchen Farnen kann man zwei verschiedene Arten von Blättern unterscheiden, die oft chlorophyllfreien, bräunlichen, sporentragenden und die sterilen grünen Blätter, die der Ernährung der Pflanze dienen. Bei anderen Spezies erfüllen alle Blätter beide Funktionen, sie tragen die meist bräunlichen Sporen in Gruppen (Sori) auf der Unterseite oder am Blattrand in winzigen Hohlräumen, den Sporangien.

Die Vermehrung der Farne wird also durch die Keimfähigkeit der in riesigen Mengen produzierten Sporen gesichert. Doch aus diesen Sporen entwickelt sich nicht etwa sogleich eine neue Farnpflanze mit identischem Aussehen, sondern es vollzieht sich zuvor eine Art Generationswechsel: Aus der Spore entwickelt sich ein flaches, meist herzförmiges, kräftig grünes, mit hauchfeinen Wurzelfäden im Boden verankertes Blatt, der Vorkeim oder Gametophyt, auf dessen Oberfläche sich die männlichen und weiblichen Organe zur geschlechtlichen Fortpflanzung entwickeln. Erst aus der befruchteten Eizelle geht wieder ein Farnpflänzchen hervor (Sporophyt).

Farne bevorzugen generell schattige, feuchte Standorte, doch es gibt auch speziell an trockene Verhältnisse angepasste Farnarten, wie etwa den Milzfarn (*Ceterach officinarum*), der auf sonnigen Felsen und Mauern bis 2000 m ü. d. M. wächst, oder den Pelzfarn (*Cheilanthes marantae*), auch Schuppenfarn genannt, der vor allem im nördlichen Mittelmeerbereich anzutreffen ist.

Einer der am häufigsten in unseren Wäldern vorkommenden Vertreter ist der Adlerfarn (*Pteridium aquilinum*), der bis zu 2 m hoch werden kann und oft dichte Bestände vor allem in Eichen- und Kiefernwäldern bildet. Von großem Wuchs ist auch der winterfeste Königsfarn (*Osmunda regalis*), auch unter dem Namen Königsrispenfarn bekannt, der vor allem auf feuchten Waldböden anzutreffen ist. In Tropfsteinhöhlen, Brunnen und bei schattigen Quellen findet man gelegentlich den eleganten Schwarzen Streifenfarn (*Adiantum capillus-veneris*) sowie die Gemeine Hirschzunge (*Phyllitis scolopendrium*), die ihren Namen den zungenförmigen, ganzrandigen Blättern verdankt.

Die zweite ebenfalls zu den Pteridophyten oder Farnpflanzen zählende Gruppe ist die der Schachtelhalme. Sie unterscheiden sich von den Farnen vor allem durch den Stängel, der in charakteristische, etwas bauchige bis glockenförmige Scheiden gegliedert ist, an denen haarfeine Zähnchen haften. Man erkennt die Schachtelhalme leicht an den sterilen Sprossen mit den in Quirlen stehenden,

Farne und Schachtelhalme

Asplenium adiatum-nigrum (*Schwarzer Streifenfarn*)

Asplenium ruta-muraria (*Mauerraute*)

Arthyrium filix-foemina (*Waldfrauenfarn*)

Adiantum capillus-veneris (*Venushaarfarn*)

Equisetum maximum (*Riesenschachtelhalm*)

Cheilanthes marantae (*Pelzfarn*)

Ceterach officinarum (*Milzfarn*)

Phyllitis scolopendrium (*Gemeine Hirschzunge*)

Pteridium aquilinum (*Adlerfarn*)

Osmunda regalis (*Königsfarn*)

Equisetum arvense (*Ackerschachtelhalm*)

feinen Seitenästen, die im oberen Teil aus ineinandergeschachtelten Abschnitten aufgebaut sind, woraus sich ihr Name ableitet. Die Schachtelhalme trifft man am häufigsten auf nassen, kalkarmen Böden, vor allem in Fichten- und Eichenwäldern, wo sie sich dank ihres robusten Rhizoms stark ausbreiten und große Populationen bilden können. Im Frühjahr entwickeln sie fertile, gelblich braune Sprossen, an deren Enden die Sporangien (Organe, in denen die Sporen entstehen) in Form einer keulenförmigen Ähre sitzen. Die sterilen Sprosse sind reich an Kieselsäure und werden gerne in der Phytotherapie (Heilbehandlung mit pflanzlichen Substanzen) eingesetzt, insbesondere gegen Nieren- und Blasenleiden sowie gegen Gicht.

Kletterpflanzen

Zu den Kletter-, Ranken- bzw. Schlingpflanzen gehören all jene ein-, zwei- oder mehrjährigen Pflanzen, deren krautige oder verholzende Stängel zu schwach sind, um sich selbstständig aufzurichten. Um an das lebensnotwendige Licht zu gelangen, benutzen diese Gewächse daher entweder eine andere, in der Nähe wachsende Pflanze (vorzugsweise einen Baum oder Strauch) oder einen großen Stein, Felsen oder Ähnliches als Stütze. Fehlt es ihnen an solchen, so breiten sie sich am Boden kriechend aus, bis sie an eine geeignete Stütze gelangen. Obwohl Kletterpflanzen sich anderer Pflanzen zum Emporklettern bedienen, zählen sie nicht zu den Parasiten, da sie ihrer „Wirtspflanze" keine Nährstoffe entziehen. Sehr wohl aber besteht ein gewisser Wettkampf um Licht, Wasser und Mineralsalze, und es kommt gelegentlich vor, dass eine Kletterpflanze das Gedeihen ihrer Trägerpflanze erheblich behindert, indem sie sich immer fester um diese schlingt oder dieser zu viel Licht entzieht. Um möglichst erfolgreich emporklimmen zu können, sind Kletterpflanzen mit den unterschiedlichsten Hilfsorganen ausgestattet: Während die einen richtige Klettereinrichtungen aufweisen, wie Sprossranke oder haftende Adventivwurzeln, klettern andere durch Winden ihres Stängels um die Stütze empor. Bei Sprossranken handelt es sich um umgewandelte Blattstiele, die in manchen Fällen zusätzlich mit winzigen Haftscheibchen ausgestattet sind, um der Pflanze einen besseren Halt zu gewährleisten, wie dies etwa bei der Jungfernrebe der Fall ist. Ranken vollziehen sogar sichtbare Bewegungen auf der Suche nach einer Stützpflanze und sind in der Lage, sich in weniger als einer Minute mit spiralförmigen Drehungen um diese zu winden. Gelingt es einer Ranke nicht, innerhalb einiger Tage eine Stützpflanze zu finden, so rollt sie sich spiralig ein und verdorrt. Solche nutzlos gewordenen Pflanzenteile kann man des Öfteren an verholzenden Kletterpflanzen, wie etwa an Weinreben, beobachten.

Die wohl bekannteste aller Kletterpflanzen ist der Gemeine Efeu (Hedera helix), ein immergrüner Vertreter der Araliengewächse, der vor allem in Laub- und Auwäldern Mittel- und Westeuropas anzutreffen ist. Die verholzenden Stängel des Efeus sind mit robusten Haftwurzeln ausgestattet, die sich an die kleinsten Unebenheiten der Unterlage anpassen und so eine optimale Haftung gewährleisten. Der Efeu kann auf diese Weise rasch in die Höhe wachsen, indem er an alten Baumstämmen hochklettert oder ganze Hausmauern oder Felswände mit seinem grünen Blattwerk bedeckt. Charakteristische Merkmale des Efeus sind die Blätter, welche an blühenden Sprossen anders geformt sind als an Nichtblühenden, sowie die doldigen Blütenstände, welche sich erst im Spätsommer bzw. Herbst entwickeln und oft von unzähligen Bienen und anderen nektarsuchenden Insekten umschwärmt werden.

Verschiedene Spezies der Gattung Hedera (Efeu), vorzugsweise solche mit goldgelben oder gesprenkelten Blättern, werden häufig auch als Zierpflanzen in Gärten und Parks angepflanzt, wo sie Schatten oder Halbschatten bevorzugen. Etwas mehr Licht benötigt das Echte Geißblatt (Lonicera caprifolium) sowie die Gewöhnliche Waldrebe (Clematis vitalba), die beide sich windende, lianenartige, teilweise verholzende Stängel aufweisen, welche die Krone der Bäume und Sträucher oft gänz-

Kletterpflanzen

Hedera helix
(Efeu)

Clematis vitalba
(Gewöhnliche Waldrebe)

Humulus lupulus
(Hopfen)

Lonicera caprifolium
(Echtes Geißblatt)

Tamus communis
(Schmerwurz)

Bryonia dioica *(Zwei-häusige Zaunrübe)*

Fallopia convolvulus
(Gem. Winden-knöterich)

Calystegia sepium
(Zaunwinde)

Convolvulus arvensis *(Ackerwinde)*

lich umhüllen. Auch der Hopfen (Humulus lupulus) zählt zu den Kletterpflanzen, ist jedoch nicht winterhart und sprießt alljährlich im Frühjahr wieder aus der Erde, weshalb diese Art weit weniger „aggressiv" in ihrem umhüllenden Wuchs ist wie die zuvor erwähnten Kletterpflanzen. Ebenfalls krautige, nicht verholzende Stängel entwickeln Schmerwurz (Tamnus communis) und Zweihäusige Zaunrübe (Bryonia dioica), wobei Letztere, wie viele andere Kürbisgewächse, typische spiralige Ranken ausbildet.

Auch die auf der Bildtafel auf S. 207 links unten gezeigten Arten sind krautige, ausdauernde Kletterpflanzen. Es handelt sich dabei um die Zaunwinde (Calystegia sepium) und die Ackerwinde (Convolvulus arvensis), wobei Letztere, zusammen mit dem zu den Knöterichgewächsen zählenden Feldwindenknöterich (Fallopia convolvulus), zu den gefürchtetsten und hartnäckigsten Acker- und Gartenunkräutern zählen, weil sie sich nur äußerst schwer bekämpfen lassen.

Wasserpflanzen

Alle auf der Bildtafel abgebildeten Wasserpflanzen leben bevorzugt in stehenden oder träge fließenden Gewässern, wie etwa Teichen, Seen, Sümpfen und Mooren. Sie haben sich an diese Lebensbedingungen auf besondere Weise angepasst: Während manche Arten völlig untergetaucht wachsen, sind andere mit ihren Wurzeln fest im schlammigen Boden verankert und ragen nur mit Blättern und Blüten aus dem Wasser. Wieder andere schwimmen frei auf der Wasseroberfläche. Zu Letzteren zählen beispielsweise einige kleine Pteridophyten (Farnpflanzen), wie der Schwimmfarn (Salvinia natans), dessen Blätter mit wasserabweisenden Härchen bedeckt sind, sowie die aus Amerika stammenden, seltener vorkommenden Wasserfarne Azolla filiculoides und Azolla caroliniana. Ebenfalls frei schwimmend sind die Kleine Wasserlinse (Lemna minor), die häufig große Populationen bildet, und die winzige Wolffia arrhiza, die sich durch ihre besonders kleinen Blätter (0,5 bis 1 mm breit) auszeichnet.

Zu den häufigsten untergetauchten Wasserpflanzen, die vor allem in nicht verunreinigten Gewässern wachsen, zählen verschiedene Arten der Gattung Potamogeton (Laichkräuter), allen voran das Schwimmende Laichkraut (Potamogeton natans) und das Glänzende Laichkraut (P. lucens), welche ab und an in Gesellschaft der Wasserfeder (Hottonia palustris) auftreten, die zur Familie der Primelgewächse (Primulaceae) gehört.

Zu den Schwimmblattpflanzen zählen auch die weitverbreiteten Seerosengewächse (Nymphaeaceae), wobei die wichtigsten Vertreter dieser Familie die Weiße Seerose (Nymphaea alba) und die Gelbe Teichrose (Nuphar lutea) sind. Beide entwickeln sehr dicke, tief im Schlammboden wurzelnde Rhizome und sehr dekorative Blätter und Blüten, weshalb sie in vielen gezüchteten Varietäten wie z. B. solchen mit gefüllten Blüten in Tümpeln und Teichen gehalten werden. Etwas seltener sieht man hingegen die schwimmende Blattrosette der Wassernuss, die eigenartige stachelige, essbare Früchte hervorbringt (Trapa natans) und deren rautenförmige Blätter im Herbst auf der Oberseite grün oder rot und auf der Unterseite braun gefärbt sind. Charakteristisch an ihnen sind in den Blattstielen befindliche Luftkammern, mit deren Hilfe die Blattrosetten auf der Wasseroberfläche schwimmen. Eine ebenfalls recht ungewöhnliche Wasserpflanze ist der Gewöhnliche Wasserschlauch (Utricularia vulgaris), der mit winzigen Fangblasen ausgestattet ist, mit denen er zur zusätzlichen Ernährung Planktontierchen (vorwiegend winzige Krebschen) einfängt und verdaut.

An den Ufern stehender oder langsam fließender Gewässer und entlang von Gräben und Kanälen trifft man gelegentlich auf die rötlich weißen Blüten der Schwanenblume (Butomus umbellatus), die häufig in Gesellschaft des weniger auffälligen Wasserknöterichs (Polygonum amphibium) auftritt. In Sümpfen und im Bereich der Ufer seichter, stehender Gewässer wiederum gedeiht der Gewöhnliche Froschbiss (Hydrocharis morsus ranae), der Zungenhahnenfuß (Ranunculus lingua) sowie der Gemeine Froschlöffel (Alisma plantago-aquatica). Als Einzige der auf der

Wasserpflanzen

Hottonia palustris
(Wasserfeder)

Azolla filiculoides
(Großer Algen-farn)

Alisma plantago-acquatica
(Gemeiner Froschlöffel)

Hydrocharis morsus ranae
(Gew. Froschbiss)

Nasturtium officinale

(Echte Brunnen-kresse)

Potamo-geton natans
(Laichkraut)

Nymphaea alba
(Weiße Seerose)

Nuphar lutea
(Gelbe Teichrose)

Salvinia natans
(Schwimmfarn)

Utricularia vulgaris
(Gew. Wasserschlauch)

Trapa natans
(Wassernuss)

Ranunculus lingua
(Zungenhahnenfuß)

Tafel abgebildeten Wasserpflanzen, welche bevorzugt in rasch fließenden kalten Gewässern, vorzugsweise in Bächen und Quellen, vorkommt, sei hier noch die Echte Brunnenkresse *(Nasturtium officinale)* erwähnt, die gerne als Salat gegessen, aber auch als Heilpflanze verwendet wird.

Obwohl die meisten Arten der Wasserpflanzen heute noch an so manchem Gewässer anzutreffen sind, so muss dennoch darauf hingewiesen werden, dass in den letzten Jahrzehnten durch zunehmende Wasserverschmutzung, Eutrophierung (unerwünschte Zunahme eines Gewässers an Nährstoffen und damit verbundenes starkes Wachstum einiger weniger Arten), Trockenlegung und Zuschüttung viele Lebensräume der Wasserpflanzen verloren gegangen oder stark beeinträchtigt worden sind. Um diese dezimierte und für manche empfindliche Arten sogar vom Aussterben bedrohte einzigartige Flora für die Nachwelt zu erhalten, ist man in letzter Zeit bestrebt, die wenigen noch verbliebenen natürlichen aquatischen Lebensräume in den Rang von Naturschutzgebieten zu erheben, um damit diese einzigartigen Lebensgemeinschaften auch in der Zukunft erhalten zu können.

Sträucher

In diesem Buch werden fast ausschließlich krautige, ein-, zwei- oder mehrjährige Pflanzen und Halbsträucher beschrieben, die den Betrachter durch große, auffallende, schöne Blüten beeindrucken. In diesem kurzen Teil werden Sträucher beschrieben, das sind ausdauernde, verholzte Pflanzen, die aber im Unterschied zu den Bäumen keinen dicken, hohen Stamm entwickeln, sondern nur Stämmchen, die sich schon an der Basis mehr oder weniger weit verzweigen. Die Grenze zwischen Baum und Strauch ist dabei nicht immer leicht zu ziehen. Dass die Grenze zwischen „Baum" und „Strauch", „fließend" ist, zeigt vor allem auch das Einwirken von Mensch (Rückschnitt) und Tier (Verbiss) auf die verschiedenen Gewächse. Auf den Seiten 211 und 213 wird eine Auswahl der häufigsten oder auffälligsten Sträucher unserer natürlichen Flora vorgestellt, die aufgrund

ihrer Blüten oder ihrer Früchte die Neugier des Betrachters wecken.

In ganz Mitteleuropa stark verbreitet ist der Schwarze Holunder *(Sambucus nigra)*, der zur Familie der Geißblattgewächse *(Caprifoliaceae)* zählt und vor allem in Hecken, Gebüschen und in schattigen Wäldern vorkommt. Man erkennt diese Art leicht am unangenehmen Geruch der Blätter sowie an den üppigen schirmförmigen Blütenständen, die sich aus unzähligen cremeweißen Blüten zusammensetzen und im Mai/Juni zu sehen sind. Auch die daraus entstehenden Früchte, glänzend schwarze Beeren, die eine leicht abführende Wirkung haben, sind meist kaum zu übersehen. Zur selben Familie gehört der Gewöhnliche Schneeball *(Viburnum opulus)*, der seinen Namen seinen schneeweißen, in der Wildform schirmförmigen, in der Zuchtform fast kugeligen Blütenständen zu verdanken hat. Man findet diese Art vor allem in feuchten Laub- und Mischwäldern sowie im Ufergebüsch; sie kommt jedoch nicht so häufig vor wie der Schwarze Holunder. Zur Familie der Geißblattgewächse gehört auch die Gattung Lonicera, zu der auch Kletterpflanzen und Sträucher zählen, welche in unseren Breiten häufig anzutreffen sind. Ein typischer Vertreter ist die Blaue Heckenkirsche *(Lonicera coerulea)*, eine Spezies, die saure Böden bevorzugt und häufig an Waldrändern und in subalpinen Heiden anzutreffen ist, wo sie in Gesellschaft von anderen Zwergsträuchern gedeiht und im Herbst schwarze, bereifte Beeren ausbildet.

Die Gemeine Felsenbirne *(Amelanchier ovalis)*, auch Felsenmispel genannt, bevorzugt trockene, steinige und kalkhaltige Böden. Diese Pflanze aus der Familie der Rosengewächse ist vor allem in den Gebirgen Mittel- und Südeuropas zerstreut anzutreffen, wo sie sonnige, steinige und lichte Wälder, Gebüsche und Felsspalten bevorzugt. Aus ihren in Trauben stehenden Blüten entwickeln sich blauschwarze Früchte, die in ihrer Form einer Birne ähneln. Ein weiterer sehr häufiger Vertreter der Rosengewächse ist der Zweigriffelige Weißdorn *(Crataegus oxyacantha)*, ein widerstandsfähiger, dorniger, baumartiger Strauch, der vor allem in Wäldern und Gebüschen mit steinigem Boden anzutreffen ist.

Sträucher

Berberis vulgaris
(Berberitze, Sauerdorn)

Amelanchier ovalis
*(Gemeine Felsen-
birne)*

Colutea
arborescens
(Blasenstrauch)

Sambucus nigra
(Schwarzer Holunder)

Euonymus europaeus
(Gewöhnliches Pfaffenhütchen)

Crataegus oxycantha
(Zweigriffiger Weißdorn)

Im Mai und Juni entwickelt er seine in Dolden stehenden weißen Blüten, die auch in der Phytotherapie wegen ihrer herzstärkenden und beruhigenden Wirkung sehr beliebt sind, und im Herbst reifen seine roten Früchte heran. Ein weiterer dorniger Strauch aus derselben Familie ist der Schwarzdorn (Prunus spinosa), auch als Schlehe bekannt. Schlehen sind häufig an sonnigen Wald- und Wegrändern, in Gebüschen und auf Heiden anzutreffen, wo sie gelegentlich dichte, undurchdringliche Gestrüppe bilden. Der Schlehdorn bildet kugelige, schwarze, blau bereifte Steinfrüchte, die einen starken herb-säuerlichen Geschmack aufweisen. Die Hundsrose gilt als die häufigste wild wachsende Rose und ist vor allem in lichten Laubwäldern, Hecken und in Gebüschen anzutreffen. Ihr Name (Rosa canina) leitet sich von dem alten Volksglauben ab, demzufolge ein Stoff in ihren Wurzeln gegen Tollwut helfen könne. Die Frucht der Hundsrose, die Hagebutte, hat einen sehr hohen Gehalt an Vitamin C, Zitronen- und Apfelsäure und wurde früher häufig zur Heilung von Skorbut (Vitamin-C-Mangel) eingesetzt. Heute wird die Hagebutte zur Stärkung der natürlichen Abwehrkräfte in Form von Tee, Saft oder Konfitüre verwendet. Rosa canina ist heute ein Sammelbegriff für eine ganze Artengruppe, die eine ganze Reihe von Varietäten umfasst, welche wegen der großen Ähnlichkeit ihrer Merkmale nur schwer zu bestimmen sind. Ein ähnliches Problem stellt sich bei der Klassifizierung der Arten aus der Gattung Rubus, bei denen es nahezu unmöglich ist, die verschiedenen Straucharten sicher zu klassifizieren. Eine davon ist die Himbeere (Rubus idaeus), ein sehr robuster, feinstacheliger Strauch, der häufig auf Lichtungen, Rodungen, in Schluchten und Auwäldern, aber auch am Wegesrand anzutreffen ist. Die Himbeere ist wegen ihrer süßen roten Früchte beliebt und wird als Zuchtform häufig auch im Garten angepflanzt.

Auch einige Arten der Gattung Ribes, welche zur Familie der Stachelbeergewächse (Grossulariaceae) zählt, sind wegen ihrer Früchte, die sich besonders zur Herstellung von Konfitüren und Säften eignen, überaus beliebt. Die bekanntesten Vertreter sind die Stachelbeere (Ribes uva-crispa) und die Schwarze Johannisbeere (Ribes nigrum), die in Auwäldern, Gebüschen und an Waldrändern anzutreffen sind.

Einen niederen, reich verzweigten, dornigen Strauch bildet die Berberitze (Berberis vulgaris), auch unter dem Namen Sauerdorn bekannt. Diese Art zählt zur Familie der Berberitzen- oder Sauerdorngewächse (Berberidaceae) und bevorzugt vor allem trockene Böden in sonnigen Wäldern und Gebüschen. In der Nähe von Äckern wachsend, fungiert diese Art als Zwischenwirt für den Schwarzrost, eine gefürchtete Pilzkrankheit auf Wintergetreide, weshalb sie dort vehement bekämpft wird. Aus den kleinen, in Trauben stehenden gelben Blüten entwickeln sich längliche scharlachrote Beeren, deren Fruchtfleisch einen säuerlichen, zusammenziehenden Geschmack besitzt. Einige ursprünglich aus Asien und Amerika stammende Berberitzenarten werden heute wegen ihres dekorativen Aussehens gerne als Ziersträucher in Gärten und Parks gehalten.

Das Gewöhnliche oder Europäische Pfaffenhütchen (Euonymus europaeus) (Bildtafel S. 211, links unten) ist ein sehr häufiger, fast baumartiger großer Strauch, der bis zu 5 m hoch werden kann und in Laubwäldern, Hecken und Auen in ganz Europa auftritt. Seinen Namen erhielt er wegen seiner typisch geformten, vierkantigen Kapselfrucht, die purpurrot gefärbt ist, zur Reifezeit aufspringt und dann die weißen, von einem orangegelben Fleischmantel umhüllten Samen freigibt.

Abschließend sei noch der sogenannte Blasenstrauch (Colutea arborescens) erwähnt, ein 2 bis 5 m hoher Strauch, der zu den Schmetterlingsblütlern zählt und in unseren Breiten vor allem an sonnigen Waldrändern und Gebüschen auftritt. Seine gelben Schmetterlingsblüten sind jenen der Gattung Coronilla sehr ähnlich, man erkennt diese Art leicht an seinen bauchig aufgeblasenen Hülsen.

Sträucher

Lonicera coerulea
(Blaue Heckenkirsche)

Viburnum opulus
(Gemeiner Schneeball)

Rosa canina
*(Hundsrose,
Heckenrose)*

Prunus spinosa
*(Schlehdorn,
Schwarzdorn)*

Ribes nigrum
*(Schwarze Johannis-
beere)*

Rubus idaeus
(Himbeere)

Rubus ulmifolius
(Ulmenblättrige Brombeere)

Glossar

Achäne
Nussförmige, einsamige Schließfrucht mit verholzter Fruchtwand.

Achsel (Blattachsel)
Ansatzstelle zwischen dem Blatt und dem Stiel bzw. Stängel.

Aktinomorph (radialsymmetrisch)
Strahlig angeordnete Blütenkrone, durch deren Zentrum mehr als eine Symmetrieebene verläuft, welche die Blüte in gleiche Teile unterteilt.

Ausdauernd (mehrjährig, perennierend)
Pflanzen, die über mehrere Jahre hinweg Blüten und Samen hervorbringen.

Ausläufer
Meist mit schuppigen Nebenblättern ausgestatteter, ober- oder unterirdisch kriechender Seitenspross, der aus der Stängelbasis oder dem Wurzelhals entspringt und zur vegetativen Vermehrung beiträgt.

Blütenhülle (Perianth)
Blütenblätter des Kelches und der Krone, welche die Fortpflanungsorgane umhüllen. Die meist grünen Kelchblätter, die frei, abstehend, zurückgeschlagen oder zu einer Röhre verwachsen sein können, schützen die inneren Blütenteile, während die freien oder verwachsenen Kronblätter mit ihrer auffälligen Farbe bzw. ihrem Duft bestäubende Insekten anlocken.

Blütenscheibe
Innerer Teil der Blüte bei Korbblütlern, meist aus Röhrenblüten bestehend, die von strahlenförmig angeordneten Zungenblüten umgeben sind.

Blütenstand (Infloreszenz)
Ganz anders als bei der Einzelblüte entspringen beim Blütenstand mehrere Blüten in bestimmter Anordnung an verzweigten oder unverzweigten Blütensprossen. Es gibt verschiedene Ausformungen wie Ähre, Traube, Dolde, Rispe etc.

Buschig (in Büscheln)
Pflanze, die zahlreiche Stängel aus der Wurzel entwickelt.

Diözisch (zweihäusig)
Männliche und weibliche Blüten sitzen auf verschiedenen Pflanzen.

Drüsig
Oberfläche, die mit Drüsen besetzt ist, d. h. mit Zellen, die ätherische Öle anhäufen oder ausscheiden.

Einjährig (annuell)
Pflanze, die während einer einzigen Vegetationsperiode auskeimt, blüht, Früchte trägt und danach abstirbt.

Endemisch
Pflanze, die auf ein relativ eng begrenztes Verbreitungsgebiet beschränkt ist.

Fruchtknoten
Weibliches Fortpflanzungsorgan, bestehend aus verwachsenen Fruchtblättern, die die Samenanlage enthalten und aus dem sich die Frucht entwickelt. Der Fruchtknoten kann je nach seiner Lage bezüglich des Ansatzpunktes von Kelch und Krone ober-, mittel- oder unterständig sein.

Gefiedert
Blätter, die in mehrere Segmente (Fiederblättchen) geteilt sind (paarig oder unpaarig gefiedert).

Griffel
Meist stielartige Verlängerung des Fruchtknotens, an dessen Ende sich die Narbe befindet.

Halbstrauch
Mehrjährige Pflanze, die bis zu 1 m hoch wird und schon an der verholzten Basis verzweigt ist.

Hochblätter (Stängelblätter)
Am Stängel sitzende oder gestielte Blätter im Bereich des Blütenstandes, die häufig kleiner als die Grundblätter sind.

Hüllblätter (Brakteen)
Meist rosettig angeordnete, sehr kleine Tragblätter, die die Blüte oder den Blütenstand umgeben.

Kelchzähne
Spitz zulaufende Enden eines verwachsenen Kelches.

Kronröhre
Zu einer Röhre verwachsene Kronblätter (z. B. bei Lippenblütlern).

Lippenblüten
Blütenform der Lippenblütler, die entweder einlippig (nur mit Unterlippe) oder zweilippig (auch mit Oberlippe) ist.

Magerrasen
Nährstoffarme, meist kalkhaltige Wiese.

Monözisch (einhäusig)
Männliche und weibliche Blüten sitzen auf derselben Pflanze.

Nagel
Besondere Form der Kronblätter; schmale Abschnitte, die sich wechselweise zwischen den verbreiterten Abschnitten, den sogenannten Platten, befinden.

Nervatur
Anordnung der Leitbündel eines Blattes; diese kann parallelnervig, fiedernervig oder netznervig sein.

Oberständig
Fruchtknoten, der oberhalb des Ansatzpunktes von Kelch und Krone steht.

Öhrchen
Am Grund eines Blattes befindliche, symmetrische, ohrenförmige Ausbuchtungen.

Pappus
Zu haarartigen Fortsätzen zurückgebildete Kelchblätter, die die Form eines Haarkranzes haben und auf Früchten und Samen wachsen, womit die Samenverbreitung begünstigt wird (z. B. Löwenzahn).

Perigon (Perigonium)
Blütenhülle, bei der Kelch- und Kronblätter nicht unterscheidbar sind (siehe Tepalen).

Petalen (Kronblätter)
Blütenhüllblätter, die eine Lockfunktion für bestäubende Insekten ausüben. Zahl, Form und Anordnung sind ein wichtiges Merkmal zur Bestimmung der Pflanze.

Quirl (Wirtel)
Drei oder mehr Blätter oder Blüten, die an einem Knoten entspringen und ringförmig angeordnet sind.

Rhizom (Wurzelstock)
Unterirdisch wachsender Spross, der oft verdickt ist und als Speicherorgan dient. Das Rhizom trägt manchmal Blätter oder Schuppen.

Rosette
Büschelige, annähernd kreisrund angeordnete Grundblätter vieler krautiger Pflanzen, die dicht am Boden zusammenstehen.

Ruderalpflanze
Pflanze, die auf vom Menschen verändertem Gelände, wie z. B. auf Schuttplätzen, Müllhalden, Brachland, Kiesgruben etc., wächst.

Scheide
Membran am Grund des Blattes, die den Stängel röhrig umschließt.

Schlund

Öffnung der Kron- bzw. Kelchröhre, Übergang zwischen Röhre und Kronsaum. Der Schlund kann manchmal anders als die Krone gefärbt sowie behaart oder schuppig sein.

Schmetterlingsblüte

Blütenform der Schmetterlingsblütler, bestehend aus 5 Kronblättern: dem oberen, welches größer als alle anderen ist (Fahne), zwei seitlichen (Flügel) und zwei miteinander verwachsenen unteren Kronblättern, die das sogenannte Schiffchen bilden.

Schnabel

Schnabelartiger Fortsatz des Griffels (z. B. bei Doldengewächsen).

Schuppenblätter

Kleine Blättchen an Blattstielen und Ausläufern, z. B. als Hüllblätter zum Schutz der Blüte.

Sepalen

Kelchblätter.

Spatha (Hochblattscheide)

Großes, manchmal lederiges Tragblatt, das den Blütenstand umhüllt; z. B. bei Aaronstabgewächsen.

Sporn

Umgewandeltes Kronblatt, das meist Nektar enthält, um bestäubende Insekten anzulocken.

Spreite (Blattspreite)

Der meist flächig ausgebreitete Teil des Blattes.

Stipeln

Kleine, an der Stielbasis des Blattes befindliche Nebenblättchen (bei den Rosengewächsen, Schmetterlingsblütlern und Veilchen besonders auffällig).

Sukkulenten

Pflanzen mit Wasserspeichergewebe, welches in den Stämmchen, Blättern und Wurzeln auftreten kann.

Tepalen

Blütenhüllblätter des Perigons.

Tragblatt (Braktee)

Hochblatt von Blüten oder Blütenständen, das oft auffällig gefärbt ist, um potenzielle bestäubende Insekten anzulocken.

Wirtel

Siehe Quirl.

Wurzelknolle

Verdickter Sprossteil, der zur Speicherung von Reservestoffen dient.

Xerophil

An trockene Standorte angepasste Pflanzen.

Zipfel

Tief eingeschnittener, meist unregelmäßiger, spitzer Lappen bei Blättern oder Kronblättern.

Zungenblüten

Zungenförmige Randblüten der Korbblütler, welche die Röhrenblüten strahlig umgeben (z. B. Margerite).

Zweijährig

Pflanzen, die erst im zweiten Jahr Blüten und Samen ausbilden.

Zwittrig

Sowohl mit männlichen als auch weiblichen Organen ausgestattete Pflanze oder Blüte.

Zygomorph

Kelch oder Krone mit einer einzigen Symmetrieebene, entlang welcher sich die Blüte dann in zwei spiegelbildliche Hälften zerlegen lässt.

Register

Einteilung in Familien

A

Amaryllisgewächse
(Amaryllidaceae) — 31, 186–188

Aronstabgewächse
(Araceae) — 32, 191

B

Baldriangewächse
(Valerianaceae) — 30, 153

Borretschgewächse
(Boraginaceae) — 28, 124–128

Braunwurzgewächse
(Scrophulariaceae) — 29, 142–149

C

Cistrosengewächse
(Cistaceae) — 26, 104

D

Dickblattgewächse
(Crassulaceae) — 23, 65–67

Doldengewächse
(Umbelliferae) — 26, 106–111

E

Eisenkrautgewächse
(Verbenaceae) — 28, 128

Enziangewächse
(Gentianaceae) — 27, 118

G

Geißblattgewächse
(Caprifoliaceae) — 29, 152

Glockenblumengewächse
(Campanulaceae) — 30, 155–159

H

Hanfgewächse
(Cannabaceae) — 20, 199

Hahnenfußgewächse
(Ranunculaceae) — 22, 47–54

Heidekrautgewächse
(Ericaceae) — 27, 112

Hundsgiftgewächse
(Apocynaceae) — 28, 119

J

Johanniskrautgewächse
(Hypericaceae) — 22, 55

K

Kardengewächse
(Dipsacaceae) — 30, 154

Knabenkrautgewächse
(Orchidaceae) — 32, 192–197

Knöterichgewächse
(Polygonaceae) — 21, 37–39

Korbblütengewächse
(Compositae) — 30, 160–179

Kreuzblumengewächse
(Polygalaceae) — 25, 101

Kreuzblütler
(Cruciferae) — 23, 59–63

Kugelblumengewächse
(Globulariaceae) — 29, 150

L

Leingewächse
(Linaceae) — 25, 95

Liliengewächse
(Liliaceae) — 31, 180–184

Lippenblütengewächse
(Labiatae) — 28, 129–138

M

Malvengewächse
(Malvaceae) — 25, 100

Mohngewächse
(Papaveraceae) — 22, 56–58

N

Nachtkerzengewächse
(Onagraceae)| — 26, 106

Nachtschattengewächse
(Solanaceae) — 29, 138–141

Nelkengewächse
(Caryophyllaceae) — 22, 40–46

Nesselgewächse
Urticaceae) — 21, 36

O

Osterluzeigewächse
(Aristolochiaceae) — 21, 37

P

Pfingstrosengewächse
(Paeoniaceae) — 22, 55

Primelgewächse
(Primulaceae) — 27, 113–117

R

Rautengewächse
(Rutaceae) — 25, 98

Rötegewächse
(Rubiaceae) — 28, 120–121

Rosengewächse
(Rosaceae) — 24, 69–77

S

Sauerkleegewächse
(Oxalidaceae)   25, 92–93

Schmetterlingsblütler
(Fabaceae)   24, 77–92

Schwertliliengewächse
(Iridaceae)   32, 198–190

Sommerwurzgewächse
(Orobanchaceae)   29, 149

Sonnentaugewächse
(Droseraceae)   23, 64

Springkrautgewächse
(Balsaminaceae)   25, 99

Steinbrechgewächse
(Saxifragaceae)   24, 68

Storchschnabelgewächse
(Geraniaceae)   25, 93–95

V

Veilchengewächse
(Violaceae)   26, 101-103

W

Wasserschlauchgewächse
(Lentibulariaceae)   29

Wegerichgewächse
(Plantaginaceae)   29, 151

Weiderichgewächse
(Lythraceae)   26, 105

Windengewächse
(Convolvulaceae)   28, 122–123

Wolfsmilchgewächse
(Euphorbiaceae)   25, 96–97

Deutsches Artenverzeichnis

A

Absinth 166
Ackerbrombeere 72
Ackerdistel
Ackergauchheil 117
Ackerglockenblume 158
Ackerhellerkraut 60
Ackerhornkraut 40
Ackerklee 88
Ackerklee, Gelber 87
Ackerkratzdistel 172
Ackermennig 73
Ackerade 41
Ackerraute 58
Ackerschachtelhalm 205
Ackersenf 24, 4, 62
Ackertäschel 60
Ackerveilchen 103
Ackervergissmein-
nicht 128
Ackerwachtelweizen 148
Ackerwinde 123, 208
Ackerwitwenblume 154
Adlerfarn 205
Adonisröschen 49
Affenknabenkraut 194
Akelei, Gemeine 54
Akelei, Gewöhnliche 54
Alfalfa 86
Algenfarn, Großer 211
Alpendistel 167
Alpenveilchen, Echtes 115
Ambas 70
Amstelraute 53
Aronstab, Gefleckter 191
Augentrost,
Salzburger 147

B

Bachbunge 147
Bachbungen-
Ehrenpreis 147
Bachehrenpreis 147
Bachminze 136
Bachnelkenwurz 75
Baldrian, Echter 30, 153
Bärenklau, Gemeiner 111
Bärenklee 68
Bärenlauch 183
Bärenschote 80
Bärlauch 183
Bauernpfingstrose 57
Beifuß, Bitterer 166
Beifuß, Gemeiner 166
Beifuß,
Gewöhnlicher 166
Beinwell, Gemeiner 124
Beinwurz 124
Berberitze 212
Bergaster 161
Bergdistel 169
Bertram 153
Berufkraut,
Einjähriges 162
Berufkraut, Weißes 162
Besenginster 78
Besenginster,
Gemeiner 78
Besenheide 112
Besenpfriem 78
Betonie, Gemeine 131
Bettstroh 120
Bienenkugeldistel 175
Bienenragwurz 32
Bilsenkraut,
Schwarzes 138
Bingelkraut,
Einjähriges 96
Bitterkresse 60

C

Blasenkirsche, Wilde 140
Blasenstrauch 212
Blaustern 181
Blaustern,
Zweiblättriger 181
Blutknopf 73
Blutweiderich 105
Blutwurz 76
Bocksbart 69
Bornkerse 59
Borretsch 126
Brachdistel 107
Brahm 78
Braunelle, Kleine 132
Brennnessel, Große 22, 36
Brombeere, Bereifte 72
Brombeere,
Ulmenblättrige 215
Brunelle,
Gewöhnliche
   132
Brunelle, Kleine 132
Brunnenkresse,
Echte 59, 211
Brunnenkresse,
Falsche 60
Brunnenkresse,
Gewöhnliche 59
Brustlattich 167
Bucharaklee 85
Büschelglocken-
blume 157
Buschnelke 45
Buschwindröschen 49
Butterblume 51
Butterkugel 48

Christrose 47

D

Dachwurz 66
Dichternarzisse 187
Diptam 98
Diptam, Weißer 98
Doldenmilchstern 31, 182
Donnerwurz 67
Dorant 134
Dost, Gewöhnlicher 34
Dost, Wilder 134
Duftveilchen 102

E

Eberwurz, Kleine 174
Edelgamander 129
Efeu 208
Ehrenpreis, Ähriger 144
Ehrenpreis, Persischer 146
Eibisch, Echter 100
Einbeere 185
Einbeere,
Vierblättrige 185
Eisenkraut 116
Eisenkraut, Echtes 128
Eisenkraut,
Gewöhnliches 128
Erdbeere, Wilde 74
Erdmöhre 80
Erdnussplatterbse 83
Erdrauch, Echter 58
Erdrauch,
Gewöhnlicher 58
Eselshut 167

F

Färberginster 79
Farne 204, 205
Federgras 201
Feigwurz 53
Feldgarbe 164
Feldklee 87
Feldmannstreu 107
Felsenbirne, Gemeine 212
Felsenfetthenne 65
Felsenmauerpfeffer 65
Ferkelkraut, Geflecktes 177
Ferkelkraut, Gemeines 177
Ferkelkraut, Gewöhnliches 177
Fetthenne 69
Fetthenne, Scharfe 24, 67
Fettkraut, Blaues 151
Fettkraut, Gemeines 151
Filipendelwurz 69
Fingerhut, Großblütiger 145
Fingerhut, Großer gelber 145
Fingerkraut, Aufrechtes 76
Fingerkraut, Kriechendes 25, 76
Flatterbinse 202
Flohpfeffer 37
Flughafer 201
Frauenflachs 143
Frauenkerze 143
Froschbiss, Gewöhnlicher 211
Froschlöffel, Gemeiner 211
Froschmaul 143
Frühlingsglockenheide 112
Frühlingsknotenblume 185
Frühlingskrokus 190
Frühlingsscharbockskraut 53
Frühlingsschlüsselblume 113
Fünffingerkraut 77
Futteresparsette 92

G

Gamander-Ehrenpreis 146
Ganille 164
Gänseblümchen 162
Gänseblümchen, Mehrjähriges 31, 162
Gänsedistel 179
Gartensilberblatt 61
Gartenthymian 135
Gartenwicke 81
Geißblatt, Echtes 208
Geißraute, Echte 80
Giftwicke 89

Gilbweiderich 117
Gilbweiderich, Gemeiner 117
Gilbweiderich, Gewöhnlicher 117
Ginster, Deutscher 77
Glockenblume, Breitblättrige 157
Glockenblume, Brennnesselblättrige 158
Glockenblume, Nesselblättrige 158
Glockenblume, Rundblättrige 30, 159
Glockenblume, Pfirsichblättrige 153
Golddistel 172
Goldköpfchen 48
Goldrose 49
Goldrute, Gemeine 158
Goldrute, Gewöhnliche 158
Goldrute, Kanadische 161
Gottvergess, Schwarzer 128
Graslilie, Astlose 178
Graslilie, Traubige 178
Grasschwertlilie 196
Grasstern 121
Greiskraut, Gemeines 167
Güldenwundkraut 158
Günsel, Kriechender 127
Gurkenkraut 126

H

Haarstrang, Echter 108
Habichtskraut, Kleines 179
Haferschmiele 201
Hahnenfuß, Knolliger 23, 52
Hahnenfuß, Kriechender 52
Hahnenfuß, Scharfer 51
Hainklee 94
Hainsimse, Gewöhnliche 202
Händelwurz, Große 195
Hanfnessel 36
Hanfwürger 149
Hängesegge 202
Hasenfuß 89
Hasenklee 88, 92
Hasenpfote 90
Hauhechel, Dornige 84
Hauhechel, Gelbe 84
Hauswurz, Echte 66
Hechelkraut 84
Heckenkirsche, Blaue 215
Heckenrose 215
Heidecker 76
Heidekraut 112
Heilbatunge 131
Heilziest 131
Herbstdrehähre 197
Herbstdrehwurz 197

Herbstwendelorchis 197
Herbstzeitlose 180
Heudorn 84
Hexenblume 49
Himbeere 70, 215
Himmelhopfen 87
Himmelschlüssel 112
Himmelstau 64
Hirschzunge, Gemeine 205
Hirtentäschel 62
Hirtentäschelkraut, Gemeines 60
Holunder, Schwarzer 212
Hopfen 199, 208
Hopfen, Gemeiner 199
Hornklee, Gemeiner 23, 90
Hornklee, Gewöhnlicher 90
Huflattich, Gewöhnlicher 167
Huflattich, Großer 167
Hundsrose 215
Hundsveilchen 101
Hundszahnlilie 181
Hundszunge, Echte 126
Hundszunge, Gemeine 126

I

Immergrün, Kleines 119

J

Jakobsgreiskraut 168
Jakobskreuzkraut 168
Johannisbeere, Schwarze 215
Johanniskraut, Echtes 55

K

Kaffeekraut 175
Kalkaster 161
Kamille, Echte 164
Karthäusernelke 46
Käsepappel, Große 100
Katzenklee 89
Katzenkraut 153
Klatschleimkraut 44
Klatschmohn 23, 57
Klee, Gelber 89
Klette, Große 170
Klettenlabkraut 121
Kletterpflanzen 207, 208
Knabenkraut, Kleines 192
Knabenkraut, Männliches 194
Knabenkraut, Stattliches 196
Knollenplattererbse 83
Knollenspierstaude 69
Knopfrose 55
Kohlgänsedistel 179
Königsfarn 205
Königskerze, Kleinblütige 143

Königskerze, Schwarze 142
Kopfbinse, Schwarze 202
Kornblume 173
Kornnelke 41
Kornrade 41
Kranzrade 41
Kratzbeere 72
Kratzdistel, Stängellose 172
Kreuzblümchen, Gemeines 100
Kreuzblume, Gewöhnliche 101
Kreuzenzian 28, 118
Kreuzkraut, Gemeines 169
Kriechklee 87
Kronwicke, Bunte 89
Kronwicke, Strauchige 91
Krötenbinse 202
Kuckuckslichtnelke 41
Kudelkraut 135
Kugelblume, Herzblättrige 150
Kugeldistel 175
Kunigundenkraut 160

L

Labkraut, Echtes 120
Labkraut, Wohlriechendes 120
Laichkraut, Schwimmendes 211
Lampionblume 140
Leberblümchen 50
Leberklette 73
Leberkraut 121
Leimkraut, Aufgeblasenes 42
Leimkraut, Gewöhnliches 42
Leimkraut, Nickendes 42
Leimkraut, Rotes 42
Leimkraut, Weißes 43
Lein, Zarter 95
Leinkraut, Gemeines 29, 143
Leinkraut, Gewöhnliches 143
Lerchensporn, Hohler 58
Lichtnelke, Rote 42
Lichtnelke, Weiße 43
Löwenmaul, Kleines 143
Löwenzahn, Gemeiner 178
Löwenzahn, Rauer 178
Lungenblatt 152
Lungenenzian 118
Lungenkraut, Echtes 125
Lungenwurz 125
Luzerne 86

M

Mädesüß 70
Mädesüß, Echtes 70
Mädesüß, Kleines 70
Mädesüß, Knolliges 70
Mägdeblume 164
Magenkraut 166
Maiblume 178
Maiglöckchen 183
Majoran, Wilder 134
Malve, Weiße 101
Malve, Wilde 26,100
Margerite 165
Märzbecher 185
Märzenbecher 185
Märzveilchen 102
Maßliebchen 162
Mauerpfeffer,
Scharfer 67
Mauerraute 205
Mäusegerste 201
Mäuseklee 88
Mausohr 179
Meerzwiebel,
Zweiblättrige 181
Milchstern, Doldiger 182
Milzfarn 205
Minze, Langblättrige 136
Mohnblume 57
Möhre, Wilde 27,110
Mollbeere 70
Mückenhändelwurz 195
Mutterkraut 164

N

Nachtkerze,
Gemeine 106
Nachtkerze,
Gewöhnliche 106
Nachtnelke, Rote 42
Nachtnelke, Weiße 43
Nachtschatten,
Bittersüßer 141
Nachtschatten,
Schwarzer 29
Narzisse, Gelbe 189
Narzisse,
Schmalblättrige 187
Narzisse,
Sternblütige 187
Narzisse, Weiße 31,187
Natternkopf, Blauer 124
Natternkopf,
Gewöhnlicher 124
Nebelpflanze 117
Nelke, Seguiers 45
Nestwurz 196
Nestwurz,
Bräunliche 196
Nieswurz, Schwarze 47

O

Ochsenauge,
Weidenblättriges 163
Ochsenzunge,
Gemeine 127
Ochsenzunge,
Gewöhnliche 127
Ochsenzunge,
Italienische 127
Odermennig,
Gewöhnlicher 73
Odermennig, Kleiner 73
Orakelblume 165
Oregano 134
Osterglocke 188
Osterluzei 37
Osterluzei, Aufrechte 37
Osterluzei, Gemeine 37

P

Pastinak, Gemeiner 108
Pastinak,
Gewöhnlicher 108
Pelzfarn 205
Pestwurz, Echte 167
Pestwurz,
Gewöhnliche 167
Pestwurz, Rote 167
Pfaffenhütchen,
Gewöhnliches 212
Pfefferknöterich 37
Pfenniggilbweiderich 116
Pfennigkraut 116
Pfingstrose, Echte 55
Pfingstrose,
Großblumige 55
Platterbse, Dunkle 82
Platterbse, Schwarze 82
Platterbse,
Schwarzwerdende 82
Platterbse, Wilde 82
Primel, Schaftlose 114
Primel, Stängellose 114
Purpurknabenkraut 193
Pusteblume 179
Pyrenäenmilchstern 182

Q

Quendel, Römischer 135
Quendelseide 122

R

Rainfarn 165
Rainfarn, Gemeiner 165
Rainkohl 176
Rainkohl, Gemeiner 176
Rapunzelglocken-
blume 156
Reiherschnabel,
Gemeiner 95
Reiherschnabel,
Gewöhnlicher 95
Resede, Gelbe 65

Resede, Wilde 63
Riesenklee 85
Riesenschachtelhalm 205
Rindsauge,
Gemeines 163
Rossminze 136
Rotklee 89
Ruchgras 201
Rührmichnichtan 99
Ruhrwurz 76
Ruprechtskraut 94
Ruprechtsstorch-
schnabel 94

S

Saatesparsette 92
Saatluzerne 86
Safran, Weißer 190
Salbei, Gelber 138
Salbei, Klebriger 138
Salomonssiegel 184
Samtgras 201
Sandblume 167
Sauerampfer 22,39
Sauerdorn 212
Sauerklee,
Nickender 93
Schachtelhalme 204,205
Schafgarbe,
Gemeine 164
Schafkraut 129
Scharbockskraut 53
Schattenblümchen 184
Schattenblume,
Zweiblättrige 184
Schaumkraut,
Bitteres 62
Scheuchzers
Teufelskralle 159
Schierlingsreiher-
schnabel 95
Schlangenknöterich 38
Schlangenwurz 38
Schlehdorn 215
Schlüsselblume,
Echte 113
Schlüsselblume,
Stängellose 114
Schmerwurz 208
Schneckenklee 86
Schneeball,
Gemeiner 215
Schneeglöckchen 186
Schneeheide 27,112
Schneerose 47
Schneidried 202
Schöllkraut 56
Schöllkraut, Großes 56
Schraubenständel 197
Schuttbingelkraut 96
Schwalbenwurz,
Weiße 198

Schwarzdorn 215
Schwarznessel 130
Schwertlilie, Gelbe 189
Schwertlilie,
Grasblättrige 189
Schwertlilie,
Sibirische 189
Schwimmfarn 211
Seerose, Weiße 211
Segge,
Entferntährige 202
Seguiers Nelke 45
Seifenkraut,
Echtes 23,45
Seifenkraut,
Gebräuchliches 47
Seifenkraut,
Gewöhnliches 45
Senf, Echter 63
Senf, Gelber 63
Senf, Weißer 63
Senf, Wilder 62
Silberblatt,
Einjähriges 62
Silberfingerkraut 75
Sitter, Breitblättriger 193
Sommerwurz, Ästige 149
Sonnenröschen 104
Sonnenröschen,
Gemeines 104
Sonnenröschen,
Gewöhnliches 104
Sonnentau,
Rundblättriger 64
Sonnwendwolfsmilch 97
Spierstaude 70
Spitzwegerich 152
Springkraut, Echtes 99
Springkraut, Drüsiges 99
Springkraut,
Indisches 99
Stechapfel 141
Stechapfel, Weißer 141
Steinbeere 71
Steinbrombeere 71
Steinklee, Echter 85
Steinklee, Gelber 85
Steinklee,
Gewöhnlicher 85
Steinklee, Weißer 85
Stendel, Braunroter 196
Stendelwurz,
Braunroter 196
Stendelwurz,
Breitblättrige 193
Sternhyazinthe 181
Sternkraut 40
Stiefmütterchen,
Wildes 103
Stillkraut 120
Storchschnabel,
Rundblättriger 94

Storchschnabel,
Stinkender 94
Strahlenbreitsame 111
Strahlendolde,
Großblütige 111
Sträucher 212–215
Streifenfarn,
Schwarzer 205
Studentenröschen 68
Sumpfdotterblume 49
Sumpfherzblatt 24, 68
Sumpfschwertlilie 188
Süßgräser 200, 201
Süßholz, Wildes 80

T

Tannenklee 89
Taschenkraut 62
Taubengrindkraut 154
Taubenkropf 44
Taubenkropfleim-
kraut 44
Taubenskabiose 30, 154
Taubnessel,
Purpurrote 130
Taubnessel, Rote 130
Tausendschönchen 162
Teichrose, Gelbe 211
Teufelskralle,
Scheuchzers 159
Thymian,
Gewöhnlicher 135
Thymianseide 122
Tollkirsche 139
Tollkirsche, Schwarze 139
Tormentillwurzel 76
Tragant, Süßer 80
Trollblume 48
Trollblume,
Europäische 48
Tüpfelhartheu 55

U

Ufersegge 202
Uferwolfstrapp 135
Uferzaunwinde 28, 123

V

Veilchen,
Wohlriechendes 102
Venushaarfarn 205
Vogelmiere 40
Vogelnestorchidee 196
Vogelnestwurz 196
Vogelsternmiere 40
Vogelwicke 81

W

Waldakelei 54
Waldalpenveilchen 115
Waldbart 69
Waldbrustwurz 109
Waldengelwurz 109
Walderdbeere 74
Waldfrauenfarn 205
Waldgeißbart 69
Waldkerbel 107
Waldknoblauch 183
Waldmeister 120
Waldplatterbse 82
Waldprimel 28
Waldrebe,
Gewöhnliche 210
Waldsanikel 106
Waldsauerklee 92
Waldsimse 202
Waldstorchschnabel 93
Waldvögelein, Rotes 197
Waldziest 132
Wallwurz 124
Warzenkraut 56
Wasserdost 160

Wasserdost,
Gemeiner 160
Wasserehrenpreis 147
Wasserfeder 211
Wasserkersche 59
Wasserminze 136
Wassernuss 211
Wasserpfeffer 37
Wasserpflanzen 209, 211
Wasserschlauch,
Gewöhnlicher 211
Wasserschwert-
lilie 32, 188
Wau, Gelber 63
Wegerich, Mittlerer 151
Wegerich,
Schmalblättriger 152
Wegleuchte 175
Wegwarte,
Gewöhnliche 175
Weidelgras,
Ausdauerndes 201
Weidenalant 163
Weidenröschen,
Schmalblättriges 27
Weidewegerich 151
Weißdorn,
Zweigriffiger 212
Weißklee 87
Weißwurz, Duftende 184
Weißwurz, Echte 184
Weißwurz, Gemeine 184
Wermut 166
Wermutkraut 166
Wetterkerze 143
Widdertod 64
Wiesenbärenklau 111
Wiesenbibernelle 73
Wiesenbocksbart 176
Wiesenkammgras 201
Wiesenkerbel 107

Wiesenklee 88
Wiesenknäuelgras 201
Wiesenknautie 154
Wiesenknopf, Großer 73
Wiesenknöterich 38
Wiesengold 49
Wiesenlabkraut 121
Wiesenlieschkraut 201
Wiesenlöwenzahn 178
Wiesenraute,
Akeleiblättrige 53
Wiesensalbei 29, 137
Wiesensauerampfer 39
Wiesenschafgarbe 164
Wiesenschlüssel-
blume 113
Wiesenwachtel-
weizen 148
Windenknöterich,
Gemeiner 208
Witwenblume 154
Wolfsfuß 135
Wolfsmilch, Süße 96
Wolfsschote 80
Wollkopf-
Kratzdistel 171
Wucherblume,
Gewöhnliche 165
Wucherblume, Weiße 165
Wunderklee 85
Wundklee 89

Y

Ysop, Echter 132–133

Z

Zaunkraut 121
Zaunrübe,
Zweihäusige 208
Zaunwicke 81
Zaunwinde 123, 208
Zichorie 175
Zigeunerlauch 183
Zittergras 201
Zottelhose 58
Zungenhahnenfuß 211
Zweiblatt, Eiförmiges 195
Zweiblatt, Großes 195
Zwergholunder 152
Zimbelkraut 144
Zimbelkraut,
Gemeines 144
Zyperngras, Langes 202
Zypressenwolfsmilch 97

Wissenschaftliches Artenverzeichnis

A

Achillea millefolium 164
Adiantum capillus-
  veneris 205
Agrimonia eupatoria 73
Agrostemma githago 41
Aira cespitosa 201
Ajuga reptans 129
Alisma plantago-
  acquatica 211
Allium ursinum 183
Althaea officinalis 100
Amelanchier ovalis 212
Anagallis arvensis 117
Anchusa italica 127
Anchusa officinalis 127
Anemone nemorosa 49
Angelica sylvestris 109
Anthericum liliago 180
Anthoxanthum
  odoratum 201
Anthriscus sylvestris 107
Anthyllis vulneraria 89
Aquilegia vulgaris 54
Arctium lappa 170
Aristolochia clematis 37
Artemisia absinthium 166
Artemisia vulgaris 166
Arthyrium filix-
  foemina 205
Arum maculatum 191
Aruncus dioicus 69
Asplenium adiatum-
  nigrum 205
Asplenium ruta-
  muraria 205
Aster amellus 162
Astragalus
  glycyphyllos 80
Atropa belladonna 139
Avena fatura 201
Azolla filiculoides 211

B

Ballota nigra 130
Bellis perennis 31, 162
Berberis vulgaris 212
Borago officinalis 126
Briza media 201
Bryonia dioica 208
Buphthalmum
  salicifolium 163

C

Caltha palustris 49
Caluna vulgaris 112
Calystegia
  sepium 28, 123, 209
Campanula
  glomerata 157
Campanula latifolia 157

Campanula
  persicifolia 155
Campanula
  rapuncoloides 157
Campanula
  rapunculus 156
Campanula
  rotundifolia 30, 159
Campanula
  trachelium 158
Capsella bursa-
  pastoris 62
Cardamine amara 60
Carduus defloratus 169
Carex distans 202
Carex pendula 202
Carex riparia 202
Carlina vulgaris 174
Centaurea cyanus 173
Cephalanthera rubra 197
Cerastium arvense 40
Ceterach officinarum 205
Cheilantes marantae 205
Chelidonium majus 56
Cichorium intybus 175
Cirsium acaule 172
Cirsium arvense 172
Cirsium eriophorum 171
Cladium mariscus 202
Clematis vitalba 208
Colchicum autumnale 180
Colutea arborescens 212
Convallaria majalis 183
Convolvulus
  arvensis 123, 208
Coronilla emerus 91
Coronilla varia 89
Corydalis cava 58
Crataegus oxycantha 212
Crocus albiflorus 190
Cuscuta epithymum 122
Cyclamen
  purpurascens 115
Cymbalaria muralis 144
Cynoglossum
  officinale 126
Cynosurus cristatus 201
Cyperus longus 202
Cytisus scoparius 78

D

Dactylis glomerata 201
Datura stramonium 141
Daucus carota 27, 110
Dianthus
  carthusianorum 46
Dianthus seguieri 45
Dictamnus albus 98
Digitalis grandiflora 145
Drosera rotundifolia 64

E

Echinops
  sphaerocephalus 175
Echium vulgare 124
Epilobium
  angustifolium 27
Epipactis
  atropurpurea 196
Epipactis helleborine 193
Equisetum arvense 205
Equisetum maximum 205
Erica carnea 27, 112
Erigeron annuus 162
Erodium cicutarium 95
Eryngium campestre 107
Erythronium dens-
  canis 181
Euonymus europaeus 212
Eupatorium
  cannabinum 160
Euphorbia cyparissias 97
Euphorbia dulcis 96
Euphorbia helioscopia 97
Euphrasia
  salisburgensis 149

F

Fabaceae Lindl. 25
Fallopia convolvulus 208
Filicales 204, 205
Filipendula ulmaria 70
Filipendula vulgaris 69
Fragaria vesca 74
Fumaria officinalis 58

G

Galanthus nivalis 186
Galega officinalis 80
Galium aparine 121
Galium mollugo 121
Galium odoratum 120
Galium verum 120
Genista germanica 77
Genista tinctoria 79
Gentiana cruciata 28, 118
Gentiana pneumo-
  nanthe 118
Geranium
  robertianum 94
Geranium
  rotundifolium 94
Geranium sylvaticum 93
Geum rivale 75
Globularia cordifolia 150
Gymnadenia
  conopsea 195

H

Hedera helix 208
Helianthemum
  nummularium 104
Helleborus niger 47
Hepatica nobilis 50
Heracleum
  sphondylium 111
Hieracium pilosella 179
Hordeum murinum 201
Hottonia palustris 211
Humulus lupulus 199, 208
Hydrocharis morsus
  ranae 211
Hyosamus niger 138
Hypericum perforatum 55
Hypochoeris
  maculata 177
Hypochoeris radicata 177
Hyssopus officinalis 133

I

Impatiens
  glandulifera 99
Impatiens noli-
  tangere 99
Inula salicina 163
Iris graminea 189
Iris pseudacorus 32, 188
Iris sibirica 189

J

Juncus bufonius 202
Juncus effusus 202

K

Knautia arvensis 154

L

Labiatae 29, 129-138
Lagurus ovatus 201
Lamium purpureum 130
Lapsana communis 176
Lathyrus niger 82
Lathyrus sylvestris 82
Lathyrus tuberosus 83
Leguminosae
  (= Fabaceae Lindl.) 25
Leontodon hispidus 178
Leucanthemum
  vulgare 165
Leucojum vernum 185
Linaria vulgaris 29, 143
Linum tenuifolium 95
Listera ovata 195
Lolium perenne 201
Lonicera caprifolium 208
Lonicera coeruela 215
Lotus corniculatus 25, 90
Lunaria annua 61
Luzula campestris 202
Lychnis flos-cuculi 41

Lycopus europaeus 135
Lysimachia
 nummularia 116
Lysimachia vulgaris 117
Lythraceae 27, 105
Lythrum salicaria 105

M
Maianthemum
 bifolium 184
Malva sylvestris 26,100
Matricaria
 chamomilla 164
Medicago sativa 86
Melampyrum arvense 148
Melampyrum
 pratense 148
Melilotus alba 85
Melilotus officinalis 85
Mentha aquatica 136
Mentha longifolia 136
Mercurialis annua 96
Myosotis arvensis 128

N
Narcissus poeticus 31, 187
Narcissus
 pseudonarcissus 188
Nasturtium
 officinale 59, 211
Neottia nidusavis 196
Nuphar lutea 211
Nymphaea alba 211

O
Oenothera biennis 106
Onobrychis
 viciaefolia 92, 93
Ononis natrix 84
Ononis spinosa 84
Ophrys apifera 32
Orchis mascula 194
Orchis morio 192
Orchis purpurea 193
Orchis simia 194
Origanum vulgare 134
Orlaya grandiflora 111
Ornithogalum
 pyrenaicum 182
Ornithogalum
 umbellatum 31, 182
Orobanche ramosa 149
Osmunda regalis 205
Oxalis acetosella 92
Oxalis pes-caprae 93

P
Paeonia officinalis 56
Papaver rhoeas 23, 57
Paris quadrifolia 185
Parnassia palustris 24, 68
Pastinaca sativa 108
Petasites hybridus 167

Peucedanum
 officinale 108
Phleum pratense 201
Phyllitis
 scolopendrium 205
Physalis alkekengi 140
Phyteuma
 scheuchzeri 159
Pinguicula vulgaris 151
Plantago lanceolata 152
Plantago media 151
Polygala vulgaris 101
Polygonatum
 odoratum 184
Polygonum bistorta 38
Polygonum
 hydropiper 37–39
Portulaceae 25
Potamogeton natans 211
Potentilla argentea 75
Potentilla erecta 76
Potentilla recta 76
Potentilla reptans 25, 77
Primula veris 28, 113
Primula vulgaris 114
Prunella vulgaris 132
Prunus spinosa 215
Pseudolysimachion
 spicatum 144
Pteridium aquilinum 205
Pulmonaria officinalis 125

R
Ranunculus acris 51
Ranunculus
 bulbosus 23, 52
Ranunculus ficaria 53
Ranunculus lingua 211
Ranunculus repens 52
Reseda lutea 63
Ribes nigrum 215
Rosa canina 215
Rubus caesius 72
Rubus idaeus 70, 215
Rubus saxatilis 71
Rubus ulmifolius 215
Rumex acetosa 22, 39

S
Salvia glutinosa 138
Salvia pratensis 29, 137
Salvinia natans 211
Sambucus ebulus 152
Sambucus nigra 212
Sanguisorba officinalis 73
Sanicula europaea 106
Saponaria
 officinalis 23, 45
Scabiosa
 columbaria 30, 154
Schoenus nigricans 202
Scilla bifolia 181
Scirpus sylvaticus 202

Sedum acre 24, 67
Sedum rupestre 65
Sempervivum
 tectorum 66
Senecio jacobaea 168
Senecio vulgaris 169
Silene alba 43
Silene dioica 42
Silene nutans 42
Silene vulgaris 44
Sinapis alba 63
Sinapis arvensis 24, 62
Solanum dulcamara 141
Solanum nigrum 29
Solidago canadensis 161
Solidago virgaurea 160
Sonchus oleraceus 179
Spiranthes spiralis 197
Stachys officinalis 131
Stachys sylvatica 132
Stellaria media 40
Stipa pennata 201
Symphytum officinale 124

T
Tamus communis 208
Tanacetum vulgare 165
Taraxacum officinale 178
Teucrium chamaedrys 129
Thalictrum
 aquilegifolium 53
Thlaspi arvense 60
Thymus vulgaris 135
Tragopogon pratensis 176

Trapa natans 211
Trifolium arvense 88
Trifolium campestre 87
Trifolium pratense 88
Trifolium repens 87
Trollius europaeus 48
Tussilago farfara 167

U
Umbelliferae 27, 106–111
Urtica dioica 22, 36
Utricularia vulgaris 211

V
Valeriana
 officinalis 30, 153
Verbascum nigrum 142
Verbascum thapsus 143
Verbena officinalis 128
Veronica anagallis-
 aquatica 147
Veronica beccabunga 147
Veronica chamaedrys 146
Veronica persica 146
Viburnum opulus 215
Vicia cracca 81
Vicia sepum 81
Vinca minor 119
Vincetoxicum
 hirundinaria 198
Viola canina 101
Viola odorata 102
Viola tricolor 103

Erstveröffentlichung 1999 unter dem Titel
,,Fiori di Campo''
© 1996 Istituto Geografico De Agostini S.p.A.
© 2011 De Agostini Libri S.p.A.

Genehmigte Lizenzausgabe
Neuer Kaiser Verlag GmbH
Fränkisch-Crumbach 2012
www.neuer-kaiser-verlag.de

ISBN (13) 978-3-8468-0011-9
ISBN (10)   3-8468-0011-2

Übersetzung: Mag. Norbert Jakober
Fachlich redigiert: Linda Pölzer und Norbert Jakober
Layout, Satz und Umschlaggestaltung:
design cat GmbH

Bildnachweis:
Alle Fotos dieses Bandes stammen vom Centro
Iconografico dell' Istituto Geografico de Agostini
(Archiv IGDA: R. Appiani, C. Bevilacqua, G. Cigolini,
C. M. Gramaccioli, A. Rizzi, Photo 1), mit Ausnahme
der Fotos auf folgenden Seiten:
Shutterstock: Chiyacat 221/courtyardpix
214/FotoYakov 223/jordache 34–35/Nailia Schwarz
Cover Front, 2–3/Serg64 216